绩效管理实务丛书　主编　郭京生

绩效管理基础

对绩效管理介入得越深，就越发现我们需要在更广阔的角度下来看待它，甚至可以说，绩效管理在某种程度上超越了人力资源管理的范畴，而与企业的战略、组织、流程、文化紧密地结合在一起。脱离企业战略、组织、流程和文化的绩效管理必然是「低绩效」的……这也是企业绩效管理困境的重要原因所在，也可以看作现阶段人力资源部门无法成为企业战略伙伴的根本原因。

——编者

朱国成　赵长红　编著

中国劳动社会保障出版社

图书在版编目(CIP)数据

绩效管理基础/朱国成主编. —北京：中国劳动社会保障出版社，2008
绩效管理实务丛书
ISBN 978-7-5045-6781-9

Ⅰ.绩… Ⅱ.朱… Ⅲ.企业管理：人事管理 Ⅳ.F272.92

中国版本图书馆 CIP 数据核字(2008)第 047916 号

中国劳动社会保障出版社出版发行
(北京市惠新东街 1 号 邮政编码：100029)
出 版 人：张梦欣
*
北京隆昌伟业印刷有限公司印刷装订 新华书店经销
787 毫米×960 毫米 16 开本 16.75 印张 283 千字
2008 年 4 月第 1 版 2008 年 4 月第 1 次印刷
定价：32.00 元

读者服务部电话：010-64929211
发行部电话：010-64927085
出版社网址：http://www.class.com.cn

序　言

绩效管理一直是人力资源管理的核心话题，同时也是一个难题，关于绩效管理的论著可谓多矣。我们对绩效管理的兴趣也基于此。对绩效管理介入得越深，就越发现我们需要从更广阔的视角下来看待绩效管理，甚至可以说，绩效管理在某种程度上超越了人力资源管理的范畴，它与企业的战略、组织、流程、文化紧密地结合在一起。很多人力资源管理者缺乏从企业整体管理系统看待人力资源管理的视角和意识，脱离企业战略、组织、流程和文化的绩效管理必然是“低绩效”的，这也是我国企业绩效管理困境的重要原因所在，也可以看做现阶段人力资源部门无法成为企业战略伙伴的根本原因。如果人力资源经理们不能站在企业全局和战略角度来看待人力资源管理，就不可能做到为企业的战略服务。

本书立足于这一思路，试图建立一个基于战略、组织、流程和文化的绩效管理分析框架，帮助广大读者从更广阔的视角来审视绩效管理，将绩效管理从根本上融入到企业整体管理系统中去，从而寻求突破绩效管理诸多问题的新思路，这代表了我们最近两三年来在绩效管理问题和企业管理咨询实践中的一些思考。

本书力求从逻辑思路和实际操作两个方面，全面、系统地对绩效管理的一些基本问题进行阐述。全书共分 7 章，第 1 章“重新认识绩效管理”，从绩效管理最重要也是最容易被忽视的基本问题入手，对绩效管理的目的、层次和对象等作了深入探讨，从这些角度出发可以获得对绩效管理的一些新认识。第 2 章到第 5 章则分别对战略、组织、流程、企业文化从基础理论到设计方法进行介绍，同时在每章的最后一节分别对战略、组织、流程、文化与绩效管理之间的关系进行分析，其目的在于帮助人力资源管理者掌握全面绩效管理模型中包含的战略、组织、流程以及文化等基础知识。第6章“基于绩效管理的战略人力资源管理”，进一步从绩效管理入手重新整合人力资源管理体系，从战略角度重新审视人力资源管理。第7章“绩效管理中的相关者”，则是重点分析高层管理者、人力资源经理、直线经理、员工以及顾客等决定绩效管理成效的相关者，分析相关者在绩效管理中的行为方式及其原因，并从各相关者角度提出改善绩效管理的方法。

本书的重点是建立从战略、组织、流程和文化的全局角度看待绩效管理的思维方法，掌握以上各方面之间的相互关系以及基本知识，从而为解决绩效管理实际问题奠定基础。

本书编写过程中，参阅了大量资料，这些资料对于我尽可能全面、多角度地把握一些问题具有重要作用，在此向这些作者表示感谢。同时也应当感谢丛书主编郭京生教授，正是在他的关心和帮助下才使本书得以完成。

因为时间关系，加上个人水平所限，本书难免有错误和不当之处，请广大读者指正。

著　者

2008年4月

目　录

第 1 章　重新认识绩效管理　1

第一节　什么是绩效管理　1

第二节　绩效管理的目的　8

第三节　绩效管理的层次　15

第四节　绩效管理的对象　21

第五节　战略、组织结构、流程与绩效管理　26

第六节　从绩效管理到全面绩效管理　31

第七节　全面绩效管理系统的模型　37

第 2 章　战略与绩效管理　52

第一节　战略与战略管理　52

第二节　企业战略体系　59

第三节　战略设计　79

第四节　从企业战略到绩效管理　91

第 3 章　组织与绩效管理　99

第一节　组织的基本概念　99

第二节　组织结构的基本类型　102
第三节　组织设计基础　111
第四节　组织设计的基本步骤　119
第五节　组织与绩效管理的关系　129

第 4 章　流程与绩效管理　132
第一节　流程概述　133
第二节　业务流程再造　141
第三节　基于流程的绩效管理　152

第 5 章　企业文化与绩效管理　158
第一节　企业文化概述　158
第二节　不同国家企业文化的特点　163
第三节　企业文化建设的基本步骤　166
第四节　在绩效管理中运用企业文化　178

第 6 章　基于绩效管理的战略人力资源管理　189
第一节　战略人力资源管理　189
第二节　人力资源管理与企业战略的契合　196
第三节　战略人力资源管理体系　206

第 7 章　绩效管理中的相关者　231
第一节　绩效管理中的高层管理者　231
第二节　绩效管理中的人力资源经理　235
第三节　绩效管理中的直线经理　240

第四节 绩效管理中的员工 246
第五节 绩效管理中的顾客 255

后记 257

参考文献 259

第 1 章

重新认识绩效管理

绩效管理一直是人力资源管理领域绝对的热点，也是令绝大多数企业的 HR（Human Resource，人力资源）工作者头疼的问题。杰克·韦尔奇在谈到绩效管理时说，成功实施绩效管理的企业不超过 10%；某知名期刊在“2004 年 HR 工作者遇到的最大挑战”调查中，“绩效管理”位列第一；国务院发展研究中心企业研究所的调查报告显示，在 1 044 家实施人员绩效考核的企业中，59.11%的企业选择效果“一般”，选择效果“非常好”和“很好”的比例合计才 20%，其中选择考核效果“非常好”的企业只有 18 家，占 1.17%。

绩效管理本身低“绩效”，这看起来似乎是一个具有讽刺意味的悖论。那么，绩效管理是否应该成为人力资源经理心中永远的痛呢？破解绩效管理困局，还必须从头开始。

本章从绩效管理的概念和发展过程入手，深入探讨涉及绩效管理根本方向的三个问题，即绩效管理的目的、绩效管理的层次和绩效管理的对象，进一步廓清大家对绩效管理的基本认识。这也是本书的基调和其余各章节继续讨论的基础。

第一节　什么是绩效管理

一、绩效管理的概念

（一）不可忽略的三种基本取向

20 世纪 70 年代美国管理学家 Aubrey Daniels 提出“绩效管理”这一概念后，人们展开了系统而全面的研究。而从绩效管理被提出开始，研究者的意见就产生了根本方向上的分歧：一种采取了组织取向，即认为绩效管理是管理组织绩效的一种体系（Williams，1998），旨在实现企业发展战略，保持竞争优势；另一种则采取了个体取向，认为绩效管理是指导和支持员工有效工作的一套方法

(Armstrong，1994)，旨在开发个体潜能，实现工作目标。而随着绩效管理实践和研究的发展，也有人进一步提出了中间取向，即将组织层面和个人层面结合起来的绩效管理。

因此，我们如果要认识绩效管理，就必须从这一基点入手，而以往对绩效管理的讨论往往撇开了这一根本性分歧，直接进入对绩效管理概念的讨论。虽然我们可以根据自身的认识、经验和实际情况对绩效管理采取某一取向，但不能对这一根本性问题不加理睬，无视第一个问题而直接去谈第二个问题。这种处理方式实际上是为后来种种模糊的认识埋下了错误的种子。下文还将用专门篇幅对绩效管理取向进行分析，在此不多赘述。(本书中更愿意称这两种绩效管理取向为绩效管理的层次，因为在企业实际的绩效管理实践中，必然采取的是融合二者为一的态度，任何方面都不能偏废，相对于此来说，两种取向便成为两个层次)

(二) 个体取向下的绩效管理

美国人力资源管理专家加里·德斯勒 (Gary Dessler) 所著的《人力资源管理》一书一直被奉为经典，对我国人力资源管理早期发展产生了巨大而深远的影响。在这本经典著作中，作者虽然没有明确提出绩效管理取向的概念，但在事实上采用了个体取向。正如在论述“为什么要对工作绩效进行评价”这一问题时，他说：“首先，绩效评价所提供的信息有助于企业判断应当作出何种晋升或工资方面的决策。其次，它为企业管理者及其下属提供了一个机会，使大家能够坐下来对下属的工作行为进行一番审查……最后，工作绩效评价能够而且应当被运用于企业雇员职业发展规划的制订过程。”① 加里·德斯勒在绩效管理上的个体取向表露无遗。

此后的众多人力资源管理书籍在论述绩效管理的时候，都不约而同地采用了这一取向和基本框架，这也是为我们所熟知的绩效管理概念。

(三) 组织取向下的绩效管理

组织取向下的绩效管理在一定程度上不为我们所熟知。对这一问题的经典论述源于布雷德拉普 (Bredrup，1995)，他认为组织绩效管理是由计划、改进和考察三个过程组成的，并提出了组织绩效管理模型。其观点的核心在于确定企业战略并加以实施，雇员并不是绩效管理的核心。

其后引起对组织绩效管理更大关注的则是卡普兰 (Robert Kaplan) 和诺顿

① [美] 加里·德斯勒．人力资源管理 (第六版)．刘昕，吴雯芳等译．北京：中国人民大学出版社，1999

(David Norton) 提出的平衡计分卡 (BSC, Balanced Score Card)。从本质上说，平衡计分卡关注的是组织层面的绩效管理，从组织层面提出了学习、运营、客户、财务四个层面指标，改变了单纯以财务指标为依据的企业绩效测量方式。卡普兰和诺顿在其后续的著作中进一步提出了战略地图，为平衡计分卡在企业中的应用指明了方向。毫无疑问，卡普兰和诺顿提出平衡计分卡的初衷是围绕组织绩效管理展开的，因此他们在著作中非常强调平衡计分卡是一种战略管理工具。

但是，平衡计分卡在我国的实践中遇到的一个严重问题恰恰在于，很多管理者将其简单理解为员工绩效管理工具，以至于有些管理者要在每一个岗位中找到学习、运营、客户、财务四个层面的考核指标。正是由于这种“张冠李戴”的现象存在，本书才要在一开始就开宗明义地从绩效管理取向的角度对绩效管理的概念进行分析。

（四）两种取向结合的绩效管理

目前国内出版的诸多人力资源管理专业书籍中，旗帜鲜明地提出“两种取向结合的绩效管理”观点的是彭剑锋，他在所著的《人力资源管理概论》一书中指出，“本书对于绩效管理的理解与第三种观点比较一致（这里所说的第三种观点指的是‘绩效管理是把对组织的管理和对雇员的管理结合在一起的一种体系’），即对各个层次的绩效进行综合管理”。同时，他还进一步指出，绩效管理有两个主旨，“它强调动态和变化，强调对企业或者组织全面和系统的理解，强调学习性，强调不断的自我超越。孤立地、片面地、静止地看待绩效管理，很容易使绩效管理掉入机械、僵化的陷阱”①。

这一观点具有较强的代表性。在企业绩效管理实践中，二者的结合也成为一种取向，比如，很多企业在进行制度设计的时候采用了一种双层结构：第一层面是实体绩效管理，即将企业整体目标分解到各个能够独立核算的经营单元或者职能模块，对实体进行从计划、衡量到改进的全程管理；第二层面是员工绩效管理，即在各业务单元内部进行员工层面的绩效管理。当然，这两个层面并非简单分割的，而是要从系统思考的角度进行整合。

（五）本书的取向选择

应当承认，在某种程度上，组织层面的绩效管理已经大大超出人力资源管理的范畴，属于战略管理的范畴。但本书对绩效管理不同取向的讨论旨在与读者达成这样的共识——员工绩效管理是绩效管理的一个层面而不是全部，因此，作为

---

① 彭剑锋．人力资源管理概论．上海：复旦大学出版社，2003

人力资源管理者的我们应当从更广阔的视角看待绩效管理。

本书对绩效管理论述的落脚点在于从全局角度看待绩效管理，并注重员工层面绩效管理与组织层面绩效管理的结合。

二、绩效管理的发展

绩效管理的发展主要体现在两个方面，一是从内部角度不断完善绩效管理的理念和操作，二是从外部角度不断提升绩效管理在企业经营管理系统中的地位和作用。

（一）内部角度

绩效管理是从绩效考核发展而来的，绩效管理内部角度的完善主要体现在绩效考核向绩效管理的发展上。

1. 局部与过程

如图1—1所示，绩效管理是从绩效计划、绩效实施、绩效考核到绩效反馈的完整的管理过程，而绩效考核只是绩效管理中的一个局部环节。绩效管理并不是什么特别的事物，从根本上讲，它包含的就是P（Plan，计划）—D（Do，执行）—C（Check，检查）—A（Action，行动）的思想。绩效管理首先就是管理，涵盖了管理的所有职能：计划、组织、领导、协调、控制。因此，绩效管理本身就是管理者日常管理的一部分，想躲都躲不开，难怪有不少管理者在接受绩效管

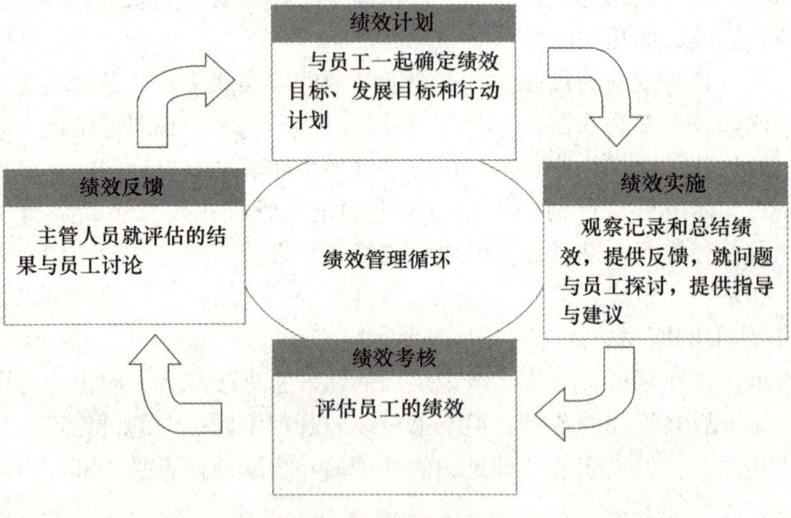

图1—1　绩效管理循环

理的培训后发出感慨："管理者不做绩效管理，还能做什么!"也正是从这个角度来说，绩效管理并不是人力资源部门的专利，直线经理才是绩效管理的主体。

另外，绩效管理强调持续不断的沟通，沟通贯穿绩效管理过程的始终，正是持续的沟通过程将各个局部连接为一个整体。这也就是有些人提出的"绩效管理为上下级之间提供了一个有效沟通的平台"。

2. 评价与发展

绩效考核的目的是通过评价过程和结果，实现对利益的分配，包括薪酬、晋升等。他们虽然在谈绩效管理，但实际上还没有将思路转换到绩效管理上来，因为评价不仅仅是为了实现分配，更重要的是促进绩效提升：通过绩效分析和绩效反馈，发现工作中的问题和员工能力的差距，并在上下级之间就改善绩效的方法达成一致，制订有针对性的绩效改善计划，其着眼点在于员工绩效的改善和组织绩效的提升。

当然，必须承认的是，分配仍然是绩效管理的重要功能。但是，我们还应认识到绩效管理下的分配与绩效考核下的分配还是存在很大不同的。绩效考核下的分配基本上可以称为强化理论的范本，通过绩效考核实现对员工薪酬的调整，达到正向强化和负向强化的目的，从而改善员工绩效，它带有明显的机械性。在绩效管理下，员工绩效改善不是简单地通过分配对员工的行为进行强化，而是更强调组织环境对员工的资源支持，如上级和员工共同制订可行的能力提升和绩效改善计划；强调员工的能动性和对组织的认同感，员工不是被动地接受薪酬调整的行为强化作用，而是具有能动地改善绩效的动机；同时，持续的沟通过程也可以强化员工对组织的认同感，使他们正确地认识组织目标。

3. 过去和未来

有人形象地将绩效考核比作"秋后算账"，这个比喻非常贴切。绩效考核就是对员工考核期内的绩效表现作出评价，并将结果用于薪酬分配，考核即告结束。实际上，这是一种明显的过去导向，也就是说，绩效考核的眼睛是向后看的，缺乏未来眼光。

而绩效管理则与之根本不同。绩效管理从计划开始，以绩效反馈结束，双方制订的绩效改善计划着眼于未来，为员工提供了未来一个周期内的努力方向和目标。因此，导向性也是绩效管理和绩效考核的一个根本性差别。

（二）外部角度

绩效管理在外部角度的发展主要体现在对绩效管理在企业整体经营管理系统中的地位的认识上。

在很多企业，我们看到的情况是，上层制定的企业发展战略不为员工所理解，企业中高层忙得不可开交、忧心忡忡，而企业员工却感受不到压力，优哉游哉；有的企业的情况则是，员工的个体绩效甚至部门的绩效表现很好，而企业的整体绩效却不容乐观。仔细研究发现，造成这种现象的重要原因就在于企业缺乏有效的企业战略落地机制，而绩效管理则是企业战略落地的重要手段。

近年来，绩效管理领域研究的重点之一是“如何有效实现企业战略与绩效管理的有效连接”，或者说，绩效管理如何有效支撑企业战略。近年来绩效管理的一些新工具、新方法也体现了这一趋向，关键绩效指标（KPI，Key Performance Indication）和平衡计分卡都是这一思路下的探索。

关键绩效指标的设定，其起点一定是企业战略，正是通过对企业战略的层层分解，建立起从上到下层层分解、层层递进的关键绩效指标体系，将一般员工的绩效表现与企业战略紧密结合在一起。

平衡计分卡更是开宗明义地指出，平衡计分卡是战略绩效管理工具。卡普兰和诺顿在其后续的著作中进一步提出“战略地图”的概念，目的就在于从逻辑上明确企业战略的完整驱动和实现过程。

而在国内，也有学者开展了这方面的研究，图 1—2 是彭剑锋提出的以战略为导向的绩效管理体系结构图。首先是将企业战略分解为企业阶段性的目标和计划，进而逐层分解为部门目标和计划、员工的目标和计划，构成目标体系。然后是对企业、部门、员工的目标和计划进行监控。目标体系中对目标的描述和监控体系中对绩效的监控都要通过关键绩效指标体系来完成。在一个考核周期完成

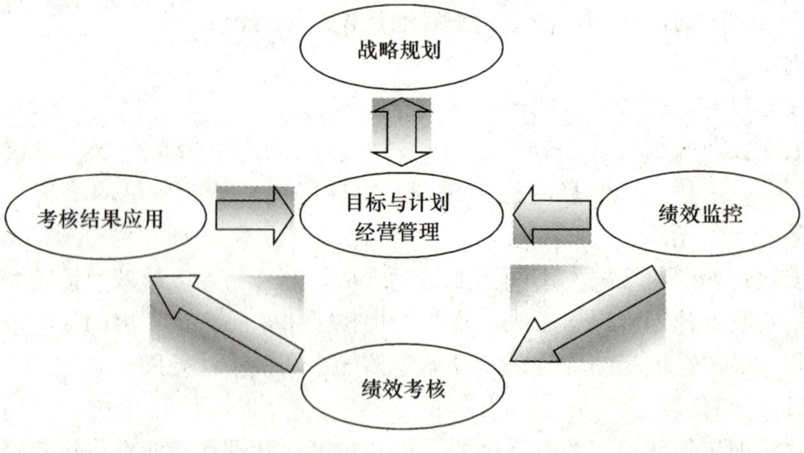

图 1—2　以战略为导向的绩效管理体系结构图

后，要对被考核者进行绩效评价，发现问题、探讨根源，并确定改进绩效的方法。

然而，到目前为止，在这一问题上仍然没有找到最终的答案。关键绩效指标和平衡计分卡在执行中都产生了严重的“水土不服”，本土方案还有待时间的检验。但不可否认的是，这是未来绩效管理发展的趋势，随着研究的深入和实践的丰富必将取得新的进展。

三、绩效考核与绩效管理

前文的论述中反复提到绩效考核与绩效管理的区别，下面我们就对这一问题作一个全面的汇总和分析。

（一）绩效管理是绩效考核的发展

绩效管理与绩效考核是一脉相承、密切相关的。绩效考核是绩效管理的一个不可或缺的组成部分，有效的绩效考核有赖于整个绩效管理活动的成功开展，而成功的绩效管理也需要有效的绩效考核来支撑。通过绩效考核可以为企业的绩效改善提供资料，帮助企业不断提高绩效管理的水平和有效性，使绩效管理真正帮助管理者改善管理水平，帮助员工提高能力、改善绩效，帮助企业获得理想的绩效。

（二）绩效管理与绩效考核的区别

绩效考核与绩效管理并不是等价的，它们的主要区别如下：

1. 绩效管理是一个完整的系统，而绩效考核只是这个系统中的一部分。

2. 绩效管理是一个过程，注重过程的管理，而绩效考核是一个阶段性的总结。

3. 绩效管理具有前瞻性，能帮助企业和经理前瞻性地看待问题，有效规划企业和员工的未来发展，而绩效考核则是回顾过去一个阶段的成果，不具备前瞻性。

4. 绩效管理有着完善的计划、监督和控制的手段和方法，而绩效考核只是提取绩效信息的一种手段。

5. 绩效管理注重能力的培养，而绩效考核则只注重成绩的大小。

6. 绩效管理能建立经理与员工之间的绩效合作伙伴关系，而绩效考核则使经理与员工站到了对立的两面，距离越来越远，甚至会制造紧张的气氛和关系。

可见，绩效管理与绩效考核无论从基本概念上还是从实际操作上都存在着较大的差异。

（三）需要强调的两点

以上是对绩效管理与绩效考核之间区别的总结，很多方面也已经在上文中有了相应的论述。此外，我认为还有两点需要特别说明。

1. 目的性和过程性

以往对绩效管理与绩效考核区别的认识侧重于对两者的目的性进行区分，而对两者在过程上的区分并未给予充分的重视。绩效管理有别于绩效考核的一个重要方面就是绩效管理将绩效置于一个完整的过程之中。由于绩效管理过程是目的实现的保证，所以对绩效管理过程的忽视导致了绩效管理无法有效地执行和落地，绩效管理的目的不能实现。

在很多企业的绩效管理制度中，我们都可以在制度的第一部分宣示“绩效管理的目的是在改善组织绩效的同时促进员工能力的提升”，有些制度也对绩效管理过程进行了规定。但是这种过程基本上没有得到有效的执行，绩效管理仍然是“换汤不换药”的考核。

当然，不可否认，考核仍然是绩效管理的核心，但我们并不能由于关注核心而忽视了整个系统的目标。

2. 绩效管理的方向性

既然绩效管理的目的是支撑企业战略，而企业战略又是企业对未来竞争所作出的反应，那么，绩效管理无疑应当是未来导向的。企业在不断发展，只有未来导向的绩效管理才能促使企业持续成功。

反观我们所进行的绩效管理，我们更多地将关注点集中在了向后看上。当期考核结果与薪酬、晋升等直接挂钩，那么，这些就能保证员工未来继续取得成功吗，或者说通过对过去的管理就一定能保证未来的成功吗？绩效管理应更注重对员工能力的培养，与上文的目的性相呼应，体现绩效管理与绩效考核的区别，即不是向后看，而是向前看。因为我们今天所面临的环境的最大特点就是不断变化，“秋后算账”式的绩效考核的结果是让所有员工转头向后看，而绩效管理则是让企业面对未来。

第二节　绩效管理的目的

绩效管理的目的是什么？大家或许会认为这个问题非常简单，不值得思考和回答，也可能认为回答这样一个问题无足轻重，浪费时间。但我们不得不承认的一个事实却是，企业绩效管理中的很多问题恐怕都与不能正确回答这个问题有关。就像德鲁克（Peter F. Drucker）在管理学的奠基之作《管理的实践》一书的开始就提出了三个经典问题——我们的事业是什么，我们的事业将是什么，我们的事业究竟应该是什么——一样。管理的目的决定着管理的方向性和有效性。因此，讨论绩效管理的目的绝非无足轻重，而是绩效管理的逻辑起点。

对这个问题的认识，现实中存在不同的立场和角度。处于不同立场的人们认识问题的角度不同，自然就有不同的理解。我们需要的是，了解不同立场的人对这个问题的理解，然后根据我们的立场去选择我们的角度。下面我们来看一般意义上对绩效管理目的的理解。

一、对绩效管理目的的一般认识

从目前研究和企业实践来看，普遍认为绩效管理的目的有以下五个方面：

（一）绩效管理的核心目的是通过提高员工的绩效水平来提高组织或团队的绩效

在绩效管理的过程中，我们达到了许多目的，如：

员工参与管理——员工通过参与设定自己的工作目标而具有自我实现的感觉；

组织目标的统一——通过自上而下地分解目标，避免团队与员工目标偏离组织目标；

一年中多次的评估与奖惩——实现组织对目标的监控实施，保证工作目标按时完成。

以上这一切都是为了提高组织或团队的效率，保证实现组织目标。因此，绩效管理在企业人力资源管理这个有机系统中占据着核心地位，发挥着重要作用。

（二）绩效管理对于组织战略的意义

绩效管理对于组织的持续发展具有重要意义，这一点早已取得共识，而将绩效管理与战略相联系，则是近年来绩效管理的显著特点。战略是对未来结果的一种期望，这种期望的实现要依靠组织的所有成员，按一定的职责和绩效要求，通过持续努力和发挥创造性来承担。绩效管理的系统已成为战略管理控制系统中不可缺少的管理工具和手段。一个企业要想获得成功，不仅要保证过程绩效的可靠性，而且要为组织战略上的成功设计它的绩效管理系统，建立一个旨在提高企业核心竞争力的绩效管理系统。绩效管理将企业的战略目标分解到各个业务单元，并且分解到每个岗位，岗位职责最终由员工来承担，对每个员工的绩效进行管理、改进和提高，从而提高企业整体的绩效，使得企业的生产力和价值也随之提高，企业的竞争优势也就由此而获得。绩效管理是实现组织战略目标、培养核心竞争力的重要手段。

（三）绩效管理提供了一个规范而简洁的沟通平台

绩效管理改变了以往纯粹的自上而下发布命令和检查成果的做法，要求管理者与被管理者双方定期就其工作行为与结果进行沟通、评判、反馈和辅导，管理者要对被管理者的职业能力进行培训与开发，对其职业发展进行辅导与激励，客观上为管理者与被管理者之间提供了一个十分实用的沟通平台。

（四）绩效管理为企业的人力资源管理与开发等提供了必要的依据

通过绩效管理，实施绩效考核，为企业员工的管理决策，如辞退、晋升、转岗、降职等，提供了必要的依据，同时也解决了员工培训、薪酬和职业规划等方面的问题，使之行之有据。这也是绩效管理成为人力资源管理各个环节中的核心的原因。

（五）绩效管理的法律意义

在劳动法律健全的国家，招聘、录用、考核、辞退甚至企业内部的奖金分配、晋升都受到国家或社会公平就业组织监督。在劳动纠纷中，如果不能拿出足够的证据来说明人事决策的理由，企业往往会遭到法庭或者社会公平就业组织的制裁。而这种证据一般都来自于绩效管理，例如，要为辞退员工提供员工不能胜任岗位的证据，这种证据自然是员工的绩效记录。为此，绩效管理程序必须有明确的成文制度，在绩效管理的每一个环节都必须填写表格，而且要求双方签字认可。

由于我国劳动力市场发育还不成熟，劳动立法相对滞后，长期以来，企业人力资源管理中存在很多不规范的地方。而随着我国劳动立法的发展，绩效管理在企业劳动纠纷中所起的作用必然越来越重要。《中华人民共和国劳动合同法》的颁布和实施必然大大推动我国企业人力资源管理行为的规范性和法制化。

二、对绩效管理目的的讨论

综合分析以上对绩效管理的一般认识，我们可以发现，绩效管理的目的实际上可以分为基本的两大方面：绩效管理的核心目的是组织目标，具有终极性意义；而员工绩效的提升、绩效管理过程中的沟通、对人力资源管理与开发决策的支持等则更多地具有手段性意义。

（一）绩效管理是手段还是目的

1. 组织目标的终极性

从根本上说，不仅仅是绩效管理，甚至整个人力资源管理体系都是组织战略的支撑系统，组织战略目标是企业一切管理活动的终极目标。因此，组织目标对于绩效管理具有终极性意义。从这个意义上讲，提高员工个人绩效，进而提高团队绩效，实现上下级之间的有效沟通，都是为组织目标这一终极目标服务的。

2. 绩效管理的手段性

正是基于组织目标的终极性，绩效管理实际上只是组织实现战略的手段而已。从这个角度来看，绩效管理过程中的持续沟通、绩效管理结果的运用都可以纳入手段的范畴，即使在公平就业法律约束下的绩效管理也不过是从更广的角度强化了绩效管理的公平性而已。从这个意义上讲，绩效管理更多地具有管理手段的意义。

（二）终极性与手段性的冲突

组织绩效管理中的很多问题实际上表现为对绩效管理的目的认识不清晰，从而产生了绩效管理终极性与手段性的冲突。这种冲突主要表现在以下几个方面：

1. 无目标的手段

很多组织缺乏明晰的战略定位，或者没有从战略出发制定组织的绩效管理体系，从而使组织的绩效管理丧失了战略终极目标的指导，绩效管理成了“无头脑的哲学”，目标与手段脱节。这一问题在中国的很多组织中表现十分突出，往往使绩效管理偏离组织战略方向。

2. 手段成为目标

很多组织中更严重的一个问题是，将绩效管理这一手段作为了目标，或者说在绩效管理实施中客观上造成了这一结果。例如，在诸多国有企业中，分配问题一直是一个焦点，即所谓的干多干少一个样，于是国有企业决定导入绩效管理。但是，在导入过程中，由于企业各个方面对分配问题特别关注，员工和管理者的注意力都放在了绩效结果如何与薪酬挂钩上，整个绩效管理导入的最后目的只是解决分配问题。这样的改革，其结果必然是失败。在这个过程中，我们可以清晰地看到，很多企业由于对分配问题的重视而抛弃了绩效管理支撑战略实现的根本目标。

3. 手段影响目标

需要注意的是，随着竞争环境的迅速变化，组织所面临的竞争演化为更深层次的组织核心能力的竞争，而组织核心能力又蕴涵于组织的人力资源之中。正是从这个意义上说，人力资源是第一资源。因此，通过绩效管理提升员工能力，可以不断形成和提升组织核心竞争力，从而保证组织战略的实现。这样，手段又在更深层次影响着组织目标的实现。然而很多的组织忽视了这一点，不重视员工能力的提升，片面重视绩效结果的达成，这无异于竭泽而渔。

因此，我们认为对绩效管理目的的认识要从组织目标的终极性出发，认识员工绩效的手段性，并充分发挥绩效管理手段对战略目标的影响作用。

总而言之，绩效管理的根本目的是实现企业的战略目标，并通过对员工、企业运行系统、各个工作环节的工作业绩的信息收集、整理和分析，及时发现和改进企业工作以及员工工作绩效存在的问题，从而推动企业战略目标的实现，这才是企业绩效管理的落脚点和归宿。

我们可以发现，以上关于绩效管理目的的论述基本上都是站在企业立场上，或者说站在管理者立场上，但我们知道，绩效管理实际上无法离开作为被管理者的员工的参与，员工也将对绩效管理产生深刻的影响。下文中我们将对这一重要因素进行讨论。

三、绩效管理目的与路径选择

我们很容易在对绩效管理目的的认识上达成一致，但不同的人对绩效管理活动如何支撑企业战略的机理和路径的认识是有分歧的，因而我们也非常有必要对绩效管理如何提升员工绩效进行分析。

在这个问题上，一般有如下三种观点：

（一）行为导向观点

一方面通过设定绩效标准，为员工的认识和行为方式提供一个统一的方向和标准；另一方面，将绩效考核结果运用于薪酬、晋升、培训等与员工切身利益密切相关的方面。通过这两个方面向员工发出行为导向的信号，是否达成或符合预先设定的绩效标准以及其他纳入考核范畴的行为标准，将直接与每个员工的切身利益挂钩。这种观点认为，每个员工都具有趋利避害的动机，都会追求个人利益的最大化，员工趋利避害和追求利益最大化的过程实际上也就构成了达成预定绩效标准的过程。

持有这种观点的人一定也认同心理学家斯金纳的强化理论，这一路径也可以认为是强化理论在人力资源管理中的经典运用。

（二）过程改善观点

这种观点强调绩效管理是一个完整的不断提升的 P—D—C—A 过程。从绩效管理循环（见图 1—1）中，我们知道，直线经理从绩效计划开始，与员工在工作实施、绩效评价和绩效结果反馈中保持持续的沟通，尤其是通过与员工在绩效反馈中就员工工作存在的问题达成一致的认识，并制订具有针对性的绩效改进方案，从而推动在下一个绩效管理周期内员工绩效水平的提高。从这个角度看，绩效管理循环过程就是一个完整的 P—D—C—A 过程。

（三）能力开发观点

过程改善观点和能力开发观点在一定程度上是相似的，但与过程改善观点将注意力主要放在工作或者“事”上不同，能力开发观点更关注员工能力的开发，即更关注“人”。能力开发观点强调在每个绩效管理循环中不断提高员工能力，因为员工能力的提高是员工绩效提升的根本动力，关注“人”也就是在更根本的层面上关注“事”。

能力开发的观点还需要与行为导向的观点进行区分。行为导向的观点更强调通过强化作用实现对员工行为模式的改变，而能力开发则更重视对员工能力的主动开发。

（四）综合分析

在实际工作中，以上三种观点实际上是综合运用的，在企业的绩效管理制度中都能找到对应的表述：“绩效结果运用于薪酬”显然是行为导向观点；“强调上级对员工的指导和持续不间断的沟通”则是过程改善观点；“绩效结果运用于培训”显然是能力开发观点。

以上分析并非要将有关绩效管理作用方式的不同观点割裂，而是让我们对绩效管理作用的方式有一个更清晰的认识。

四、典型分析：被误读的 360 度反馈

以上谈到绩效管理的目的，在这里就不得不谈到很多企业的绩效管理中一个具有普遍性和典型性的错误。可以说，对 360 度反馈方法的误读是我国企业对绩效管理目的认识的最集中表现。

（一）对 360 度反馈的误读

随着绩效管理的普及，各种绩效管理方法被引入中国并受到企业的追捧，360 度反馈方法也被企业广泛采用，但更多的被称为 360 度考核法（这里将它称为 360 度考核法）。所谓 360 度考核，就是突破传统的只由直接上级对下属进行评价的模式（也有人将其称为 1 度考核），而由包括直接上级、同事、下属、客户在内的与之工作关系密切的相关者进行评价的考核方法，如图 1—3 所示。

企业采用 360 度考核的原因主要是认为这种由多个方面了解被评价者绩效的评价者作出的评价更真实、更客观，从而实现对被评价者业绩的准确度量，也就

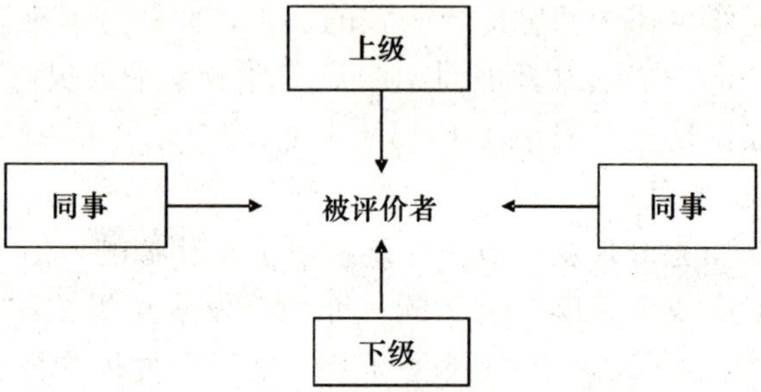

图 1—3　360 度考核示意图

更有利于绩效结果的应用。当然，这种应用主要集中在薪酬分配方面，传统的直接上级对下属进行评价的考核方法引发了许多上下级之间的矛盾，而直接上级成为矛盾的焦点。因此，有一些企业甚至如此直白地表达了对 360 度考核法的“偏爱”：采用 360 度考核法，考核结果是大家（包括上级、同事、下属和客户）评价出来的，要找你就去找大家。更有一家国有大型企业的人力资源部经理这样说道：“360 度考核就是用很多支枪指着被评价者，但他并不知道子弹是从哪里射出来的。”360 度考核在这里又演变成公司政治的手腕。

不过，很多人力资源部经理很快就发现，一开始，360 度考核好像已经发挥作用了，可随着时间的延续，360 度考核变成了集体走过场，考核结果趋于集中，相差无几，所有人没有事先沟通却都达成了高度的默契。

（二）正本清源：360 度考核的本来面目

到底有没有 360 度考核？答案是“没有”，只有 360 度反馈，英文名称是 360 degree feedback，而在引入我国的过程中，“反馈”演变成了“考核”。360 度考核与 360 度反馈，二者名称相近，但差异很大。

360 度考核被企业定义为一种考核体制或考核方法，360 度反馈则是考核反馈环节中的方法。这种考核反馈方法在国外企业中被广泛使用。它是一种从不同层面的人员中收集考评信息，从多个视角对员工进行综合绩效考评并提供反馈的方法，或者说是一种基于上级、同事、下级和客户等信息资源的收集信息、评估绩效并提供反馈的方法。360 度，顾名思义，就是多角度或全视角。这种方法的出发点就是从所有可能的渠道收集信息。

当 360 度反馈演变为 360 度考核时，它成了直接管理者推卸管理责任、玩弄公司政治的手段，其原有的从多角度、多维度收集信息，促进员工改进绩效的思想荡然无存。

（三）误读的根本原因

360度反馈的主要目的应该是服务于员工的发展，而不是对员工进行行政管理，如晋升、工资确定或绩效考核等。实践证明，当用于不同的目的时，同一评价者对同一被评价者的评价会不一样；反过来，同样的被评价者对于同样的评价结果也会有不同的反应。当360度反馈的主要目的是服务于员工的发展时，评价者所作出的评价会更加客观和公正，被评价者也更愿意接受评价的结果。而当360度反馈的目的主要是进行行政管理、服务于员工的提升和工资确定等时，评价者就会考虑个人利益得失，所作出的评价相对来说难以客观、公正，而被评价者也就会怀疑评价者评价的准确性和公正性。因此，当公司把360度反馈用于对员工的行政管理时，一方面可能会使评价结果不可靠，甚至不如仅仅由被评价者的上级进行评价；另一方面，被评价者很有可能会质疑评价结果，造成公司人际关系紧张。

通过以上对360度反馈误读的分析，我们知道，任何考核方法的背后都是绩效管理的目的在起作用，任何好的方法离开了对绩效管理目的的正确认识也会变得面目全非，甚至是“南辕北辙”。除了360度反馈，国内企业在应用平衡计分卡方面也存在着相似的问题。我国企业的管理者和人力资源管理者们似乎更热衷于寻找一种更量化、更客观、更准确的考核方法，但在寻找这种方法的过程中却渐渐忘记了自己的真正目的，于是企业里不断上演着一幕幕“360度考核”式的“买椟还珠”的“话剧”。

第三节　绩效管理的层次

或许大家在看到绩效管理层次这样一个概念的时候，感到不知所云，在实际工作中似乎也从来没有想过这样一个问题，而这正是我们绩效管理中的盲点。

我们知道，企业的战略和阶段性目标是按照组织结构逐层分解的，这样就自然地形成了从企业整体绩效到企业内部经营单位或部门绩效，最后到最基本的员工绩效等若干层次。我们日常所说的绩效管理基本上都是指员工层次的绩效管理。

在这个问题上有两种观点：一种是将绩效管理严格限定在员工绩效管理层次，认为其他层次的绩效管理超出了人力资源管理的范畴；另一种则认为有必要将其他层次的绩效管理也纳入人力资源管理的范畴。我们认为，员工层次的绩效管理与员工层次以外的绩效管理在管理方式、基本思想上是完全不同的，而且企业在其他层次的很多问题是在人力资源管理范畴内无法解决的；但是，完全将其他层次的人力资源管理弃之不顾、不闻不问也存在问题，因为员工层次的绩效管理受上一层次绩效管理的约束，又是上一层次绩效管理的支撑。

因此，正确的态度是充分了解其他层次的绩效管理，从而更好地做好员工层次的绩效管理工作。试想，如果人力资源管理者仅仅将目光局限在员工层次，我们就无从了解企业战略和阶段目标对员工绩效管理的要求，失去了战略导向，员工绩效管理也就失去了意义。比如有一个奶粉制造企业制定了差异化的竞争战略，而在战略落地和逐层分解中却没有得到体现，在员工层面的绩效指标上更多地体现为降低成本。我们自然可以预期到这个企业的战略执行必然会出问题。

将这个问题扩大一点讲，人力资源管理者要真正成为企业战略合作伙伴，就必须站在企业战略高度来想问题；而我们所看到的是，更多的人力资源管理者抱怨在企业中不受重视、价值得不到体现，其根本原因还是在于孤立地“就人力资源管理谈人力资源管理”，缺乏战略高度和全局眼光，无法从人力资源管理专家的角度为企业提供独特的战略性价值。换句话说，只有当人力资源管理者站在战略高度的时候，我们才有资格成为企业的战略伙伴。

因此，我们非常有必要了解员工层次以外的绩效管理。西方国家在这个方面进行过许多研究，特别是20世纪80年代后期和90年代，针对绩效管理的含义，西方学者们提出了许多不同的观点，这些观点的分歧点就在于“绩效管理究竟是管理组织绩效还是管理员工绩效”。

一、绩效管理的三个基本层次

（一）组织绩效管理体系

如前所述，布雷德拉普认为组织绩效管理是由计划、改进和考察三个过程组成的，并提出了组织绩效管理模型，如图1—4所示。

在该模型中，绩效计划所分析的主要是制定组织的愿景和战略以及对绩效进行定义等活动。对绩效改进则从过程的角度分析，也就是说绩效改进包括企业流程再造、持续性过程改进、基准化和全面质量管理等活动。绩效考察包括对绩效的衡量和评估。该模型的核心在于通过组织结构、技术、经营体系和程序等手段确定组织战略并加以实施（即在很大程度上认为组织绩效管理是组织战略的实施工具）。尽管员工受到技术、结构、作业系统等变革的影响，但他们并不是该模型的中心。

这种观点将20世纪80年代和90年代出现的许多管理思想、观念和实践等

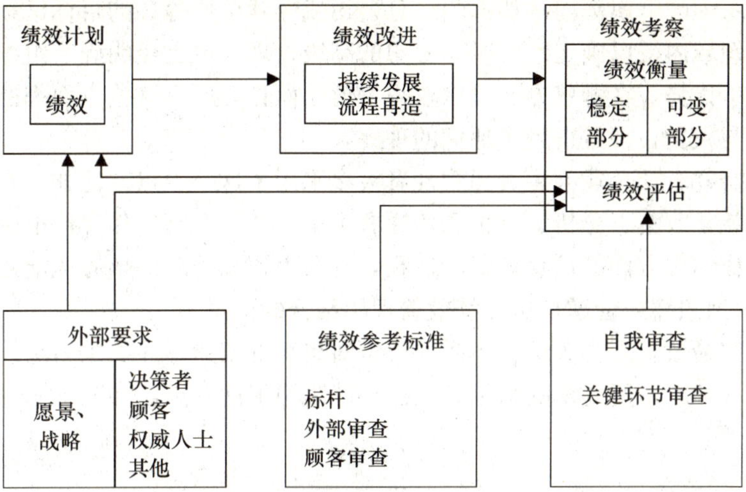

图1—4　组织绩效管理模型

结合在一起，将绩效理解为组织绩效，强调通过组织结构、生产工艺、业务流程等方面的调整实施组织的战略目标。绩效管理看起来更像战略或事业计划等，而个体因素即员工虽然受到组织结构技术和作业系统等变革的影响，但在此种观点看来，员工并不是绩效管理所要考虑的主要对象。

（二）员工绩效管理体系

奎因（Quinn）提出了一个针对员工绩效进行管理的三步模型，见表1—1，将绩效管理看成是组织对一个人工作成绩和发展潜力的评估和奖惩。

表1—1　　奎因的三步模型

计划	管理	评估
建立绩效目标 明确员工行动 明确绩效衡量的基础 为员工的行动提供指导和初始动力	行动和目标的监督 强化预期行动和目标实现程度 修正不适当的行动 提供控制	员工和管理者共同采纳的会议书面记录 关于未来和员工的发展 计划的调整和新目标的设立

另外，还存在着大量类似的模型，这些模型都认为，员工绩效管理发生在组织目标的框架之内，并且认为他们所采用的框架是既定的。例如，安斯沃斯（Ainsworth）在史密斯（Smith）提出以员工为核心的绩效管理观点时作出了如下假设：有些重要的整体性问题，如使命和公司目标的设定，已经被前人分析并

解决，组织中的下属部门（如部门、分公司或经营单位等）的目标已经在相关的重要结果领域内得以确定。同时，公司的高级管理人员已经明确了组织在哪些方面拥有竞争优势，在哪些方面可以取得增值。而且，所有这些方面都已经传达给有关的参与人员，并且得到了他们的理解。

国内研究者和企业人力资源管理者大多采用了这一观点。比如，有人认为绩效管理“就是收集、分析、评价和传递有关某一个人在其工作岗位上的工作行为表现和工作结果方面的信息情况的过程，是人力资源管理的核心职能之一”①。

（三）组织绩效管理与员工绩效管理相结合的体系

这种把绩效管理视为综合体系的模型对组织框架的阐述更加清楚，如 Starey 和 Sisson（1993）所提出的绩效管理循环就表明了这一点，如图 1—5 所示。

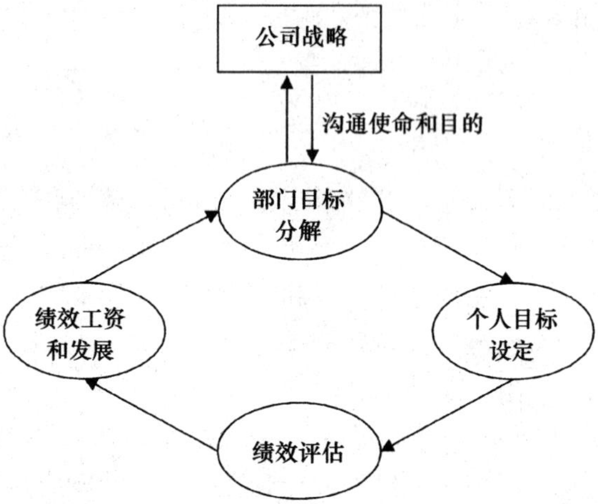

图 1—5　绩效管理综合体系模型

在强调整体性的同时，这种模型更重视对组织绩效的管理，尽管这种模型的本意是要加强组织的绩效，但真正使这些模型独树一帜的，是它们都无一例外地强调以员工为中心的参与。

这种综合系统的观点在组织绩效与员工绩效相结合的问题上进行了初步探讨，然而组织绩效绝非员工绩效的简单相加，有关组织绩效和个人绩效以何种方式相联系以及个人绩效在组织绩效模型中处于何种层次的问题还有待进一步研究。在将员工绩效作为组织绩效的一个构成因素的基础上，应进一步考察组织绩

① 张德. 人力资源管理. 北京：中国发展出版社，2003

效的其他影响因素与员工这一因素的相互作用，以及两者又如何共同决定组织的绩效，而对这些问题的探讨又必须建立在对组织绩效与员工绩效明确定义的基础之上。此外，对于组织及个人之间的其他层次（如部门层次、业务流程层次）绩效的研究将有助于全方位组织绩效系统（包括组织绩效各个层面的影响因素及其相互作用）的建立，值得进一步研究。绩效管理是管理组织和员工绩效的综合系统。

这种观点将绩效管理看成是管理组织和员工绩效的综合体系，但其内部却因强调的重点不同而并不统一。例如，考斯泰勒（1994）的模型意在加强组织绩效，但其特点却是强调对员工的干预，他认为，“绩效管理通过将各个员工或管理者的工作与整个工作单位的宗旨连接在一起，来支持公司或组织的整体事业目标”，而另一种认识却是“绩效管理的中心目标是挖掘员工的潜力，提高他们的绩效，并通过将员工的个人目标与企业战略结合在一起来提高公司的绩效”。

二、混淆绩效管理层次可能产生的问题

企业绩效管理应从企业整体和战略利益出发，不仅要强调员工个体的工作业绩和绩效能力开发，更要重视企业整体的绩效管理及其对于企业经营的统筹效应。如果单方面关注员工个体的绩效管理，而忽视企业整体绩效的有效管理，不仅不利于企业整体目标的实现，甚至会造成员工的心理反感和抵触。绩效管理相对于企业整体战略目标而言只是一种重要的管理手段和工具，而非管理目标。

在现实的绩效管理中，我们需要对绩效管理的层次有一个较为清晰的认识。企业在绩效管理层次上常常犯以下两种错误。

（一）人力资源部的工作仅仅限于员工绩效管理

这是很多企业的现实状况，人力资源部的精力都放在员工层次的绩效管理上。的确，在很多企业的绩效管理体系中，人力资源管理也仅仅指员工绩效管理，即使涉及一些部门绩效管理的内容，也更多的是员工绩效计划分解和设置程序上的规定。另外，企业高层从未将人力资源部看做战略伙伴，而且人力资源部也将自己看做事务性操作部门。

在这种情况下很容易产生的一个问题是企业绩效管理失去战略方向的指引。员工层次的绩效管理是以上一层次的绩效管理为前提的，而各层次的绩效管理是以企业战略为根本方向的，片面关注员工层次的绩效管理，势必产生员工绩效与组织战略的断路，战略无法落地，绩效管理失去意义。

失去战略指导的绩效管理很快就演化成分配的工具，并最终退化到绩效考

核，成为所有人眼中的“烫手山芋”，成为所有人知道没有用但又不得不走的形式主义。员工认为绩效管理无法体现工作业绩，而各级管理者认为绩效管理纯粹是浪费时间和制造矛盾，矛头最终指向了人力资源部。人力资源部暗暗叫苦，但也积重难返、无可奈何。整个企业在月复一月地重复着这样一个让大家都感到痛苦万分而又不得不做的事情。

（二）勉为其难的人力资源部

有的企业将各个层次的绩效管理统统“打包”给了人力资源部。这是不是就没有问题了呢？事实上，问题还是存在的。

这次的问题是人力资源部承受了无法承受之重。从这个意义上说，人力资源部几乎承担了企业管理的大部分内容，这的确超出了人力资源管理的范畴，是人力资源部无法胜任的。在组织层次的绩效管理中，企业需要调动各方面的管理资源，这显然不是人力资源部能够做到的：首先是专业能力无法达到，组织层面的绩效管理涉及财务、市场、销售、研发以及企业整体运作，人力资源部能够做到的是提供分析的框架和工具，却根本无法替代这些部门；其次是管理能力无法达到，组织层面的绩效管理需要协调企业各部门之间的关系，人力资源部显然不掌握这样的职权。

那么，我们应该作出怎样的选择呢？

三、企业人力资源管理层次的模式选择

在企业咨询和管理实践中，我们也遇到绩效管理层次的问题。我们给出的做法是：单独设立实体[①]绩效考核制度，并由企业内的整体协调部门主导；人力资源部专注于员工层次的绩效管理，并注意与实体绩效管理的衔接，如图1—6所示。

实体绩效管理一般由企业内的总裁办公室或者战略规划部门承担，这些部门既具备战略性的全局眼光，也具备整体协调能力，完全能够胜任实体绩效管理；而人力资源部则专注于员工绩效管理。但不可忽视的是，无论是实体绩效管理还是员工绩效管理，都必须以企业战略为基本指南。

实体绩效管理有利于将企业战略分解到各个部门，同时也容易形成一定的压力，从而使员工层次的绩效管理更紧密地和企业战略结合起来，有利于员工绩效

① 这里的“实体”指的是企业内部的业务单元，可以指一个事业部门，也可以指具有独特功能的职能部门。

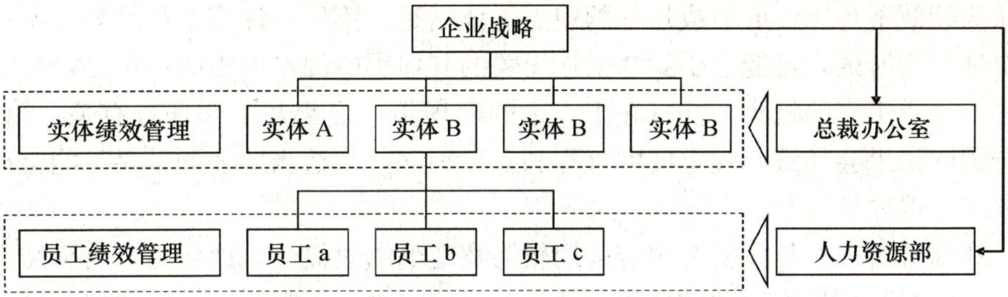

图1—6　不同层次绩效管理的结合示意图

管理的顺利开展。

因此，以上也是本书在绩效管理层次问题上的基本观点：分清绩效管理的层次，由不同部门分别负责；分清层次的目的是要人力资源部清楚自己的定位，并实现员工绩效管理与企业战略的有效连接。

第四节　绩效管理的对象

一、绩效管理的对象是什么

绩效管理的对象是什么，对这个问题的回答决定了绩效管理的基本取向。在这个问题上，有两种不同的理解。

（一）绩效管理的对象是工作本身

很多人对绩效管理的认识是从“绩效是什么”这个问题入手的，由此进一步得出绩效管理的对象就是与工作相关的绩效本身。在“绩效是什么”的问题上，目前主要有两种观点：一种观点认为绩效是结果；另一种观点认为绩效是行为。

绩效是结果，即绩效是工作所达到的结果，是一个人的工作成绩的记录。现在，人们对绩效是工作成绩、目标实现、结果、生产量的观点提出了挑战，普遍接受了绩效的行为观点，即“绩效是行为”。但这并不是说绩效的行为定义中不能包容目标，Murphy（1990）给绩效下的定义是，“绩效是与一个人在其中工作的组织或组织单元的目标有关的一组行为”。

Borman和Motowidlo（1993）提出了绩效的二维模型，认为行为绩效包括任务绩效和关系绩效两个方面。其中，任务绩效指所规定的行为或与特定的工作熟练有关的行为；关系绩效指自发的行为或与非特定的工作熟练有关的行为。上述认为绩效不是工作成绩或目标的观点的依据是：第一，许多工作结果并不一定是个体行为所致，可能会受到与工作无关的其他影响因素的影响；第二，员工没有平等完成工作的机会，并且在工作中的表现不一定都与工作任务有关；第三，过分关注结果会导致忽视重要的过程和人际因素，不适当地强调结果可能会在工作要求上误导员工。

在绩效管理的具体实践中应采用较为宽泛的绩效概念，即包括行为和结果两个方面，行为是达到绩效结果的条件之一。这一观点也得到企业的普遍认可，当对员工个体的绩效进行管理时，既要考虑投入（行为），也要考虑产出（结果）；绩效应该包括“应该做什么”和“如何做”两个方面。

从这个意义上说，对绩效的管理自然也就是对工作的管理了。

（二）绩效管理的对象中应该包含相关参与者

阿姆斯拉尼（Uichael Armsrany）提出，绩效管理是通过在员工与管理者之间达成关于目标、标准和所需能力的协议，在双方相互理解的基础上使组织、群体和个人取得较好工作结果的一种管理过程。在此基础上认为，绩效管理是管理者用来确保员工的工作活动和工作产出与组织目标保持一致性的手段及过程。从这一定义出发，绩效管理的对象绝对不是员工或工作必居其一的问题，员工和工作两者之间是相互作用、相互影响的。

因此，绩效管理的对象绝对不仅仅是工作，因为绩效管理必然要求不同层次管理者和被管理者的参与，离开这个方面，绩效管理或许就不存在了。而从绩效管理所表现出的问题来看，很多问题都与人有关，比如员工对考核结果客观性的认识，绩效结果运用对员工的影响，上下级之间绩效反馈的难题等；反之，如果绩效管理的对象没有员工参与，而仅仅是工作本身的话，那么绩效管理就变得和仓库物资管理等一样了。

进一步分析，有人认为管理就是通过他人达到目标的过程，从这个意义上说，没有人的参与也就没有管理，而绩效管理实际上是上级管理者通过一系列的行动与下属共同达成目标的过程，没有人参与的绩效管理是无法想象的。

综上所述，我们对绩效管理的研究必须重视人的方面，如果仅仅从工作相关的角度研究绩效管理，很多问题很难找到答案。同时，绩效对象中工作因素和人的因素之间存在着大量交叉和互动的关系，比如“绩效是行为”的观点中就已触及人的因素。

工作因素和人的因素是绩效管理中不可偏废的两个基本方面。

二、人性假设与知识型员工

（一）人性假设：经济人、社会人与复杂人

任何管理行为都是以一定的假设为前提的。“人是研究人类、组织和管理的基本分析单位。”管理学的人性假设是指人们根据一定社会时期内管理活动赖以成立的特定经济、政治和文化条件，对管理活动中人的需要和人的本性所作出的一种预设。这种预设影响着管理理论和管理行为。而在绩效管理中，人性假设也起着根本性的影响作用。比如，在目标管理理论中，强调目标本身对人的激励作用无疑体现了德鲁克社会人假设的倾向。

下面我们就对人性假设及其对绩效管理的影响作一个分析。

西方人本管理思想形成于19世纪末20世纪初，以泰勒（Frederick Winslow Taylor）为代表的古典管理思想已经开始重视管理中人的因素的研究。这一时期总的指导思想是X理论。X理论认为人是懒惰的、自私的，人为了在经济上获得利益才去工作，工人会想方设法逃避工作等。这就是所谓的经济人假设。这种理论指导下的管理方式是“胡萝卜加大棒”，管理者与工人互不信任，劳资矛盾尖锐。

霍桑实验后提出了社会人理论。社会人理论认为人际交往等社会需要是人行为的主要动机，工人生产效率的高低主要取决于其社会需要的满足度，但工业化带来的专业分工和机械化劳动使工人成为机器的附属物，劳动本身失去了意义。这种思想指导下的管理强调关心职工，注意建立良好的人际关系，加强人际沟通。

20世纪50年代，麦格雷戈（Douglas McGregor）在马斯洛需求层次理论的基础上提出了Y理论。Y理论认为，工作中体力、脑力的消耗与游戏或休息一样自然，人愿意工作而且可以从工作中得到满足，从而实现自己的价值。管理的环境会在很大程度上影响人的工作行为。相应的管理方式就是努力创造一个使人的才能得以发挥的环境，让员工享有更多的管理权，更多地以工作本身的内容来激励员工，满足其自我实现的需要。

20世纪80年代，日裔美籍管理学家威廉·大内（William Ouchi）在研究了日本成功企业管理经验的基础上提出了Z理论，即所谓的复杂人假设。Z理论认为，企业与员工的利益可积极地融为一体。Z理论指导下的管理方式主要是长期雇佣制、员工参与管理、对职工的全面培训、对员工全面长期考察培训基础上的稳步提升、创造良好的上下级关系、员工忠诚于企业等。

（二）绩效考核与绩效管理的人性假设

可以说，绩效管理与绩效考核最根本的区别就在于二者的假设前提，绩效考核将被考核者作为“经济人”看待，而绩效管理则将被考核者作为“社会人”看待。

一位功勋卓著、深得士兵爱戴的将军曾经说过这样的话：“打仗就是打仗，平时我对士兵很好，彼此感情深厚，就像兄弟一样，一旦上了战场，我就不得不抛开个人感情。指挥他们冲锋陷阵的时候，我并没有把他们当成人，而是把他们当成一堆蚂蚁。”这并非将军无情，它反映了一个残酷的事实：作为军队的首领，在很多时候他必须忽略个体——一个完整的、有血有肉的士兵——的存在，而仅仅把他们作为工具。这种现象在军队中普遍存在，在作为“营利性组织”的企业中又何尝不是如此呢？这就是很长时间以来管理者眼中的员工。

我们可以清晰地看到，绩效考核更强调对员工的绩效结果作出客观的评价，从而实现薪酬分配，并由此来达到激励员工的目的。这基本符合经济人假设理论对人的认识。

而绩效管理在不排斥薪酬分配的激励作用的前提下，则更强调员工参与绩效管理过程，强调上下级之间的全程沟通，强调目标本身对员工的激励作用，并且注重对员工能力的提升。我们有理由相信，绩效管理更倾向于社会人假设。

（三）知识型员工

知识经济时代，知识型员工是企业员工的核心，也就是说，今后管理者面对的员工中大多数是知识型员工。彼得·德鲁克说：“知识型员工不能被有效管理，除非他们比组织内的其他任何人更知道他们的特殊性，否则他们根本没用。”正是从这个角度上看，我们不能再用绩效考核的经济人假设的观点来看待每天所面对的员工，这也是绩效考核发展为绩效管理的重要的外部促进因素。

只有充分了解及掌握知识型员工的特点，才能制定有效的管理策略。德鲁克认为知识型员工的特点主要表现在以下四个方面：

1. 素质特征

知识型员工受过系统的专业教育，掌握一定的知识和技能，由于受教育水平较高，大多具有较高的个人素质，有强烈的求知欲、较好的分析能力和创新能力，对事物的判断比较准确。

2. 能力特征

知识型员工具有知识资本，大多从事创造性劳动，他们凭借自身拥有的专业知识和技能进行创造性思维，并不断形成新的知识成果，倾向于拥有一个自主的工作环境，更加注重工作中的自我引导和自我管理。知识型员工是隐性知识的所有者，具有职业上求新求变的能力。

3. 需要特征

知识型员工通常具有较高的需求层次，更渴望得到尊重和自我实现，表现为个体强烈的成就感和自豪感，希望有灵活的工作时间、宽松的工作环境，期待自己的工作成果得到组织和社会的认可，使自己的工作更具有意义和价值。

4. 个体特征

知识型员工尊重知识、崇拜真理、信奉科学、富于才智、精通专业，不愿随波逐流、人云亦云，更不会趋炎附势、惧怕权势。他们会因为执著于对知识和真理的探索和追求而蔑视任何权势。此外，由于知识型员工掌握着特殊专业知识和技能，可能对上、下级产生影响，因此，传统意义上的职位权威对他们往往不具有绝对的控制力和约束力。强烈的个性也导致一旦现有工作没有足够的吸引力，或者缺乏充分的个人成长机会和空间，他们会很容易追求新的职业机会和空间。知识型员工更多的是追求终生的能力成就，而非对组织的忠诚。

此外，我们还应注意到知识型员工在工作方面的特征：

首先，领导与被领导的界限模糊。“知识型员工的团队中领导与被领导既是一种互动关系，又是一种角色置换关系。尤其是在高科技企业，领导的有效性在于认识这种互动性，有意识地管理这种动态性。沟通、重视、信任、承诺、支持、创新、学习、合作等都是新的人力资源管理准则。”

其次，工作过程难以实行监督控制。知识型员工的大部分工作是依靠大脑进行的思维性活动，劳动过程往往是无形的，在易变和不确定环境中从事创造性的知识工作，其工作过程往往没有固定的流程和步骤，也不存在固定的劳动规则，传统的操作规程对他们也没有意义。

最后，工作成果不易加以直接测量和评价。知识型员工的工作成果常常以某种思想、创意、技术发明、管理创新的形式出现，因而往往不具有立竿见影、可以直接测量的经济形态。

对于知识型员工采用怎样的绩效评价方法是绩效管理领域研究的一个热点，也是目前争论的焦点。但是有一点是可以肯定的，只有管理者从复杂人、社会人角度而不是简单的经济人角度去理解知识型员工，才有可能找到最适合的评价方法。

三、绩效管理难题产生的重要原因

我们在绩效管理问题上之所以会陷入困境，主要有两个原因：一是我们对绩效管理本身的一些基本问题的认识还不到位、不深刻；二是我们还没有从企业管理全局和系统的角度建立起对绩效管理作用机理的全面认识。

绩效管理成为一个管理难题是非常正常的。具体来说，我们无法对很多基础性问题作出确定性的回答，如绩效是什么、绩效管理的对象是什么、我们如何去理解当前新经济条件下的员工等。对这些问题的回答直接决定了我们能否很好地破解绩效管理难题。

在本书中，我们的目的是展现给读者一个更广泛的关于绩效管理的思考框架，在这个框架里我们要跳出人力资源管理的范畴，从企业全局的角度来看待绩效管理。在这个时候，我们还将发现，绩效管理不过是企业管理这一系统中的局部，它在很大程度上受到战略、组织、流程、企业文化等多方面的影响，对绩效管理与这些方面之间的互动关系的理解也是制约我们改善绩效管理的重要因素。

因此，可以说，当前绩效管理面临的难题在短期内不可能完全解决，但是，我们希望能逐渐接近正确的解决路径。本书也不过是整个探索过程中的一小步。

第五节　战略、组织结构、流程与绩效管理

对于一个组织，从长期角度来看，制定战略和实现战略就是组织发展中一个螺旋上升过程的起点和终点，几乎涵盖了该组织所有的活动，而在“起点”和“终点”之间，所有的活动都可以被看做支撑战略实现的手段和工具。正是从这个意义上看，企业组织结构、流程以及绩效管理都可以归入战略实现的手段和工具范围之内。

在这些手段和工具之中，绩效管理具有明显的特殊性。它并非如组织结构和流程那样，其运作过程和结果直接作用于战略实现；它是战略实现过程的辅助手段，它对战略实现的作用通过其他手段间接体现出来，其作用在于将企业战略进行分解、监控各部门绩效、发现问题和持续改进。在这一点上，绩效管理类似于人体内的神经系统，虽然并不像心脏、肺、四肢等器官那样直接维持生命活动，但对整个生命活动却具有不可替代的作用。如果缺少绩效管理这一管理工具，那么企业战略实现过程也就失去了整体意义。

由此可以看出，我们这里所讲的绩效管理已经超越了员工绩效管理的范畴，

上升到了企业整体战略高度。正是基于这一区别，我们将这里的绩效管理称为全面绩效管理。

从长期看，各种手段和工具的“绩效”可以用战略的最终实现效果来判断。但是，任何一个企业的经营者绝不会到最后一刻才去关注战略是否能够实现，战略一定是被分解为各个短期阶段，在每个阶段过程中和阶段末尾，绩效都必然受到持续不断的关注。这时，绩效管理的重要性就体现得更为充分，它转而成为监控其他工具的工具，这也是绩效管理提倡持续沟通、绩效管理是一个完整的循环过程的原因所在。

正是在以上对绩效管理认识的基础上，我们对战略、组织、流程作了进一步分析。

高度变化的生存环境、日益加剧的市场竞争和不断变化的顾客等因素构成了企业战略、流程和组织结构变革的深层次原因，而且三者之间存在着紧密的互动关系。

一、企业战略与组织结构

19世纪60年代，钱德勒（Chandler）在深入研究美国100多家公司的发展情况，收集大量、详尽的史料和案例后，出版了《战略与结构》一书，提出环境决定战略，组织结构适配战略的思想，开创了企业战略与组织结构关系研究的先河。

企业战略与组织结构的基本关系可以概括为“组织结构服从企业战略”，即某项企业战略的实施必须有与其相适应的组织结构来支持，企业战略的转变必须引起其组织结构的变革，新的企业战略在原有的组织结构框架中难以取得预期的效果，而组织结构也会反过来影响企业战略。

（一）企业战略决定组织结构的两个方面

不同的战略要求不同的业务活动，从而影响管理职务和部门的设计，具体表现为战略扩张或收缩时企业业务单位或业务部门的增减等。

战略重点的改变会引起组织工作重点的改变，从而导致各部门与职务在企业中重要程度的改变，并最终导致各管理职务以及部门之间关系的相应调整。

（二）组织结构在一定程度上对战略的制定和实施起着限制作用

1. 当一个企业的组织结构已经确立，人员已经配备，规章已经制定时，企业往往会力图避免过多地更改企业的组织结构，因为那样会使企业损失组织效率，分散企业的资源，甚至造成企业运行的停顿。因此，企业在制定战略时会或多或少地考虑组织结构的因素。一个完全与现有组织结构脱节的战略不会是一个好战略。

2. 组织结构决定了企业内知识和决策能力的分布，进而决定了企业高层管理人员制定战略决策的过程。

3. 企业的组织结构影响战略实施信息的传递方式，从而影响企业高层管理人员对战略实施的评价，进而影响他们（高层管理人员）对企业战略的修正。

但是，在目前实际的经营管理中，战略与组织结构的不协调仍然是限制许多企业发展的重要因素。企业虽然也很重视战略的制定和组织结构的设计，但却往往忽略战略与组织结构之间的协调配合，使经营陷入困境。

二、流程与组织结构

（一）组织模式：以专业分工为中心还是以流程为中心

自从亚当·斯密（Adam Smith）于1776年在《国富论》中提出了“劳动分工思想”之后，经过泰勒、法约尔（Henri Fayol）等管理学者以及福特（Henry Ford）、斯隆（Alfred Sloan）等实践者的不断改进，逐渐形成了日臻完善的“劳动分工”理论体系。

直线职能制组织结构是典型的以职能为中心的组织模式，按照专业职能分工将企业分解成若干部门，进一步按照专业职能在部门内设立若干岗位，或者说，专业职能是部门和岗位设置的依据。其他组织形式（如事业部制和矩阵制结构）只是对直线职能制下专业职能部门和岗位在空间和时间上进行重组。

以流程为中心的组织模式并不是突破直线职能制、事业部制和矩阵制等组织类型，而是在设置部门和岗位时不是以专业分工为中心，而是以企业内的流程为中心，即按照业务流程设置部门和岗位。

（二）流程再造与组织变革

企业业务流程再造的内容视具体情况和再造目标而定，其中与企业组织结构密切相关的内容概括如下：

1. 再造业务流程，将分散的工作合为整体，去除传递过程，工作按照应有的顺序排列，可以同时进行多种工作，减少检验和监控。

2. 打破部门的界限，将各个独立部门所从事的相互关联的工作综合起来，工作在哪里做合适就在哪里做。

3. 原来流程中要求向企业高层寻求解决方法的地方，现在都要由流程工作人员自己决定。这样做的结果是，简化了管理层次，组织结构从等级森严的金字塔形结构变为扁平形结构。

4. 工作的结构单位从职能部门变成流程团队。工作内容也要改变，从分散的单项任务变成多维式的工作，每个人都对一项完整的工作和整个流程负责。

5. 部门主管的职能与角色发生转变。在流程团队内，部门主管的监控职能将大为减弱，进而转为和团队一起解决问题，向团队成员提供各种帮助。有人基于这种转变提出了“教练”的概念。

（三）企业进行业务流程再造后，组织结构趋于扁平化

传统的组织结构呈金字塔状，无论是职能制、事业部制、矩阵制还是其他混合形式，其基本的组织结构都是金字塔形的。随着企业规模的壮大，组织中出现了一支庞大的中层管理人员队伍。而实行业务流程再造后，由流程团队在正常的工作中进行决策，减少了汇报和审批，简化了管理层次，因此，中层管理人员将逐渐消失，从而使得组织结构趋于扁平化。扁平化组织的特点将在本书第3章中介绍。

三、战略、组织结构、流程的有效结合

在对战略、流程和组织结构之间的相互作用作出认真分析后，我们可以得出5条使战略、流程与组织结构有效结合的措施。

1. 对于各种组织结构类型的优缺点进行认真的分析比较，然后根据企业所处环境、企业发展阶段及战略决策的特点选择一种最合适的组织结构类型与企业战略相匹配。

2. 对企业的流程进行认真的考察分析，指出在企业战略中具有关键战略意义的组织单位，并使这些单位成为企业组织的核心单位，以获得必要的资源、组织影响力及决策影响力，促进企业战略的实施。

3. 对企业的流程进行分析，考虑企业的非核心业务流程——对企业战略实施意义不大的活动和能力，是否应采取外购的方式从企业外部获得，从而在降低组织运作成本的同时使企业的组织结构更有利于企业战略的实施和核心战略能力的培养。

4. 如果企业的一项具有关键战略意义的核心业务不能安排在一个组织单位内完成，那么就需要加强分管这项业务不同方面的几个组织单位间的沟通和联系。在这种情况下，企业通常需要设立一个战略管理单位，对这几个组织单位的业务活动进行统一管理，以促使企业战略顺利实施。

5. 当企业出现经营管理问题，组织绩效下降，需要制定新战略并改变组织

结构与之相适应时，应尽量避免企业组织结构剧烈的、过大的变动，而采取一种平稳的、渐进的方式对组织结构进行改革，以减少变革过程中组织效率的损失。

总之，企业外界环境发生变化并作用于企业战略与流程，战略与流程作用于企业组织结构，使组织结构发生从以专业分工为中心向以流程为中心的转变。

四、战略、组织结构、流程与绩效管理的结合

通过以上分析，我们已经较为明晰地掌握了战略与组织结构、流程之间的互动关系。那么，绩效管理又是如何与这三个要素结合起来的呢？为了使大家更清晰地了解这个问题，本书构建了一个基本的模型，如图 1—7 所示。

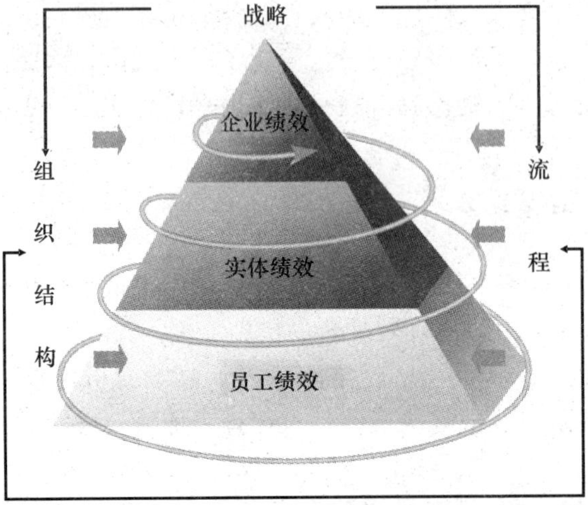

图 1—7　战略、组织结构、流程与绩效管理的关系模型

该模型主要包含以下四个方面的内容：

（一）战略、组织结构、流程的互动过程

战略、组织结构、流程之间的互动过程在前文中已经分别作了介绍，这里需要指出的是，正是这个互动过程构成了三者与绩效管理结合的外部条件，战略是根本目标，组织结构和流程是实现手段，三者互动，三者互动关系的优劣决定了战略实现的成败和进程，绩效管理则是评价这一互动关系的结果性指标。

（二）战略的分解过程

企业战略在分解成阶段目标后，就可以进一步按照组织结构层次逐层分解为企业绩效、实体绩效和员工绩效。企业绩效是整个企业战略目标的实现情况；实体绩效是企业内部不同功能定位的业务单元在某一阶段的绩效实现情况；员工绩

效则是企业内各个员工绩效的完成情况。

正如本章第三节中关于绩效管理层次问题的讨论中所说的，企业的绩效管理一定是分层次的，不同层次的绩效管理的原则和方法是不同的。一般来说，分成这三个层次是较为合适的。从这里也可以看到，绩效管理的分层为企业战略的分解提供了基本的路径。

实际上，很多企业也是按照这样的方式分解战略目标的，但它们常犯的一个错误是，战略分解下去之后，只注重员工层次的绩效管理以及长期的企业绩效管理，而忽略了实体层次的绩效管理。

（三）组织结构与流程对不同层次绩效的驱动过程

不同层次绩效目标是通过组织结构和流程来实现的。组织结构分为不同的层次，同样，流程也可以分解为不同的层次，因而产生了流程等级的区别。一般来说，流程层次与组织结构层次具有一定的匹配性：从总体上说，跨部门的流程具有较高的等级，而部门内部流程则属于较低等级。

组织结构与流程对不同层次的绩效的驱动作用在于，不同层次的流程使不同层次的组织运动起来，首先是部门内的不同岗位，然后是不同部门，直至使所有岗位和部门都参与到企业价值链之中。这个过程也就是各层次绩效实现的过程。

（四）绩效逐层驱动过程

组织结构与流程对不同层次绩效的驱动过程，实际上也就是从员工绩效到实体绩效直至企业绩效的逐层驱动过程。

上述四个基本过程构成了下文全面绩效管理的逻辑基础。

第六节　从绩效管理到全面绩效管理

一、绩效管理的新发展

一般认为，绩效管理是从绩效考核发展而来的。对于绩效考核和绩效管理的区别，本章第一节已经作了比较详细的分析。这里所要强调的主要是绩效考核与绩效管理在企业整体管理系统中的地位和特点。

绩效考核强调通过绩效压力和考核结果与薪酬结合产生的激励作用，而绩效管理则从单一考核向包括绩效计划、绩效辅导、绩效评估、绩效改进的全过程转变，强调通过过程管理产生结果。

但是，我们发现，企业绩效管理出现了新的发展趋势，即将绩效管理贯穿于战略执行和日常经营的循环中，强调通过绩效管理驱动企业运营。随着三个阶段的递进，绩效管理对企业运营的影响会越来越大，尤其是发展到企业绩效管理阶段，将对企业战略和运营形成直接推动。这也就是所谓的企业绩效管理（BPM）。

绩效管理的这一新发展在一定程度上已经超越人力资源管理范畴下的绩效管理，探索将组织和员工的绩效成果与企业战略目标保持一致，帮助管理者有效、及时地掌握有价值的经营管理信息。

下面我们从三个方面对这一新发展的必要性进行分析。

二、微观绩效管理循环与宏观绩效管理循环

（一）微观绩效管理循环

我们一般所谈到的绩效管理是人力资源管理系统之内的绩效管理，强调从绩效计划、绩效实施、绩效考核到绩效反馈的持续不断的 P—D—C—A 过程，正是这一理念的提出将绩效功能从单纯的评价和分配提升到了发展。因为这一循环是人力资源管理系统的一个子系统，本书称之为微观绩效管理循环。

这一系统的提出对绩效功能和定位起到了巨大的提升作用，但仍然存在一定的约束和限制。绩效管理虽然强调绩效计划必须根据企业整体发展战略和阶段目标逐层分解制订，从而保证企业各部门绩效与企业发展方向的一致性，但并未给出可供操作的工具和方法。而且，在绩效管理中，最大的问题也在于绩效管理与业务运营脱节，典型的原因在于：

• 缺乏体现公司战略和经营模式的 KPI（关键绩效指标）体系。

• 经营计划制订过程中，对目标和策略的分解不具体、协调不足、沟通不充分。

• 各部门缺乏一致的目标，缺乏连带责任机制。

• 人力资源部和财务部缺乏对业务的了解，无法参与到业务目标的制定和分析之中。

• 各部门主管对绩效管理和预算管理认识不足。

• 数据基础薄弱，缺乏信息系统的支撑，影响绩效反馈的及时性和准确性。

• 财务预算与业务计划联系不紧密，权威性不够，预算分析与业务分析脱节。

• 缺乏对经营计划、绩效管理和预算管理日常工作的统筹领导和协调。

这些问题归结为：企业的计划预算、业务运营与绩效管理相互脱节。这是一

个系统性的问题。从另外一个角度来看，绩效管理已经突破人力资源管理的范围，成为企业管理系统中重要的组成部分。

（二）宏观绩效管理循环

正是由于绩效管理的重要性和目前绩效管理存在的问题，我们有必要从企业整体管理系统的角度来重新看待绩效管理，这样我们就赋予了绩效管理更丰富的内涵。

1. 绩效管理是企业战略传导的重要手段

员工目标、部门目标与企业战略目标并不是自然一致的，这也是“战略稀释”的重要原因之一。如何将全体员工统一到企业发展战略总体目标之上，绩效管理就是重要手段之一。企业将战略规划与阶段目标层层分解，由企业目标到部门目标，由部门目标到岗位目标、员工个人目标。如果这种分解能够保证科学合理的话，那么，整个企业就形成了一个相互连接、相互支撑的战略链条，从而保证了企业目标的实现。

2. 绩效管理是企业管理重要的监控系统

美国哈佛大学的罗伯特·安东尼（Robert N. Anthony）教授提出了管理控制理论，他将管理控制定义为管理者为实现组织战略而影响组织中其他成员的过程。管理控制系统包括的活动有计划、预算、作业控制和绩效评价。

对企业整体战略的分解只是从静态上保证了企业战略的一致性，而当整个系统运作起来，即在企业运作过程中，所有人员的行为是否还能保证一致呢？显然，静态的一致和动态的一致是完全不同的概念。因此，这就需要一个监控系统，对运作过程的不一致及时作出反映，并进行适当的调整。

企业必须了解各个时点上企业战略的实施情况，否则就像一个没有仪表盘的飞机。

然而还有一个问题是，企业战略必须接受实践的检验，必须随外部条件的变化进行调整，这些都依赖这个监控系统。企业存在这样的监控系统，比如财务系统，但绩效管理也为企业提供了一种新的手段。

3. 绩效管理是企业人力资源管理与企业运作管理最重要的接口

人力资源管理是企业管理整体系统中的一个重要组成部分，也就是说，它不是孤立的。事实上，孤立的人力资源管理系统是没有实际意义的，传统的人事管理就是这样一个半孤立的系统。而与企业整体管理系统的连接需要接口，两者的连接不能是无序的。绩效管理就提供了这样一个接口。因为绩效管理是人力资源管理的核心，它与其他部门是紧密连接的，而绩效管理与企业管理系统也是紧密连接的，这样绩效管理就成为融通人力资源管理与其他管理系统的最优选择。

中国本土最大的咨询企业——和君创业提出了这样一个模型，即企业价值链，如图1—8所示，并指出，要研究企业的绩效管理，首先应从企业整体的价值链角度来思考。企业的价值链管理是人力资源管理的一个核心，它包含三个最基本的部分——价值创造、价值评价和价值分配。价值创造是研究企业价值的来源，要解决的是谁创造了价值的问题。关于这一点，在不同的经济发展时期有着不同的认识。在农业经济时期，认为土地和劳动创造了企业价值，而到了知识经济时代，则认为企业家才能、知识、资本和劳动共同创造了企业的价值。企业的价值创造出来以后，如何在众多的价值创造要素之间进行价值的客观分配成为关键问题。一套完善的价值分配体系（包括多种分配形式、分配结构等）必须建立在评价准确的基础之上。要客观地分配价值，必须对价值创造者的贡献度进行准确的评价。从现代人力资源管理的角度来说，就是要建立一个按照业绩、能力进行分配的企业机制，因此必须建立一个科学的评价系统。

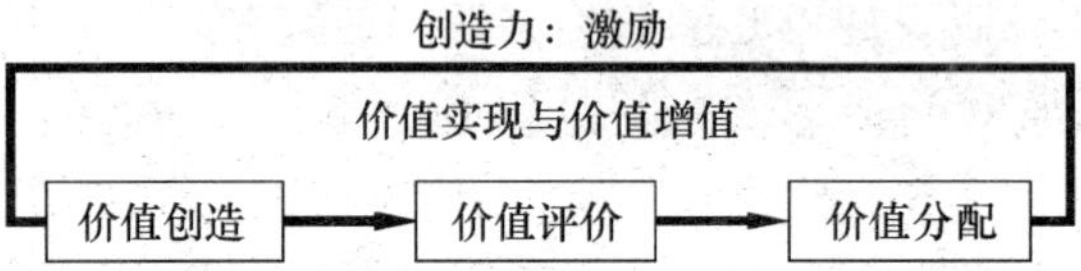

图1—8　企业价值链[①]

如图1—8所示，这个模型实际上是从企业整体角度来理解绩效管理的。的确，绩效管理不仅仅是企业价值评价的重要组成部分，它还应延伸到企业价值创造和企业价值分配中，为两者提供反馈和输入的数据来源。绩效管理与分配体系是紧密相连的。这里的分配取一种广义的概念，不仅包括工资、福利等的分配，还包括企业内权利、机会等的分配。

三、绩效管理必须支撑企业战略

从人力资源管理系统内对绩效管理的功能定位来说，绩效管理具有评价和发展功能。评价功能主要解决分配的问题，发展则是通过绩效评价发现员工履行岗位职责、达成工作目标过程中有待改进的方面，并给予适当指导，从而达到帮助和促进员工发展的目的。无论是分配还是员工发展，都是人力资源管理系统内部的问题。因此，具有评价和发展功能的绩效管理也是人力资源管理系统内的绩效

① 彭剑锋，饶征．基于能力的人力资源管理．北京：中国人民大学出版社，2003

管理。当然，评价和发展功能仍是绩效管理非常重要的功能，这里的分析并不是否定这两个功能，而是主张从企业整体管理系统的角度来看待绩效管理问题。

那么，我们从企业整体管理系统的角度来看待绩效管理，其价值何在呢？正如上文所述，绩效管理是企业战略传导的重要手段，是企业管理重要的监控系统，进一步引申下去，绩效管理要支持企业战略实现，这是绩效管理真正的价值所在。而上面提到的评价和发展功能也可以统一到这个价值体系中来，反过来，不支持企业战略分配和员工的发展对于企业是没有意义的。可以说，对企业战略的支持是绩效管理最本质的功能。

传统的人事评价将重心放在对部门及员工绩效的评价上，固然，绩效管理理念的提出在一定程度上改变了这一认识，但是从目前企业绩效管理的现状来看，企业仍然将大量精力集中在任务完成后的评价上。而从绩效管理评价和发展的功能定位来看，也将注意力放在了事后评价上——评价功能自然是对员工职责履行与任务完成情况的评价，属于事后评价，发展功能依据这一事后评价的结果制订员工培训及发展计划，是对评价功能的延伸。这种对事后评价的高度重视在很大程度上削弱了绩效管理的战略支持作用。

总之，加强绩效管理在企业战略传导、实施与监控中的作用，才是真正发挥绩效管理本质功能的正确方向。进一步，绩效管理不仅是人力资源管理系统内的绩效管理，更是企业整体管理系统中的重要部分，我们要从企业整体管理的高度来看待绩效管理，体现绩效管理对战略的支持。这是实现企业绩效管理价值的根本方向。

四、绩效管理方法与组织结构存在相互适应性

组织结构是企业管理系统的基础，绩效评价是企业整体管理系统的组成部分，显而易见，绩效评价也必然应企业组织模式的特点和要求而产生。这两者之间虽然没有绝对的对应关系，但却存在相互适用性和选择性。

很明显，当绩效评价方法与组织结构发生冲突时，绩效评价低效率问题十分严重。

下面重点分析直线职能制组织结构和 KPI 方法。企业的 KPI 是通过对组织内部流程的输入端、输出端的关键参数进行设置、取样、计算、分析，衡量流程绩效的一种目标式量化管理指标，是把企业的战略目标分解为可操作的工作目标的工具，是企业绩效管理的基础。可以使部门主管明确部门的主要责任，并以此为基础，明确部门人员的业绩衡量指标。建立明确的、切实可行的 KPI 体系，

是做好绩效管理的关键。

依据劳动分工理论将企业划分为若干职能部门，业务流程被分割成各种简单的任务，并根据任务组成各个职能管理部门，这是直线职能制组织结构的基本设计思路。直线职能制是被实践证明的一种有效的组织结构形式，在企业管理中发挥了巨大的作用，而且不可否认这种组织结构在现在仍是广泛应用的主流的组织形式。

传统的绩效评价正是基于直线职能制的组织结构设计的。随着绩效评价理论的发展，企业将绩效评价的新成果、新方法应用到管理实践中，KPI 就是近年来得到广泛应用的一种新方法，但是往往难以取得满意的效果，原因主要有以下几个方面：

第一，指标分解、确定困难。

KPI 考核体系是一种基于战略目标的考核方法，它通过层层分解对企业战略目标实现具有决定作用的若干 KPI，将企业各组织层次连接为一个整体，同时实现考核的量化。但是在实际操作中，企业层次的指标分解、直接生产部门和业务部门的指标分解相对容易，而岗位层次指标难于分解，职能部门指标难于寻找。

第二，指标落实困难。

即使将指标分解下去，在落实上也存在很大困难。有些指标并非一个部门或岗位能够决定，而是多个部门和岗位共同作用的结果，这种情况下难于分清责任，即使根据承担责任的不同，对不同部门和岗位分别确定权重，仍难以取得满意效果。

第三，指标监控困难。

取得这些指标实际执行结果的难度很大，因为这些指标分散在各个部门，一个指标由多个部门负责，这样就给指标的监控带来很大困难。

以上问题的产生与直线职能制的组织机构有直接关系。在直线职能制组织结构下，部门管理者将精力集中于本部门个别任务效率的提高上，而忽视了企业整体目标，对企业发展战略和快速变化的竞争环境无法形成有效支撑。这是指标分解困难的根本原因。

同时，由于直线职能制下各个部门和岗位的设置是根据职能进行分工的，而企业生产经营是一个连续的过程，也就是说，一个连续的过程被按照职能分解成若干段，这样一个指标必然由多个部门和岗位共同负责。当把企业战略目标分解到各个部门 KPI 和个人 KPI 的时候，不可避免地会出现“各人自扫门前雪”的情况。当个人目标与企业目标产生矛盾的时候，大部分人关注的是自己能够控制的范围，而不是自己不可控制的企业目标。这种关注部门的 KPI 分解具有计划经济的味道，必然不能满足实现企业经营目标的需要，这也就从根本上丧失了 KPI 对企业战略支撑的作用和初衷。而当我们以流程作为管理的重点时，则容易做到关注整体而非局部。

总之，组织结构与绩效评价方法之间存在一定的相互适应性。

第七节　全面绩效管理系统的模型

在以上对战略、组织结构、流程和绩效管理之间关系讨论的基础上，我们进一步提出全面绩效管理系统的模型。

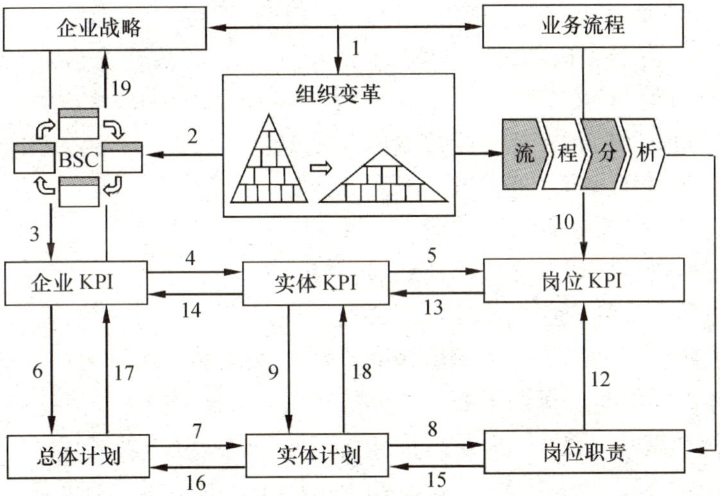

图 1—9　全面绩效管理模型

一、模型概述

对该模型的解释与说明：

1. 企业战略与业务流程相互作用，并促进组织变革。

2. 组织变革使基于 BSC（平衡计分卡）的战略分解和基于流程的 KPI 制定过程成为可能。

3. 利用 BSC 思想将企业战略分解为财务、客户、运营、学习四方面指标，并制定企业级 KPI。

4. 将四方面指标进一步分解成实体 KPI。

5. 根据实体 KPI 对基于流程制定的岗位 KPI 进行调整。

6. 根据企业 KPI 制订支撑战略实现的总体计划。

7. 将总体计划分解到各个实体，制订部门计划。

8. 部门计划中的各种活动可以细分到岗位职责中去。

9. 部门计划还必须参照部门 KPI 进行调整。

3—4—5 和 3—6—7—8 分别从指标层面和任务层面将企业战略分解到部门层次。

10. 利用流程分析制定岗位 KPI。

11. 利用流程分析清晰界定岗位职责。

10—11 构成基于流程制定岗位 KPI、细化岗位职责的全过程。

至此，方向向下和向右的箭头构成了基于 BSC 的战略分解和基于流程的 KPI 制定的全过程。

12. 岗位职责的履行保证了岗位 KPI 的实现。

13. 岗位 KPI 的实现支撑实体 KPI 的实现。

14. 部门指标的实现促进了企业 KPI 的实现。

15. 岗位职责的履行保证实体计划的完成。

16. 实体计划支撑企业总体计划的实现。

17. 企业阶段计划的实现进一步保证了企业 KPI 的实现。

18. 实体计划的实现保证了部门指标的实现。

19. 财务、客户、运营、学习指标的实现促进企业战略的实现。

12—13—14 和 15—16—17 分别从各项指标和计划的实现角度最终保证了企业战略的实现，指标和计划构成了相互平行、互相支撑的关系。

至此，方向向上和向左的箭头构成了企业内指标和计划相互支撑的关系。

归纳起来，整个模型有“两条主线，一个循环”。“两条主线”是指基于 BSC 的战略分解过程，形成了企业 KPI 体系和计划任务体系；另一条主线是基于流程的 KPI 制定过程，形成了岗位 KPI 体系和细化的岗位职责。同时部门指标体系和岗位 KPI 体系还要进行协调，建立起一个上下通达的企业关键绩效指标体系。“一个循环”是指岗位职责的履行实现了岗位 KPI 和部门计划，进一步支撑着部门 KPI 和总体计划的实现，并最终支撑了企业战略实现。这一反馈过程与前面自上而下的基于 BSC 的战略分解和基于流程的 KPI 制定过程正好形成了一个完整的循环。

二、基于BSC的战略分解

企业战略目标是否能够实现取决于企业各部门及全体员工是否清楚企业的战略目标，是否知道自己为了目标的实现应该做什么，并努力去做。这就需要我们将企业的战略目标正确地分解成为企业经营目标、部门目标，这也是绩效管理的前提和基础。

（一）战略分解的两个层面

对企业整体战略的分解需要从目标和指标两个层面进行。

1. 目标层面

目标层面即战略目标作为一种总目标、总任务和总要求，可以分解成某些具体目标、具体任务和具体要求。这种分解既包括在空间上把总目标分解成多个方面的具体目标和具体任务，又包括在时间上把长期目标分解成一个又一个阶段的具体目标和具体任务。人们只有把战略目标分解，才能使其具有可操作性。

2. 指标层面

“不能测量就无法管理”是公认的基本原则，将企业战略分解成一系列指标构成的指标体系是准确测量的基础。企业战略目标可以用一系列指标来表述，然后对这些指标进行层层分解，构成战略指标体系。而且，指标体系还能够准确反映战略任务及分解任务完成情况。

从目标层面和指标层面的关系来看，企业战略在目标层面的分解更侧重于战略的执行，指标层面的分解更侧重于对战略执行情况的监控；目标层面体现的是当期结果和短期结果，而指标层面则往往是延期效果和长期结果。因此，将两个方面结合起来，有利于战略的执行和监控。

任务层面的分解和指标层面的分解并不是隔离的，而是相辅相成的，任务是指标实现的手段，指标是衡量任务的方式，二者并不是要分开，而是紧密联系的。

（二）基于BSC的战略分解过程

BSC为我们提供了一种很好的企业战略指标分解的方法。本书所介绍的战略分解就是依据BSC的基本思想设计的。

1. BSC简介

BSC是由哈佛商学院教授罗伯特·卡普兰和咨询公司总裁大卫·P·诺顿在总结多家绩效测评处于领先地位的公司经验的基础上，于1992年发明并推广的一种战略绩效管理工具及评价工具，它主要从以下四个角度衡量企业。

（1）财务角度

企业经营的直接目的和结果是为股东创造价值。尽管由于战略的不同，企业长期或短期对于利润的要求会有所差异，但毫无疑问，从长远角度看，利润始终是企业所追求的最终目标。

（2）客户角度

在现今这个客户至上的时代，如何向客户提供所需的产品和服务，从而满足客户需要，提高企业竞争力，已经成为企业能否获得可持续性发展的关键。客户角度正是从质量、性能、服务等方面考验企业表现的。

（3）内部流程角度

主要从企业是否建立起合适的组织、流程、管理机制，在这些方面存在哪些优势和不足着手，制定考核指标。

（4）学习与创新角度

企业的成长与员工和企业能力素质的提高息息相关，从长远角度看，企业唯有不断学习与创新，才能实现长远的发展。

2. 战略分解的过程

（1）制定明确的战略目标和战略地图

卡普兰和诺顿在《战略导向的组织》一文中提到："在设计一个平衡计分卡时，我们总是从询问'你的战略是什么'开始。一旦我们理解了战略，我们就能建立一个新的描述战略的框架，我们把这个框架叫做战略地图。"制定 BSC 的第一步是制定一个明确的战略目标。

制定目标要考虑以下因素：企业的历史业绩；行业发展趋势；竞争态势；行业最佳实践；战略目标要用具体的术语来表达；战略目标要在整个组织内部得到广泛的认同。

有了总的战略目标，还需要制定战略主题及目标来保证战略总目标的实现。战略主题是实现战略目标的关键领域和主要推动力，它的作用是界定战略活动的范围和主要任务。例如，信息产业公司的总目标是"到 2007 年，公司将拥有最具创新性的笔记本电脑生产线"。根据这个总目标制定的战略主题是"产品创新"。

制定战略主题通常从以下几个方面着手：参考企业收集的战略信息；征询企业高层管理者的意见；审视企业内部运作流程。所制定的战略主题要具有以下特点：可实现的；支持战略总目标；对组织传达积极的影响；指向和聚焦于重要的事项；每个主题都具有独特性；在范围上是战略性的而不是战术性的；与组织的使命和愿景保持一致；有助于实现企业财务目标。通常基于战略总目标，应确定 3～5 个战略主题。

战略主题确定后，需要把战略主题同 BSC 的四个角度联系起来，形成逻辑上具有因果关系的体系，这样便完成了企业战略地图的开发。

（2）设计 BSC 的衡量指标和衡量标准

战略地图制定并得到最高管理层批准后，接下来就要设计 BSC 衡量指标（measures）和衡量标准（targets）。

对每一个战略主题目标，都需要设计一个衡量指标。衡量指标是用来检测和跟踪企业战略目标进展的工具，对是否满足战略目标要求提供反馈。设计衡量指标通常遵循以下准则：能够驱动变革，为战略提供动力；可重复，可计量，可验证；用明确、具体的术语定义目标。大部分组织会使用他们现有的衡量指标。需要进行重大变革的组织应采用一些具有驱动性的衡量指标。

一旦建立了衡量指标，就需要为每一个衡量指标建立一个衡量标准或者说是目标值。目标值是对企业未来绩效水平的期望水平。它的作用是推动组织去达到要求的绩效水平。当组织达到它设定的目标值时，它就成功地执行了战略。目标值通常基于企业过去的绩效水平，考虑行业发展趋势和竞争态势，参照行业最佳水平来设立。目标值要具有现实性和挑战性，必须是企业通过积极的努力能够达到的。

（3）制订行动计划

设计 BSC 的最后一步是制订行动计划。行动计划指明企业如何行动来实现战略目标。制订行动计划的关键是根据战略目标策划、评估和选择行动方案。行动计划需要得到企业高层管理者的支持，并获得足够的资源。因此，行动计划不应过多。企业应优先选择对战略目标作用最大的行动计划。

通过以上过程，就可以将企业战略分解成财务、客户、内部流程、学习与创新四个方面的相互平衡的衡量指标和衡量标准，并在衡量指标和衡量标准的基础上制订出行动计划。

3. 利用 BSC 进行战略分解要注意的一些问题

（1）BSC 不适用于岗位

我们认为，BSC 是基于企业的管理评估工具，并不适用于岗位。在现实中，很难找到某一个岗位包括这四个方面的要素。而企业的目标虽与岗位的目标在方向上一致，但在操作上往往是有区别的，照搬这四个方面必然会出问题。即使将指标硬性地分解到岗位层次也是没有意义的，因为这样已经失去了 BSC 的核心精神。

即使在部门层次，一个部门也可能不会找到这四个方面的指标。比如，在人力资源部就很难找到其财务指标。但是，利用BSC将指标分解到部门是有意义的，因为将企业作为一个整体、将各个部门作为战略单位来看的时候，整个企业是平衡的。因此，在部门层次指标的分解上，不必追求四个指标在一个部门内部的平衡，而要从企业整体角度来看指标之间平衡的问题。

（2）BSC的“平衡”与“不平衡”

BSC体现的是长期平衡，因此在短期内的不平衡是正常的。企业的目标是获取最大利润，企业的建设要获得持续的收入而不是某一次的“中大奖”。BSC正是以战略的眼光，合理地调节企业长期行为与短期行为的关系，从而实现企业的可持续发展。在BSC的四部分中，有的指标是超前的，而有的指标是滞后的。因此，在确定衡量标准和制订行动计划时，短期可能失衡，但正是这种短期的不平衡促使企业向长期平衡推进。

（3）依据BSC制订行动计划不同于以往的任务分解

传统上，很多企业也存在严密的计划管理体系，一般做法是在年初制订企业目标或计划，然后根据部门专业职能分工将这些计划分解成任务下达给各个部门；或者反过来，各个部门根据企业整体发展方向分别制订部门计划并上报；也有将两个过程结合的企业，即企业下达总体目标，部门依据总体目标制订部门计划并上报，企业再根据总体目标进行调整后确定部门计划。

这些做法与基于BSC进行战略分解的做法是完全不同的。虽然在依据BSC制订行动计划的过程中也可能采用与上述方法类似的过程，但行动计划的制订是依据企业战略及衡量指标、衡量标准进行的，并不是简单的任务分解和计划制订。

（4）依据BSC进行战略分解是一项非常重要而繁巨的工作

首先，它对企业战略和管理水平有很高的要求，没有明确的组织战略，高层管理者缺乏分解和沟通战略的能力和意愿，BSC的指标分解就不可能成功。

其次，BSC的工作量极大。除了对战略的深刻理解外，还需要花费大量精力和时间把它分解到部门，并找出恰当的指标。而落实到最后，指标可能会多达15～20个，在考核与数据收集时，也是一个不小的负担。因此，从成本与收益的角度来看，将指标分解到部门而不是岗位也是合理的。

三、基于流程制定KPI

这里所说的流程分析是指对企业现有业务流程（包括关键业务流程和辅助业务流程）进行分析并持续改进，以流程为中心对企业组织结构进行适当调整，并根据流程的关键点制定各岗位KPI的过程。

（一）流程分析的重点

1. 不是以流程再造（BPR）或企业资源计划（ERP）为目的，而是以流程的持续改进为目标。

2. 通过流程分析和流程的持续改进对企业组织结构进行适当调整，从结构上说包括部门调整和岗位调整，从内容上说包括部门职责的调整和岗位职责的调整。

3. 在以上结构调整和内容调整的基础上，根据流程的关键点制定各岗位的KPI。制定KPI时要充分考虑基于BSC的企业战略分解下的部门指标，要保证二者之间的一致性和支撑性。

（二）以流程为中心对组织结构进行调整

1. 现有组织结构的主要问题

企业现行组织结构模式源于18世纪亚当·斯密提出的“劳动分工原理”和19世纪泰勒提出的“制度化管理理论”，即强调专业化分工，把企业的经营过程分解为最简单、最基本的工序，这样工人只需重复一种简单工作，熟练程度可大大提高，同时对各个经营过程实施严格控制。当时，由于工人素质低、劳动力廉价和技术水平有限，这些理论得到迅速推广，并有效地提高了企业的劳动生产率。随着社会、市场、技术环境的变化，基于这两种理论的经营管理模式日益暴露出弊端，企业家和管理学家们认为问题主要有以下几个方面：

一是分工过细。一项产品或服务的提交活动要经过若干个部门、环节的处理，整个过程运作时间长、成本高。科层组织理论的控制主张和等级结构决定了它受有效管理幅度的限制，当组织规模扩大到一定程度时，必须通过增加管理层次来保证有效领导，这样就形成了高耸的金字塔形。

二是无人负责整个经营过程，缺乏顾客服务意识。各个部门按照专业职能划分，结果是各部门只关心本部门的工作，并以达到上级满意为准。各部门都从本部门的实际利益出发，这就不可避免地存在本位主义和相互推诿现象，这些都是不增值的环节，也造成了经营过程运作成本的居高不下。

三是组织机构臃肿，助长官僚作风。为了把企业内部各部门、各环节衔接起来，又需要许多管理人员作为协调器和监控器。管理人员在整个企业人数所占比重几乎达20%，管理费用居高不下。

四是员工技能单一，适应性差。过细的分工增加了员工工作的单调性，无法学到新的知识，没有刺激，致使工作和服务质量下降，员工缺乏积极性、主动性，责任感差。过细的专业分工导致人们把工作重心放在个别作业的效率提升上，而忽视整个组织的使命；职能部门间的利益分歧往往会促使个体的短期利益凌驾于组织发展目标之上，产生“见树不见林”的思维盲点、僵化的本位主义和管理的“真空地带”，从而弱化了整个组织的功效。

五是资源闲置和重复劳动，症结是内部信息纵向和横向沟通不够。管理层次增多，指挥路线相应延长，信息传导与沟通的成本会急剧上升，就可能造成信息在传递过程中的失真，导致企业管理存在层次重叠、冗员多、成本高、浪费大、对市场反应迟缓等缺陷，阻碍企业的进一步发展。

2. 以流程为中心对组织进行调整

部门、岗位都是流程的执行单位。在流程再造的基础上，必然要涉及部门、岗位及其职能的重新调整和设计。

（1）职能的统一和集中

职能的统一和集中主要是针对同一职能。在传统体制中，各职能管理机构重叠、中间层次多，不利于企业整体的协调和统一。通过组织创新，利用现代信息技术完全可以取代这些业务而将中间层取消，使每一项职能从头至尾只有一个职能机构管理，从而做到机构不重叠、业务不重复。还有一种情况是，在大型企业的各个事业部中均有与总部类似的职能，如营销、人力资源管理等。虽然在一定程度上有利于事业部保持相对的独立性，但是在企业规模不断扩张的情况下，不利于集团整体的协调一致，容易出现失控。而且这种部门的重复也是一种资源的浪费。因此，许多大企业都逐步将分散的职能集中起来。

（2）职能的合并

职能的合并是指将原来分属于不同部门的职能合并，由同一部门或岗位来完成。它属于跨越多个部门边界的业务流程再造，在国内企业中有两种具体形式：一是临时性的工作小组；二是一贯制管理。宝钢的一贯制管理就是这方面的典范。所谓一贯制管理，就是在横向组织方面适当简化专业分工，实行结构综合化。凡是能由一个部门或一个人管理的业务，就不设多个部门或多个人去管理，在管理方式上实现对流程的全过程管理，克服传统管理中存在的机构设置分工过细及业务分段管理的情况。

（3）职能的转换

在流程再造的过程中，不仅要进行职能的调整，同时还要实现部门、职能的转换。从总体上看，在传统组织中，职能部门更多的是发挥指导和监督的作用。在流程再造之后，明确了各部门在价值创造上的地位和作用，树立了以顾客为中心的指导思想，部门职能更主要的将是提供服务。这种职能的转换应包括具体职能和职责的改变，但更重要的是要转换观念，树立服务意识，这就需要设计新的激励考核体系来落实。

（4）部分职能的社会化

由于社会化大生产和市场经济的发展，社会化专业协作已成为现代工业社会生产组织的基本形式。在工业发达国家，社会化专业协作已达到相当高的水平，成为企业合理利用社会资源、优化企业组织结构的重要标志，给社会和企业带来了巨大的经济效益。在组织创新的过程中，国内的企业也充分认识到社会化协作的重要性，将部门职能社会化。这样，企业将精力集中于核心流程，社会化以后的部门能够提供更为优质的服务，同时也有利于整体流程的运作。

（三）根据流程关键点制定 KPI

企业的组织结构并不能创造价值，流程才是价值创造的手段，各个岗位就是通过其在流程中的活动体现其在组织中的作用的。以流程为中心对企业组织从结构层面和内容层面进行调整时，不能实现增值的部门、岗位、职责都应进行调整。正是因为岗位是根据流程中的作用设置的，所以从流程的角度来分析岗位的 KPI 才是有效的。

根据流程制定 KPI 的基本过程如下：

1. 确定岗位关键业务流程

因为已经进行了前面的流程持续改进，所以保证了流程的相对清晰合理。同时，又因为我们的主要目的是解决岗位考核的问题，所以这里确定关键业务流程不是从企业整体角度将流程分为关键流程和辅助流程，而是要在流程持续改进的基础上，以岗位为中心，确定各个岗位所涉及的关键业务流程。

对业务流程进行持续改进和确定岗位关键业务流程的过程实际上是对岗位职责进行清晰化的重要过程。在很多企业内，虽然也进行了工作分析，制定了工作说明书，但问题仍然存在，表现突出的问题主要有：

第一，往往只是对现有状况的描述，并没有“分析”的过程，岗位职责之间相互交叉与扯皮的现象依然存在。

第二，各个岗位的说明书是孤立的——企业的岗位应该是相互联结的整体，岗位说明书也必须体现这种关联关系。现在我们利用流程分析与持续改进可将岗位职责从流程的角度进行清晰化和细化，解决相互之间交叉与扯皮的问题，同时，利用流程将各个岗位联结起来，体现岗位在流程中的关系。

2. 确定流程关键点和产出，进一步确定关键成功要素（KSF，Key Success Factor）

从总体的企业流程来说，关键点是指流程的诸多构成要素中对流程的运作起决定性影响的要素，人们常以“瓶颈”来形容它，显示该因素的重要性，没有它，流程就难以运作。

流程关键点的识别主要是看变动某要素是否对流程的运作产生深远的影响，也就是说，能否使流程更好地满足顾客的需要，能否大幅度提高企业的绩效。这是识别流程关键点的根本标准。流程的关键点往往也是流程中容易产生问题的地方，这样，我们就可以从企业以往产生问题的记录与总结中发现流程的关键点。另外，还可以借用标杆法的思想，研究同领域竞争对手在流程上强于自己的方面，这些往往也是绩效提高的关键。

然而，确定了流程的关键点只是找到了实现绩效提高的关键区域，要实现绩效提高的目标，我们还需要通过对这些关键点的深入研究，确定关键成功要素（KSF，Key Success Factor）。在这一过程中，我们也可以确定岗位所负责的流程部分的产出，当然这种产出并不是流程的最终产出，只是某一岗位的中间产出。

3. 抽象成指标

在确定了流程关键点和关键成功要素后，就可以将关键成功要素抽象成 KPI 了。因为流程关键点和关键成功要素可能是较为清晰的描述，包含着大量信息，要应用到绩效考核中还必须将其抽象成 KPI，并对指标进行清晰的定义。

注意，这里的 KPI 不仅仅包括结果性指标，还应该包含行为性指标，衡量的标准是该指标是不是对流程结果有重大影响。如果仅仅是从结果性指标来看，很多岗位或是很难制定出具体的指标，或是即使制定出指标，该指标也可能偏移流程的根本目标。

4. 对 KPI 的检查

在 KPI 确定后，要从以下几个方面对其进行检查，只有符合以下要求的才能被确定为 KPI。

（1）与战略目标的联系：指标是否能和战略目标相吻合。

（2）可控性：结果在职责范围内是否可控。

(3) 整合性：指标是否能有机地将整个组织联系起来。

(4) 可衡量性：指标是否能量化。

(5) 与整个指标体系一致：相关指标是否有冲突。

(四) 基于流程制定KPI的优势

普通的KPI往往是基于岗位职责确定的，即先根据岗位职责确定关键绩效领域，然后根据关键绩效领域确定KPI。这种方法相对简单，但是却产生了如下问题：

1. 如果缺乏对组织结构和岗位设置的分析，而是根据现有组织状况下的岗位职责制定KPI，就会产生KPI难以确定的问题，因为企业岗位职责不清晰、相互交叉的现象十分普遍。仅仅基于现有部门和岗位确定KPI，而现有部门和岗位设置如果不尽合理，那么，KPI的确定并不能体现对企业战略的支撑，而只是一种就事论事的计划性分配。因为原有岗位是在专业职能分工下设置的，岗位职责也是，这样就会造成岗位KPI之间相互孤立，不能体现各个岗位KPI之间的一致性和相互支撑关系。

2. 反观根据流程确定KPI的方法，可以说是对一系列问题的整体性解决，因为前期进行了流程的持续改进，所以也就避免了职责的不清晰问题，而且流程与企业战略具有相互支撑关系，也体现出对战略的支撑，同时KPI方法还必须与基于BSC的战略分解进行协调，这在下文将有所阐述。企业各部门和岗位是根据流程需要设置的，这样就解决了指标之间相互关系的问题，很显然这种关系是流程中关系的体现，并最终支撑企业战略。此外，基于流程确定KPI，还可使绩效指标易于解释、易于理解；而确定了关键绩效指标后，还必须有指标结果来源，基于流程的方式使实际指标结果来源的确定显而易见，该结果来源一般是流程的下一步骤，也称为内部客户。

四、实体KPI与岗位KPI的协调

(一) BSC与KPI方法的区别和联系

以上过程较多地运用了BSC和KPI两种方法，这两种方法存在明显的区别，也存在突出的互补性。

BSC强调平衡和逻辑关系，即指标的选取要尽可能全面，能够平衡近期与远期、战术与战略、财务与非财务、局部和全局。同时，各个层面指标的逻辑关系链应该清楚，以有助于指明战略实现的轨迹。这也就是为什么卡普兰和诺顿在提出BSC后继续提出了战略地图的原因所在。BSC本身就是强调逻辑的。BSC

由于强调四个方面的平衡，因而在向下渗透过程中会遇到一些困难，尤其是对具体岗位和人员的考核。

而就KPI而言，首先，它强调关键和重点，即指标的选取应该是对战略形成最关键的，应该是战略运营的重点。其次，它除了应用于企业层面的考核外，还可以层层渗透，一直到部门乃至岗位，还适用于对员工个人的考核。

正是由于BSC和KPI方法存在上述区别，产生了二者之间高度的互补性，KPI在BSC的指导下更具逻辑性，更体现与长期战略的一致性；BSC因为KPI对关键和重点的强调而更具可操作性；BSC的分解也通过KPI方法而渗透到部门和岗位层面。

（二）根据实体KPI对岗位KPI进行调整

流程服务于战略并支撑战略的实现，因此，基于流程的KPI与基于BSC的战略分解后的部门指标在根本方向上是完全一致的。但是，经过这样的分析过程，也极可能出现偏差，所以要对二者进行协调，使二者完全统一到企业战略方向上来。也可以这样理解，这个协调的过程也是对战略分解和关键指标制定进行有效性检查的过程，两个方面可以相互验证与检校。

二者协调的基本方法就是价值树法。具体来说，就是将基于BSC的战略分解的四个方面指标和部门指标按照从上到下分解和相互支撑的关系组合起来，然后将基于流程的KPI按照岗位所属部门与之一一对应——这样就形成了一个价值树，最顶端是企业战略，依次是基于BSC的战略分解后的四方面指标、部门指标和岗位KPI。

建立了价值树后，就可以对上下各层次指标之间的支撑关系进行检校。可以采用从下到上的分析方法，即下一层次指标能否对其上一层次指标构成支撑，下一层次指标实现的结果是否使上一层次指标得以实现；也可以采用从上到下的分析方法，即上一层次指标的分解是否完全，下一层次指标中是否还可能有其他指标。

经过协调与检校，就可以形成一个上下通达的指标体系。

五、全面绩效管理体系的运行

从模型上可以看出，通过以上基于BSC的战略分解和基于流程的KPI制定过程，一方面建立了一个包括企业KPI、实体KPI和岗位KPI在内的指标体系，另一方面也产生了企业战略分解到部门的行动计划和从流程分析中细化的岗位职责。

虽然建立了指标体系、计划体系及细化的岗位职责体系，但这些并不能直接应用于企业绩效评价。只有按照不同类别人员建立分层分类的考核体系才能将以上各体系纳入到企业绩效管理体系中。以上基于BSC的战略分解和基于流程的KPI制定过程是全面绩效管理体系的基本指导思想和方法论，但在企业绩效管理体系设计中还必须考虑企业绩效管理的实际运作问题，将上述过程实际落实到企业运营过程中去。

（一）建立企业年度经营会议制度，检讨企业战略，分解阶段目标，设定企业KPI，并分解为实体绩效指标

所有的企业都有年度经营会议，但是，大多在会议上只是宣布企业下年度工作计划、进行报告式的动员，缺乏上下级之间的互动和沟通。实际上，这样的会议完全应该成为上下级之间完成企业级和实体级“绩效计划”的沟通会议，会议的中心内容不再是宣读计划，而是将企业战略切实落实为阶段目标和指标，并分解到各个部门中去，并与各部门负责人签订目标责任书。

这种效果大大优于宣传和动员，实在的绩效压力和目标承诺是巨大的推动力，而这也将促发各部门负责人深入思考，与企业高层形成实质性的沟通。

（二）构建企业KPI体系

企业可以通过外部专家或者专门项目组的形式建立企业的KPI体系，包括企业、实体和员工层面的KPI。

绩效指标之所以有“关键”与“非关键”的区别，原因就在于，如果不分轻重地考察所有指标，则必然是顾此失彼，最后变成什么也不重要。因此，绩效指标是否“关键”就在于企业战略和实际情况的要求，今天的KPI也许随着条件的变化在明天变得不再关键。

因此，企业应该建立一个相对完备的绩效指标体系，类似于一个门类齐全的中药柜子，无所不有，根据患者需要的药方合理配比，形成当期的KPI。

（三）建立企业组织结构与流程调整的建议机制

在谁从总体上负责组织结构和流程的问题上，大多数企业的状况是无人负责。虽然与企业以往变化不大的环境相关，但这无疑是“温水煮青蛙”的悲剧，当企业发现自己不再适应环境的时候，是否还能承受得起“伤筋动骨”的变革？

因此，必须建立企业组织结构和流程调整的建议机制，不必设立专门的部门，重要的是建立机制，畅通渠道。比如，可将这一内容作为企业年度总结会议的一项议题，由临时组建的小组汇集各种提案和建议，在会议上进行专题讨论。

（四）建立员工绩效管理制度

按照绩效管理的思想建立绩效管理制度，其关键有以下三点：

1. 制度的执行力

我们发现，很多绩效管理存在问题的企业并非没有完备的制度，而是没有坚强的执行力。而没有执行力的一个重要原因就是责任不到位，实体负责人并未感受到也更没有真正承担起企业战略实现的责任和压力，他自然也就不具有绩效管理的动力。绩效管理流于形式是因为缺乏实质内容。而在全面绩效管理体系下，这一问题应当会得到极大的好转。

2. 及时激励

即绩效管理必须与相应的薪酬激励挂钩才能起作用。

3. 各级管理者提高绩效管理技能

绩效管理作为一种管理手段，有其内在的特点和规律，各级管理者掌握了这些方面一定能够提高绩效管理水平。这将在本书最后一章中作更详细的介绍。

（五）建立实体绩效和企业绩效检讨会议制度

这一点非常重要。实体绩效和企业绩效能否仅仅在直接上下级之间进行沟通呢？显然不可以。因为：一方面，实体绩效和企业绩效涉及的是企业整体经营结果和战略实现效果，涉及企业内的所有部门，需要系统的思考和全局眼光；另一方面，这是一个企业各层级系统检讨企业绩效和企业战略，以及其他方面问题的重要机会。

因此，很多企业建立了检讨会议制度，在会上，对过去一个阶段的战略执行情况进行分析和检讨，发掘问题，提出整改措施。

另外，对于包括前面提到的企业经营会议在内的各种会议，也应当常规化和正规化。一方面，在何时何种情况下召开会议应当常规化；另一方面，会议的基本议题、议程和方法也应当正规化。

（六）结合信息技术建立企业全面绩效管理系统

信息技术日益深刻地融合到企业管理的各个方面中来，这是一种不可抗拒的趋势。而信息技术的应用也将大大提高管理效率。在绩效管理问题上，信息技术在以下方面具有明显优势：

1. 信息收集

企业绩效管理系统需要大量的数据支持，尤其是各类指标数据，如果依靠手工完成，既费时又费力，而且有些统计几乎不可能完成。依靠信息技术，这些问题都不再是问题，比如对于全国各省区市场销售额的统计，传统的手工操作恐怕都要由专人完成，而引进信息技术后，完全可以在销售发生的同时完成实时统计。

2. 数据分析

信息技术在数据分析上的优势更为明显，计算能力是信息技术的强项。

3. 制度刚性

依靠人来完成各个环节，不仅存在成本高、效率低的问题，更严重的是无法避免各种人为因素。在信息系统条件下，所有的制度都被转换为刚性的流程。

目前已经出现专门从事企业绩效管理服务的咨询公司、软件企业，如 Oracal、SAP、金蝶、用友将企业绩效管理理念与 IT 技术结合起来，开发出 BPM 软件，并宣称将取代 ERP（企业资源计划），成为下一个热点和赢利点。

第2章

战略与绩效管理

很多企业都遇到过这样的情况，员工工作非常努力，部门业绩看上去还算不错，可是企业整体业绩却不怎么乐观，甚至更糟糕的是，员工越努力，部门绩效越好，企业的整体业绩却每况愈下。究其原因，归根结底就是战略缺位。

没有战略指引的绩效管理更类似于“盲人骑瞎马”的冒险，所得到的结果往往南辕北辙。致力于在中国推行平衡计分卡应用的孙永玲博士在一次讲座中讲道，中国企业推行平衡计分卡不成功的重要原因就是战略缺位，而她在为企业进行辅导和咨询服务的第一步也是战略梳理。

无论怎样夸大战略的作用都不算过分，因为人力资源管理者在更多的时候更喜欢蜷缩在自己熟悉的狭窄领域里，一方面缺乏全局性的战略眼光，另一方面自怨自艾地感叹不受重视。这也正是为什么平衡计分卡受到如此追捧的原因，平衡计分卡提供了一种实现战略管理与绩效管理的有效连接的途径和工具。平衡计分卡的创始人罗伯特·卡普兰更愿意将平衡计分卡称为战略绩效管理工具。这个方面在以后相当长的一段时间内都将是人力资源管理的热点。

这也就是说，绩效管理必然是以战略为起点的，没有战略方向的绩效管理没有意义，就好像没有目的地的跋涉。

第一节　战略与战略管理

一、基本概念

（一）战略

“战略”一词最早为军事术语，指对战争全局的筹划和谋略，指从整个战争的胜利出发考虑问题，依据敌对双方的军事、政治、经济、地理等因素，照顾战争全局的各个方面，规定军事力量的准备和运用。除军事领域外，战略的价值同样适用于政治、经济等领域。后来演变为泛指重大的、全局性的、左右胜败的谋划。将战略思想运用于企业经营管理之中，便产生了“企业战略”这一概念。

不同的管理学家或实际工作者对企业战略（以下简称为“战略”）给予了不同的定义，主要有广义和狭义两种观点。在广义的战略定义中，战略的概念包含着企业目标和实现途径，如哈佛大学的迈克尔·波特（Michael Porter）教授认为“战略是公司为之奋斗的一些终点与公司为达到它们而寻求的途径的结合物”。狭义的战略定义则只包括实现企业长远目标的途径。表2—1中列出了几名不同时期的学者提出的具有典型意义的战略概念。

表2—1　不同学者提出的战略概念

安索夫	企业战略就是贯穿于企业经营与产品和市场之间的一条共同经营主线，它决定着企业经营业务的基本性质。这条共同经营主线包括四个要素： （1）企业的产品和市场 （2）增长向量 （3）竞争优势 （4）协同作用
明茨伯格	战略是一个计划（Plan） 战略是一个计策（Ploy） 战略是一个模式（Pattern） 战略是一个定位（Position） 战略是一个观念（Perception）
杰森和舒勒	战略是通过有效地组合企业内部资源，在动态（dynamic）的环境中确定企业的发展方向（direction）和经营范围（scope），从而获取竞争优势（competitive advantage），满足市场需求和企业用人（stakeholder）需求

归纳以上对企业战略的认识，结合我国的具体情况，对企业战略可作如下表述：企业战略是指企业面对激烈变化、严峻挑战的经营环境，为求得长期生存和不断发展而进行的总体性谋划。它是企业为实现其宗旨和目标而确定的组织行动方向和资源配置纲要，是制订各种计划的基础。

（二）战略管理

战略管理是企业高层管理人员为了企业长期的生存和发展，在充分分析企业内外部环境的基础上，确定和选择达到目标的有效战略，并将战略付诸实施、控制和评价的一个动态管理过程。在当今企业环境越来越复杂多变、竞争越来越激烈的时代，战略管理作为企业高层管理人员的活动内容，越来越显示出它在企业管理中的重要性。

一般来说，战略管理这一术语与战略规划意义相同，战略规划被更广泛地应用于商界，而战略管理则往往被用于学术界。在有些场合，战略管理一词是指战略的制定、实施和评价，而战略规划则仅指战略的制定。

二、战略管理理论的发展

在农业社会，人们习惯于根据以往经验从事生产活动，所面对的外部环境变化缓慢；进入工业社会，人们注重现在，注意力集中在技术和效率上；而进入后工业时代，所有人都忽然发现自己所面对的环境每天都发生着翻天覆地的变化，企业战略管理思想也就在这一基调下产生。20 世纪 60 年代，由于当时企业生产规模的扩大，许多国家的经济形势发生了巨大变化，市场由卖方市场转为买方市场，竞争的加剧和生产一两种产品的潜在风险使得许多企业开始跨行业进行多种经营，并且开始大力开拓国际市场，原来的管理方式已经不能适应多种经营的需要，战略管理思想应运而生。70 年代是战略研究的鼎盛时期，各国的科技、政治、经济、社会都出现了巨大变化，这种变化导致企业赖以生存的外部条件越来越不稳定。

战略管理理论从发展的先后顺序上看，大体可以分为以环境为基点的经典战略管理理论，以产业（市场）结构分析为基础的竞争战略理论和以资源、知识为基础的核心竞争力理论三种。

（一）以环境为基点的经典战略管理理论

20 世纪 60 年代初，美国著名管理学家钱德勒（Chandler）《战略与结构》一书的出版，首开企业战略问题研究先河。钱德勒在这部著作中分析了环境、战略和组织结构的相互关系。他认为，企业经营战略应当适应环境，满足市场需要，而组织结构又必须适应企业战略，随战略变化而变化。其后，有关战略构造问题的研究形成了设计和计划两大学派。设计学派以哈佛商学院的安德鲁斯（Andrews）教授及其同仁们为代表，他们主张，经营战略是使组织（企业）自身条件与所遇到的机会相适应，建立了将战略构造分为制定与实施两大部分的基本模型。几乎与设计学派同时产生的计划学派以安索夫（Ansoff）为杰出代表。安索夫在 1965 年出版了《公司战略》一书。以他为代表的计划学派主张：战略构造应是一个有控制、有意识的正式计划过程；企业的高层管理者负责计划的全过程，而具体制订和实施计划的人员必须对高层管理者负责；通过目标、项目、预算的分解来实施所制订的战略计划等。安索夫认为，战略行为是对其环境的适应过程以及由此而导致的企业内部结构化的过程，企业战略的出发点是追求自身的生存与发展。

从上述内容中不难看出，尽管这一时期学者们的研究方法各异（有“方法丛林”之称），具体主张不尽相同，但总体上说，其核心思想是一致的，主要体现为以下几点：

1．企业战略的基点是适应环境

企业所处的环境往往是企业自身难以左右的，因而企业制定战略必须充分考虑环境的变化，只有适应环境变化，企业才能求得生存与发展。

2．企业战略的目标在于提高市场占有率

企业战略的变化旨在满足市场需求，获取理想的市场占有率，这样才利于企业生存与发展。可以说，企业如何获取理想的市场占有率在经典战略管理中居于核心地位。

3．企业战略的实施要求组织结构变化与适应

经典战略管理实质上是一个组织对其环境的适应过程以及由此带来的组织内部结构化的过程，因而在战略实施上势必要求企业组织结构与企业战略相适应。这些核心思想为企业战略管理理论的形成与发展奠定了基础。

（二）以产业（市场）结构分析为基础的竞争战略理论

经典战略管理理论的缺陷之一是忽视了对企业竞争环境进行分析与选择，而在一定程度上弥补这种缺陷的是波特。他将产业组织理论中结构（S）—行为（C）—绩效（P）的分析范式引入企业战略管理研究之中，提出了以产业（市场）结构分析为基础的竞争战略理论。

在《竞争战略》一书中，波特提出了著名的由五方面竞争力量——进入威胁、替代威胁、现有竞争对手的竞争以及客户和供应商讨价还价的能力——所形成的竞争模型，认为产业的吸引力、潜在利润是源于这五个方面的压力所产生的相互作用的结果。而“战略制定的关键就是要透过表面现象分析竞争压力的来源。对于表象之下的压力来源的认识可使公司的关键优势与劣势突现出来”。在此不难发现，企业可以通过其战略对五方面竞争力量发生影响，并影响产业（市场）结构，甚至改变某些竞争规则，从而赢得竞争优势，提高自己的赢利能力。

在企业战略管理理论的演变中，与经典战略理论相比，竞争战略理论前进了一大步。它指出了企业在分析产业（市场）结构竞争环境的基础上制定竞争战略的重要性，从而有助于企业将其竞争战略的眼光转向有吸引力的产业。然而，同

经典战略理论一样，竞争战略理论仍缺乏对企业内在环境的考虑，因而无法合理解释下列问题：为什么在无吸引力的产业中仍能有利润水平很高的企业存在，而在吸引力很强的产业中却又存在经营状况很差的企业；受潜在高利润的诱惑，企业进入与自身竞争优势毫不相关的产业进行多元化经营，最终这些企业缘何大多以失败告终等。波特后来对此缺陷有所认识，于是在此后的《竞争优势》一书中，从企业的内在环境出发，提出以价值链为基础的战略分析模型，试图弥补原有理论的不足。但是，就价值链的分析方法而言，它几乎涉及企业内部所有方面，存在着对主要方面（如特定技术和生产方面）重视不足的局限性。在这样的情形下，以资源、知识为基础的核心竞争力理论便迅速发展起来。

（三）以资源、知识为基础的核心竞争力理论

近些年来，信息技术的迅猛发展使竞争环境更加恶劣，使得企业不得不把关注点从其外部产品市场环境转向其内在环境，注重对自身独特的资源和知识（技术）的积累，以形成特有的竞争力。

20 世纪 80 年代中期的“资源观”和 90 年代初的“知识观”的提出正是对这种转变的积极响应。该理论认为，企业经营战略的关键在于培养和发展企业的核心竞争力。所谓核心竞争力就是“组织中的积累性学识，特别是关于如何协调不同的生产技能和有机结合多种技术流的学识”。因此，核心竞争力的形成要经历企业内部资源、知识、技术等的积累、整合过程。正是通过这一系列的有效积累与整合，形成持续的竞争优势后，才能为获取超额利润提供保证。很明显，该理论强调的是企业内部条件对于保持竞争优势以及获取超额利润的决定性作用，表现在战略管理实践上，要求企业从自身资源和能力出发，在自己拥有一定优势的产业及其关联产业进行多元化经营，从而避免受产业吸引力诱导而盲目进入不相关产业经营。

该理论进一步认为，并不是企业所有的资源、知识和能力都能形成持续的竞争优势，而只有当资源、知识和能力同时符合珍贵、不可模仿、难以替代的标准时，它们才成为核心竞争力，并形成企业持续的竞争优势。因此，要培养和发展核心竞争力，企业应首先分析自身的资源、知识和能力状况，然后依据上述标准，选择其中某一个或某几个方面，充分发挥这一方面或几方面的优势，并成为最擅长者。显然，核心竞争力理论克服了波特价值链分析模型涵盖企业内部所有方面的过度宽泛性。

作为企业战略管理理论的新发展，以资源、知识为基础的核心竞争力理论对当前众多大公司特别是跨国公司的战略行为进行了较为合理的“解释”。

三、战略管理的五大任务

（一）五大任务的内容

战略管理根据其目的要求，包括以下五大任务：

1. 提出公司的战略展望，指明公司的未来业务组成和公司前进的目的地，从而为公司提出一个长期的发展方向，清晰地描绘公司将竭尽全力进入的事业，使整个组织对一切有一种目标感。

2. 建立目标体系，将公司的战略展望转换成公司要达到的具体业绩标准。

3. 制定战略，达到期望的结果。

4. 高效实施和执行选择的公司战略。

5. 评价公司的经营业绩，采取完整性措施，参照实际的经营事实、变化的经营环境、新的思维和新的机会，调整公司的战略展望、公司的长期方向、公司的目的体系、公司的战略以及公司的战略执行。

（二）导向功能是战略管理的根本作用

1. 战略管理最重要的作用在于它的导向功能

战略管理（公司层战略）是企业管理者在分析企业面临的一般环境和特殊环境的基础上，综合企业内部环境所作出的关于企业发展、策略和方法等的决策。它是企业发展的灯塔，成功的战略将引导企业不断走向成功。

2. 为企业的长期、中期和短期计划设定了目标，指明了方向

战略管理为企业的发展指明了宏观的方向。它需要基于此方向的各种计划的支持。没有这些计划，战略管理只能是空中楼阁，难以指导具体的企业管理实践。

3. 职能管理最终能影响企业文化

战略管理如果能够得到具体和有效的实施，企业的各种制度将随之而改变，以支持战略目标的实现。企业员工的行为将得到新的规范，原有的企业文化将被一种新的文化所代替，这将从更深的层次上整合和引导企业的发展。

四、战略的特征

（一）系统性

从内容上看，战略管理可以包括三个阶段，即战略设计、战略实施和战略评估。战略设计是指提出一个机构业务的主体任务，确认一个机构的外界机会和威胁，确定机构内部的强项和弱势，建立一个长远目标，形成可供选择的几种战略

和可操作的战略方针。战略设计问题包括决定一个机构什么样的业务要拓展、什么样的业务将放弃、如何有效利用现有资源、是否扩大业务或多种经营、是否进入国际市场、是否要兼并企业或举办合资企业，以及如何避免被竞争对手吞并等。

战略实施是战略管理的第二个阶段，通常称为战略管理的行动阶段。战略实施要求一个机构建立一个年度目标，制定相应的政策，激励雇员和有效调配资源，以保证建立的战略能够实施。战略实施包括：制定出战略支撑文化，创造一个有效的机构组织，调整市场，准备预算，开发和利用信息支持系统并调动每一位雇员参与战略实施的积极性。

战略评估是战略管理中最后一个阶段。评估战略规划就是在战略实施过程中不断修改变化着的目标，因为外部和内部环境因素通常是要改变的。评估工作包括：回顾和评价外部和内部的因素，作为选择战略方针的基础，判断战略实施的成绩和争取正确行动来解决实施过程中所出现的未曾预料的各种问题。评估的重要性从根本上讲是，成功的今天并不代表明天会继续成功，成功的背后同样会存在各种各样的问题。经验表明，自我满足的机构必然会走向灭亡。

战略管理的三个阶段相辅相成、融为一体，战略设计是战略实施的基础，战略实施又是战略评估的依据，而战略评估反过来又为战略设计和战略实施提供经验和教训。三个阶段的系统设计和衔接可以保证战略管理取得整体效益和最佳结果。

（二）科学性

从战略设计阶段讲，由于每个机构的资源有限，提供何种战略将更适合企业或机构、达到最佳效益，战略家需要从科学、准确的角度提出一个机构或企业的专门产品市场占有率和开发研究技术的可能性、可行性，以及确定长期的竞争优势。经验表明，成功或失败的决策关系到一个企业或机构的兴衰，较高的决策成功率建立在科学的基础之上。

从战略评估的阶段讲，如何科学、客观地判断战略实施过程中的成绩和不足与一个企业或机构今后发展目标的确定关系重大。随着信息高速公路的不断发展，战略管理的决策更加依赖于信息来源的准确性。分析过程的科学和准确与战略实施关系重大，如果设计的目标没有建立在科学的基础上，这样的目标注定是不能实现的。

（三）艺术性

管理专家均认为，战略实施是战略管理过程中最困难的阶段，战略实施要求雇员有严明的纪律，有承担义务的牺牲精神。成功的战略实施与经营管理者调动人员积极性的能力密切相关，这种能力关键在于经理们的艺术性，而不在于他们的科学性，即艺术作用大于科学作用。战略设计非常好，而人际关系协调不周或不理想，这样的战略管理等于没有战略。战略实施涉及机构中的处长、雇员和经理，每个处长和部门经理直接回答这样一些问题："我们在实施机构战略中的任务是什么?""如何为机构、为企业做好本职工作?"战略的实施是鼓励整个机构的经理们和雇员们以工作为荣，并倡导经理和雇员团结一致为实现目标而奋斗的精神。

（四）相对的稳定性

"战略"本身的含义是超前一段时间指出目标，在时间上有一定超前性。在管理实践中，战略需要有一个稳定性，不能朝令夕改，否则会使事业的发展、企业的经营和国家的管理发生混乱，从而给企业、机构和国家带来不必要损失。稳定性的另外一个表现是，战略决策投入了相当多的资金和人力，战略决策的工作具有指导意义。客观上讲，这种稳定应是相对的，因为战略管理过程建立在机构能够连续监控内部和外部的动态和趋势的基础之上，战略调整主要是要加强对社会环境问题变化的研究，从生存的角度看，所有的机构或企业必须有能力快速适应和确定各方面的变化。

第二节　企业战略体系

一、战略体系

一般来说，一个现代化企业的企业战略可以划分为公司战略、竞争（事业部）战略和职能战略三个层次。

（一）公司战略

公司战略（corporate strategy）的研究对象是一个由一些相对独立的业务或事业单位（Strategic Business Units，SBU）组合成的企业整体。公司战略是一个企业的整体战略总纲，是企业最高管理层指导和控制企业一切行为的最高行动纲领。公司战略主要强调两个方面的问题：一是"我们应该做什么业务"，即确定企业的使命与任务，产品与市场领域；二是"我们怎样去管理这些业务"，即在企业不同的战略事业单位之间如何分配资源以及采取何种成长方向等。

（二）竞争战略

竞争战略也称事业部战略（SBU strategy），或者是分公司战略，是在企业公司战略指导下，各个战略事业单位（SBU）制定的部门战略，是公司战略之下的子战略。竞争战略主要研究产品和服务在市场上的竞争问题。

（三）职能战略

职能战略（functional strategy）是为贯彻、实施和支持公司战略与竞争战略而在企业特定的职能管理领域制定的战略。职能战略的重点是提高企业资源的利用效率，使企业资源的利用效率最大化。职能战略一般可分为营销战略、人事战略、财务战略、生产战略、研究与开发战略、公关战略等。

公司战略、竞争战略与职能战略一起构成企业战略体系。在一个企业内部，企业战略各个层次之间是相互联系、相互配合的。企业每一层次的战略都构成下一层次的战略环境，同时，低一级的战略又为上一级战略目标的实现提供保障和支持。所以，一个企业要想实现其总体战略目标，必须把三个层次的战略结合起来。

二、公司战略

（一）增长型战略

1. 增长型战略的概念特征

从企业发展的角度看，任何成功的企业都应当经历长短不一的增长型战略实施期，因为从本质上说只有增长型战略才能不断扩大企业规模，使企业从竞争力弱小的小企业发展成为实力雄厚的大企业。

2. 增长型战略的类型

增长型战略又可以根据路径不同区分为多样化战略、一体化战略和集中型战略。

（1）多样化战略的模式

①横向多样化。横向多样化是指以现有的产品、市场为中心，向水平方向扩展事业领域，也称水平多样化或专业多样化。这种战略由于是在原有市场、产品的基础上进行变革，因而产品内聚力强，开发、生产、销售技术关联度大，管理变化不大，比较适合原有产品信誉高、市场广且发展潜力还很大的大型企业。

横向专业化有三种类型：市场开发型，即以现有产品为基础，开发新市场；产品开发型，即以现有市场为主要对象，开发与现有产品同类的产品；产品、市场开发型，即以新开拓的市场为主要对象，开发新产品。

②多向多样化。多向多样化是指虽然与现有的产品和市场领域有些关系，但是通过开发完全异质的产品和市场来使事业领域多样化。这种多向多样化包括技术关系多样化、市场营销关系多样化和资源多样化三种类型。

技术关系多样化。这是指以现有事业领域中的研究技术或生产技术为基础，以异质的市场为对象，开发异质产品。由于这种多样化利用了研究开发能力的相似性、原材料的共同性和设备的类似性，能够获得技术上的相乘效果，因而有利于大量生产，在产品质量、生产成本方面也有竞争力。而且，各种产品之间的用途越是不同，多样化的效果就越明显。

市场营销关系多样化。这是指以现有市场领域的营销活动为基础，打入不同的产品市场。市场营销多样化利用共同的销售渠道、共同的顾客、共同的促销方法、共同的企业形象和知名度，因而具有销售相乘的效果。

资源多样化。这是指以现有事业所拥有的物质基础为基础，打入异质产品、市场领域，求得资源的充分利用。

③复合多样化。复合多样化是从与现有事业领域没有明显关系的产品、市场中寻求成长机会的策略，即企业所开拓的新事业与原有的产品、市场毫无相关之处，所需要的技术、经营方法、销售渠道等必须重新取得。

（2）一体化战略的模式

①后向一体化。后向一体化是指企业产品在市场上拥有明显的优势，可以继续扩大生产，打开销路，但是由于协作供应企业的材料、外购供应跟不上或成本过高，影响企业的进一步发展。在这种情况下，企业可以依靠自己的力量，扩大经营规模，自己生产材料或配套零部件，也可以向后兼并供应商或与供应商合资兴办企业，组成联合体，统一规划和发展。

②前向一体化。从物资的移动角度看，前向一体化就是朝与后向一体化相反的方向发展，一般是指生产原材料或半成品的企业根据市场需要和生产技术可能的条件，充分利用自己在原材料、半成品方面的优势和潜力，决定由企业自己制造成品或与成品企业合并，组建经济联合体，以促进企业的不断成长和发展。

③水平一体化。水平一体化是企业以兼并处于同一生产经营阶段的企业为其长期活动方向，以促进企业实现更高程度的规模经济和迅速发展的一种战略。

（3）集中型战略

集中型战略产生的原因在于相关市场内缺乏完善的产品系列，或者销售渠道体系不健全，市场潜力还没有得到充分发掘，存在利用的缺口，企业集中力量、乘虚而入，建立起自己的优势。集中单一产品或服务的增长战略风险较大，因为一旦企业的产品或服务市场萎缩，企业就会面临困境。因此，企业在使用单一产品或服务的集中增长战略时要谨慎。

3. 增长型战略的适用条件

(1) 企业必须分析战略规划期内宏观经济景气度和产业经济状况。这是由企业增长型战略的发展决定的——企业要实施增长型战略，就必须从环境中获得更多的资源。如果未来阶段宏观环境和行业微观环境较好的话，企业比较容易获得这些资源，所以就降低了实施该战略的成本。另外，从需求的角度看，如果宏观和微观环境的走势都较为乐观的话，消费品需求者和投资品需求者都会有一种理性的预期，认为未来的收入会有所提高，因而其需求幅度也会有相应的增长，保证了企业增长型发展战略的需求充足。从上面的分析可以看出，在选择增长型战略之前必须对经济走势作一个较为细致的分析，良好的经济形势往往是增长型战略成功的条件之一。

(2) 增长型发展战略必须符合政府管制机构的政策法规和条例等的约束。世界上大多数国家都鼓励高新技术的发展，因而一般来说这类企业可以考虑使用增长型战略。

(3) 公司必须有能力获得充分的资源来满足增长型战略的要求。由于采用增长型战略需要较多的资源投入，因此从企业内部和外部获得资源的能力就显得十分重要。这里的资源是一个广义的概念，既包括通常意义上的资本资源，也包括人力资源、信息资源等。在资源充分性的评价过程中，企业必须问自己这样一个问题——“如果企业在实行增长战略的过程中由于某种原因暂时受阻，它是否有能力保持自己的竞争地位”。如果回答是肯定的，就表明企业具有充分的资源来实施增长型战略，反之则不具备。

(二) 稳定型战略

1. 稳定型战略的概念特征

稳定型战略是指在内外环境的约束下，企业准备在战略规划期使企业的资源分配和经营状况基本保持在目前状态和水平上的战略。按照稳定型战略，企业在其经营领域内所达到的产销规模和市场地位都大致不变，或者以较小的幅度增长或减少。稳定型战略从本质上追求的是在过去经营状况基础上的稳定。

2. 稳定型战略的类型

稳定型战略的划分方法可以有以下几种：

(1) 按照偏离战略起点的程度划分为无增战略和微增战略

无增战略似乎是一种没有增长的战略。企业采用这种战略可能基于以下两个原因：一是企业过去的经营相当成功，并且企业内外环境没有发生重大变化；二是企业并不存在重大的经营问题或隐患，因而战略管理者没有必要进行战略调整，或者害怕战略调整会给企业带来不确定的困难。

微增战略指的是企业在稳定的基础上略有增长与发展的战略。

（2）从企业采取的防御态势上划分为阻击式防守战略和反应式防御战略

阻击式防守战略（以守为攻）的指导思想是“最有效的防御是完全防止竞争较量的发生”。它的操作方法是：企业投入相应的资源，以充分显示企业已经拥有的阻击竞争对手进攻的能力；不断明白无误地传播自己的防御意图，塑造出顽强的防御者形象，使竞争对手不战而退。

反应式防御战略是指，在对手的进攻发生以后，针对这种进攻的性质、特点和方向，企业采用相应的对策，施加压力，以维持原有的竞争地位和经营水平。

3. 稳定型战略的适用条件

采用稳定型战略的企业一般处在市场需求及行业结构稳定或者动荡较小的外部环境中，因而企业所面临的竞争挑战和发展机会都相对较少。但是，有些企业在市场需求较大幅度增长或是外部环境提供了较多发展机遇的情况下也会采用稳定型战略。这些企业一般来说是由于资源状况不足而不得不采用相对保守的稳定型战略态势。

下面分别讨论企业采用稳定型战略的外部环境和企业内部实力条件。

（1）外部环境

外部环境的相对稳定性会使企业更趋向于选择稳定型战略。影响外部环境稳定性的因素很多，大致包括以下几个方面：

①宏观经济状况会影响企业所处的外部环境。如果宏观经济在总体上保持总量不变或总量低速增长，势必影响到该企业所处行业的发展，该产业内的企业倾向于采用稳定型战略，以适应外部环境。

②产业的技术创新度。如果企业所在的产业技术相对成熟、技术更新速度较慢，企业过去采用的技术和生产的产品无须经过较大的调整就能满足消费者需求和与竞争者抗衡，这样使得产品系列及其需求保持稳定，从而使企业采纳稳定型战略。

③产品生命周期或行业生命周期。对于处于行业或产品的成熟期的企业来说，产品需求、市场规模趋于稳定，产品技术成熟，以新技术为基础的新产品的开发难以取得成功，因此，以产品为对象的技术变动频率低，同时竞争对手的数目和企业的竞争地位都趋于稳定，这时提高企业的市场占有率、改变市场的机会

很少，因此较为适合采用稳定型战略。

④竞争格局。如果企业所在行业的进入壁垒非常高，或由于其他原因使得该企业所处的竞争格局相对稳定，竞争对手之间很难有较为悬殊的业绩改变，那么，企业采用稳定型战略就可以获得最大的收益，因为改变竞争战略所带来的业绩增加往往是不尽如人意的。

（2）企业内部实力

如果企业资源不充分，如资金不足、研发力量比较薄弱或人力资源有缺陷，无法满足增长型战略的要求，就无法采用扩大市场占有率的战略。在这种情况下，企业可以采取以局部市场为目标的稳定型战略，以便使企业有限的资源能集中在自己有优势的细分市场，维护自己的竞争地位。

（三）紧缩型战略

1. 紧缩型战略的概念和特点

所谓紧缩型战略是指企业从目前的战略经营领域和基础水平收缩和撤退，且偏离起点战略较大的一种经营战略。与稳定型战略和增长型战略相比，紧缩型战略是一种消极的发展战略。一般来说，企业实施紧缩型战略只是短期的，其根本目的是使企业捱过风暴后转向其他的战略选择。有时，只有采取收缩和撤退的措施，才能抵御竞争对手的进攻，避开环境的威胁，迅速实现自身资源的最优配置。可以说，紧缩型战略是一种以退为进的战略。

2. 紧缩型战略的类别和适用性

采用紧缩型战略的企业可能是出于不同的动机，从这些动机来看，紧缩型战略主要有适应型紧缩战略、失败型紧缩战略和调整型紧缩战略三种类型。下面分别论述这三类不同动机的紧缩型战略的适用性。

（1）适应型紧缩战略是企业为了适应外界环境而采取的一种战略。这种外界环境包括经济衰退、产业进入衰退期、对企业的产品或服务的需求减小等。在这些情况下，企业可以采取适应型紧缩战略来渡过危机，以求发展。因此，适应型战略的适用条件就是企业预测到或已经感知到了外界环境对企业经营的不利性，并且认为采用稳定型战略尚不足以使企业顺利度过这个不利的外部环境。

（2）失败型紧缩战略是指企业由于经营失误造成企业竞争地位虚弱、经营状况恶化，只有采用紧缩型战略才能最大限度地减少损失，保存企业实力。失败型紧缩战略适用于企业出现重大问题，如产品滞销、财务状况恶化、投资已无法收回等情况。这里涉及一个“度”的问题，即究竟在出现何种严重的经营问题时才考虑实施紧缩型战略，这就需要认真比较实施紧缩型战略的机会成本，最后才能下结论。

（3）调整型紧缩战略的动机既不是经济衰退，也不是经营失误，而是谋求更好的发展机会，使有限的资源分配到更有效的使用场合。因此，调整型紧缩战略的适用条件是企业存在一个回报更高的资源配置点。为此，需要比较的是企业目前的业务单位和实施紧缩型战略后的资源投入的业务单位。在存在较为明显的回报差距的情况下，可以考虑采用调整型紧缩战略。

（四）混合型战略

混合型战略是稳定型战略、增长型战略和紧缩型战略的组合。事实上，许多有一定规模的企业实行的并不只是一种战略，从长期看是多种战略的结合。

从采用情况看，一般较大型的企业采用混合型战略较多，因为大型企业相对来说拥有较多的战略业务单位，这些业务单位很可能分布在完全不同的行业和产业群中，它们所面临的外界环境、所需要的资源条件完全不同，若对所有的战略业务单位都采用统一的战略态势，就有可能由于战略与具体的战略业务单位不一致而导致企业的总体效益受到伤害。所以，可以说，混合型战略是大型企业在特定历史阶段的必然选择。

三、竞争战略

迈克尔·波特是竞争战略的奠基人，是迄今为止竞争战略领域的顶尖级专家，他所建立的竞争战略理论体系和分析被引为经典。因此，这里主要介绍波特的竞争战略。

为在某一特定竞争领域形成并利用某种竞争优势，企业通常在成本领先战略、差异化战略、集中成本领先战略和集中差异化战略这四种基本战略中进行选择。

在选择战略时，企业应评价两种竞争优势：一种是比竞争对手更低的成本；另一种是差异化，即有能力采取一种较高的价格以超过为产生差异化所付出的额外成本。比竞争对手更低的成本来自于公司能够以不同于竞争对手的方式开展活动；差异化则表明一种能开展不同于竞争对手的活动的能力。竞争优势往往存在于一定领域内，这个领域是多维的，包括所提供的产品和所服务的顾客群，以及公司开展竞争的地理市场的范围。通过执行成本领先或差异化战略，企业的竞争优势可以在与竞争对手的竞争中获得。与此不同，通过执行集中化战略，企业所寻求的则是在一个相对集中的领域或细分市场上的成本领先或差异化优势。

（一）成本领先战略

1. 成本领先战略的含义

成本领先战略是指通过设计一整套行动，以最低的成本生产并提供为顾客所接受的产品和服务。

成本领先战略的有效执行能使公司在激烈的市场竞争中赚取超过平均水平的利润。低成本优势可以有效防御竞争对手的进攻，因为一旦拥有成本领导者的有利位置，竞争对手就很难在价格上与其竞争。

有许多著名公司采取了低成本战略，如沃尔玛、福特公司、通用电气公司、西南航空公司的某些业务，以及丰田汽车公司。

2. 实现成本领先战略的途径

要获得成本优势，公司价值链上的累积成本必须低于竞争对手的累积成本。达到这个目的有两条途径：

（1）比竞争对手更加有效地管理企业价值链中各种活动的成本因素。企业通过管理价值链上每一环节的活动，可以节约许多资源和能力，降低成本。

（2）改造公司的价值链，省略或跨越一些高成本的价值链活动。

3. 成功获得低成本领导地位的关键因素

如果管理者的战略意图是追求低成本，下面几点是成功的关键因素：

（1）建立注重成本的企业文化

成功的低成本厂商是通过不厌其烦地寻求整个价值链上的成本节约来获得成本优势的，所以，必须建立注重成本的企业文化，使节约每一分钱的观念深入人心，成为一种自觉的行动。员工广泛参与成本控制，不断将自己的成本同某项活动的最优秀成本比较，展开标杆学习，严格审查运作费用和预算要求，制订各种不断改善成本的方案，力求各种设施充足但不浪费。

（2）准确把握成本驱动因素

每个行业中的关键成本驱动因素都不尽相同，如规模经济、经验和学习、生产能力的利用率、关键资源投入成本、技术创新（产品或工艺）、工厂的地理位置、与公司中或行业价值链中其他活动的联系、纵向一体化程度或专业化程度、新产品或新技术的使用时机等。他们必须能够准确把握关键的成本驱动因素，管理价值链上的每一项活动。他们必须积极地重组价值链，再造业务流程，取消非关键的工作步骤。

（3）积极地投资建立那些低成本所需的资源和能力

虽然低成本厂商在提倡节约，但他们又积极地投资建立那些很有希望减少成本的资源和能力。例如，沃尔玛在所有的经营运作中使用最现代化的技术，它使用在线计算机系统从供应商那里订货和管理库存，它的商店装备有先进的销售和检查系统，同时它还有一个自己的私人卫星通信网络，用于每天向数千个供应商传递销售点数据。

（4）严格的成本控制组织体系和管理

追求成本领先的企业必须有结构严密的组织和明确的责任、严格的成本控制制度、以目标管理为基础的激励机制等。

4. 西南航空成功的低成本战略

20 世纪 70 年代，美国的航空业已经比较成熟，利润较高的长途航线基本被瓜分完毕，新进入者很难找到立足的缝隙；短途航线则因单位成本高、利润薄而无人去做。在这种情况下，美国西南航空公司成功实施低成本竞争战略，从 70 年代在大航空公司夹缝中谋求生机的小航空公司一跃发展成为美国的第四大航空公司，持续 30 余年保持远高于行业平均水平的高利润和远低于行业平均值的低成本。统计数据表明，西南航空公司每英里的运营成本比联合航空公司低 32%，比美国航空公司低 39%；美国航空业每英里的航运成本平均为 15 美分，而西南航空公司每英里的航运成本则不到 10 美分；在洛杉矶到旧金山航线上，其他航空公司的票价为 186 美元，西南航空公司的票价却仅为 59 美元。更值得敬佩的是，无论在机票价格战或经济衰退的年份，还是在遇到石油危机、海湾战争、“9・11”事件，抑或是其他意想不到的灾难之时，西南航空公司优秀的表现都一如既往，其成功的秘诀就在于节约成本的各个细节。

细节之一：关于飞机。西南航空只拥有波音 737 一种机型，公司的客机一律不搞豪华铺张的内装修，机舱内既没有电视也没有耳机。单一机型的做法能最大限度地提高飞机的利用率，因为每个飞行员都可以机动地驾驶所有飞机。此外，这样做简化了管理，降低了培训、维修、保养的成本。同时，西南航空公司将飞机大修、保养等非主业业务外包，保持地勤人员少而精。

细节之二：关于转场。在坚持只提供中等城市间的点对点航线的同时，西南航空尽可能选用起降费、停机费较低廉的非枢纽机场。这样做不仅直接降低了某些费用，而且也保证了飞机快速离港和飞机上限量供应等低成本措施的可行性。为了减少飞机在机场的停留时间，增加在空中飞行的时间也就是挣钱的时间，西南航空采用了一系列规定以保证飞机的高离港率：没有托运行李的服务；机舱内没有指定的座位，先到先坐，促使旅客尽快登机；建立自动验票系统，加快验票速度；时间紧张时，驾驶员帮助地勤，乘务员帮助检票；不提供集中的订票服务等。这些特色使得西南航空公司70%的飞机滞留机场的时间只有15分钟，而其他航空公司的客机则需要一两个小时。对于短途航运来说，这节约下的一两个小时就意味着多飞了一个来回。

细节之三：关于客户服务。选择低价格服务的顾客一般比较节俭，所以西南航空意识到，自己的客户乘坐飞机最重要的需求就是能实惠地从某地快速抵达另一地。于是，公司在保证旅客最主要满意度的基础上，尽一切可能将服务项目化繁为简，降低服务成本。比如，飞机上不提供正餐服务，只提供花生与饮料。一般航空公司的空姐都是询问“您需要来点儿什么，果汁、茶、咖啡还是矿泉水”，而西南航空的空姐则是问“您渴吗”，只有当乘客回答“渴”时才会提供普通的水。

与之相配套的细节是，西南航空把飞机上的饮料和食品放在登机口，让旅客自取，以使西南航空能保持86∶1的机服比例。而美国其他航空公司则平均为126∶1甚至更高。

了解到这么多的细节之后，如果你认为西南航空一味强调低价而忽略顾客存在的话，那就大错特错了。事实上，西南航空认为消费者更看中企业产品或服务的整体品质或价格与成本之间的匹配性。在顾客满意度上，西南航空一直是业内佼佼者。1992—1996年的整整5年中，西南航空始终同时保持着“航班准点率冠军”“顾客满意率冠军（即投诉率最低）”和“行李转送准确率冠军”的殊荣，这样的成绩在整个民航界中无人敢与之比肩。

（二）差异化战略

1. 差异化战略的含义

差异化战略是指通过设计一整套行动，生产并提供一种顾客认为很重要的与众不同的产品或服务，并不断地使产品或服务升级以具有顾客认为有价值的差异化特征。采用差异化战略的重点不是成本，而是不断地投资和开发顾客认为重要的产品或服务的差异化特征。采用差异化战略的企业可以在很多方面使自己的产品不同于竞争对手，而且企业的产品或服务与竞争对手之间的相似性越小，企业受竞争对手行动的影响也就越小。

2. 实现差异化战略的途径和条件

差异化的实现取决于许多因素：一是公司要弄清楚顾客是谁，他们的需求是什么，认为有价值的是什么。不同的顾客有不同的需求和价值观，如果采用差异化战略，应以什么为基础。二是管理人员要足够接近市场，从而能对顾客的口味和价值观十分敏感，并且具有能适时反应的能力。另外，要在动态的基础上通过差异化来获得竞争优势。因为在许多市场中顾客的价值判断是不断变化的，所以差异化的基础也需要改变，而且，即使能确认顾客的价值观相对稳定，随着时间的延长，竞争者也会逐渐模仿。因此，采用差异化战略的企业必须不断地更新其差异化的标准，保持战略的不断变化。

企业成功地实施差异化战略，通常需要特殊类型的管理技能和组织结构。例如，需要具有从总体上提高某项经营业务的质量、树立产品形象、保持先进技术和建立完善分销渠道的能力。为实施这一战略，企业需要具有很强的研究开发与市场营销能力的管理人员。同时，在组织结构上，成功的差异化战略需要有良好的结构以协调各人职能领域，以及有能够确保激励员工创造性的企业文化、管理体制和激励制度。

执行差异化战略并不意味着企业可以忽视成本，追求差异化往往以很高的成本为代价，大量的研发、产品设计、高质量的原材料及周到的顾客服务都需要支付成本。如果忽视了成本控制，差异化获得的高利润就会被成本劣势所抵消。因此，企业必须在不影响差异化的前提下尽可能地降低成本，尽量保持与竞争对手的成本等价或近似。

3. 差异化战略的风险

执行差异化战略有时会与扩大市场份额相矛盾。差异化战略具有一定程度的排他性，与提高市场份额两者不可兼得。因为差异化战略不可避免地以高成本为代价，有些客户不一定愿意或根本没有能力支付高价格，公司将不得不损失一部分市场份额。

具体来说，差异化战略的风险有以下几种：

（1）顾客可能认为差异者与成本领导者的价格差距过于悬殊，此时企业所提供的差异化特征就可能不再是顾客所需要的了。在这种情况下，企业很难经得住竞争对手的挑战。

（2）企业差异化的方式已不能为顾客创造价值，顾客不愿为此多付钱。如果顾客认为竞争对手能提供同样的产品或服务，有时还以更低的价格提供，则差异化战略就失去了价值。

（3）不断学习可能降低顾客对一家公司差异化特征价值的评价。如 IBM 的产品在上市之初，顾客愿意为 IBM 品牌支付额外的价格。然而随着顾客对这些标准化性能的不断熟悉，随着大量“克隆”产品涌入市场，IBM 的品牌忠诚度开始下降。

（4）赝品即那些以极低的价格向顾客传递差异化特征的产品，成为执行差异化战略企业所面临的风险之一。

（三）集中化战略

1. 集中化战略的含义

集中化战略是指通过设计一整套行动来生产并提供产品或服务，以满足某一特定竞争性细分市场的需求，如某一特定的购买群体，某一特定的产品细分市场，或某一特定的地理市场。与采用成本领先战略和差异化战略的企业不同，执行集中化战略的企业寻求利用其核心竞争力来满足某一特定行业细分市场的需求。所有集中化战略的精髓在于比竞争对手更好地服务于目标细分市场的购买者，成为小市场中的巨人，如网景公司（用来浏览万维网的专业软件生产厂商）和劳斯莱斯（为高级购买者提供产品）等。

企业可以采用两种集中化战略，即以低成本为基础的集中成本领先战略和以差异化为基础的集中差异化战略。

集中成本领先战略是指从某些细分市场上成本行为的差异中获取利润，企业要做到服务于某一细分市场的成本比竞争对手低。是否采用此战略取决于是否存在这样一个购买者细分市场，满足他们的要求所付出的代价比满足整体市场其他部分的要求所付出的代价要小。

集中差异化战略是指从特定细分市场客户的特殊需求中获得利润。此战略取决于是否存在这样一个购买者细分市场，他们想要得到或需要特殊的产品属性。

2. 实现集中化战略的途径

集中化战略的基础在于一家企业可以比其业内竞争对手更好、更有效率地服务于某一特定细分市场，且服务于小市场的成本比竞争对手的成本低，或者能够更好地满足用户的需求。此战略的成功需要企业去发现需求非常独特并且专业化甚至是业内一般竞争对手根本未去服务的细分市场，或者找到业内竞争者做得很差的细分市场。

采用集中化战略的公司必须能够以一种优于竞争对手的方式完成一系列主要及辅助活动，以获取战略竞争力，其路径与前述成本领先战略和差异化战略所采取的路径大体相同。

3. 集中化战略的风险

采用任何一种集中化战略，企业都面临着与在整个行业范围内采用成本领先战略或差异化战略的公司同样的一般性风险。此外，还有以下风险：

（1）竞争对手可能会集中在一个更加狭窄的细分市场上而使本来的集中不再集中。如在细分市场的基础上开发出在性能、功能、规格等方面能满足具体客户要求的产品。

（2）在整个行业内竞争的企业可能会认为执行集中化战略的企业所服务的细分市场很有吸引力，值得展开竞争，并实施竞争战略，使原来执行集中化战略的企业失去优势。如七喜公司原将其产品定位于柠檬——宜母子饮料，使其成功成为所在的柠檬汽水细分市场中的领先者。但当七喜进入可乐市场后，可口可乐公司推出同样的产品，进入了七喜公司的细分市场，最后导致七喜失去了细分市场。

（3）由于技术进步、替代品出现、价值观念更新、消费偏好变化等多方面原因，细分市场与总体市场之间在产品或服务的需求上差别变小，细分市场中的顾客需求可能会与一般顾客需求趋同。此时，集中化战略的优势就会被削弱或清除。

（4）由于狭小的目标市场难以支撑必要的市场规模，所以集中战略可能带来高成本的风险，从而导致在较宽范围经营的竞争对手与采取集中化战略的企业之间的成本差别日益扩大，抵消了企业在细分市场上的成本优势或差异化优势，使企业集中战略失败。

四、职能战略

一个企业的总体战略要贯彻实施，必须把它分解为各种更详细、更具体、更具可操作性的职能战略和计划。企业的规模和所处的行业不同，其职能战略也不尽相同，最基本的职能战略是市场营销战略、研发战略、财务战略与人力资源战略等。

（一）市场营销战略

市场营销是指企业向市场提供产品并达成交易来满足现实和潜在需求的一系列活动。市场营销计划分为战略营销计划和战术营销计划两个层次。战略营销计划是在分析当前市场环境和机会的基础上描绘范围较广的市场营销目标和战略，即选择目标市场；战术营销计划则描绘一个特定时期的营销战术，包括促销、商品、定价、渠道、服务等。

企业面对的总体市场是庞大而复杂的整体，任何企业都无法满足整个市场的全部需要。如果依据顾客或用户需求及购买行为的差异性，就可以把具有异质性需求的整体市场划分为若干具有共同特征的细分小市场。这种把整体市场划分为细分小市场的过程称为市场细分。

市场细分是制定营销策略的关键环节，它是选择目标市场和决定适当的营销组合的基础。首先，通过市场细分，使企业认识到每个细分市场上的需求差异，这些需求被满足的程度，以及各细分市场上的竞争情况，经过分析比较，结合自身的能力，可以发现有利的市场营销机会，选定目标市场和进行产品定位；其次，经过市场细分，企业可根据选定的细分市场上的特点，有针对性地开发产品和设计营销组合策略，避免不必要的损失和浪费。

企业面对的市场可以分为消费者市场和生产者市场。消费者市场是指由最终消费者组成的市场，包括为个人消费而购买产品或劳务的个人和家庭。生产者市场是由生产消费者组成的市场，主要指为满足其生产和经营上的需要而购买产品和服务的企业和团体。

1. 目标市场的选择

市场细分的目的之一在于找出具有良好发展机会的市场组成部分，作为企业的目标市场。企业应该瞄准最佳的细分市场，为此提出以下几种模式可供企业采用。

（1）密集单一市场

即企业选择一个细分市场集中营销。这种方式的优点是，经营对象集中，对市场了解深入，反应快，营销组合策略针对性强，能在该细分市场建立声誉和取得较高占有率。但缺点是，缺乏回旋余地，风险较大，易受竞争者冲击。

（2）产品专门化

企业集中生产一种产品，并向各类顾客销售这种产品。这种模式的主要优点是易树立较高的市场信誉，开发和生产费用较低。但如果有新的替代品出现，则易形成较大威胁。

（3）市场专门化

企业为某一顾客群体提供多种产品和服务。这种模式的优点是，营销费用低，能与顾客建立长期联系，了解顾客，易在顾客中建立声誉。其缺点是，当该顾客群体的需求全面降低时，会产生较大威胁。

（4）有选择的专门化

企业选择多个细分市场作为目标市场，这些细分市场之间没有明显的联系，但是每一个细分市场都存在着良好的经营机会。这种模式对于分散风险很有利，但是增加了管理上的难度，生产、营销等方面的费用都会有所增加。

（5）完全市场覆盖

企业力图满足整体市场的各种需要。大公司可用两种方法来达到这一目标：一是采用无差异市场营销，即忽略各细分市场的差异，只提供一种产品来满足各种顾客的需求；二是为每一细分市场提供有明显差异的产品和采用有明显差异的营销策略。虽然第一种方法选用其专业化大规模产销使成本较低，但除了某些同质性的产品（如盐、糖等）外，企业已越来越趋向于第二种方法。因为差异市场营销更具有竞争性，使顾客更满意，能赢得更大的总销售额，这往往能弥补成本较高的缺点。

企业究竟选择哪一种模式，主要取决于企业的规模、产品特点、产品寿命周期和市场的特点等因素。

2. 产品定位

企业需要在每个细分市场内制定产品定位策略。它需要明确在该细分市场中应树立的企业产品形象，以便使顾客发现和理解企业产品与竞争者产品的差异。产品定位包括以下三个步骤：第一，公司必须确定在产品、服务、人员和形象等方面能与竞争者相区别的差异化；第二，公司必须运用若干准则去选择最重要的差异化；第三，公司必须有效地向目标市场显示它与竞争者有何不同。

3. 市场营销组合

所谓市场营销组合，就是企业为了满足目标市场的需求，有计划地综合运用企业可以控制的各种市场营销手段，以达到销售产品并取得最佳经济效益的目标的策略组合。影响企业营销活动的因素非常复杂，营销手段又多种多样，美国营销学家麦卡西（Eugene J. McCarthy）教授把众多的营销手段概括为四种基本营销手段，通常也称营销策略。

（1）产品策略（Product Strategy）

产品策略指企业提供给目标市场的商品和劳务的组合，包括产品质量、性能、式样、品牌、包装、服务等，用来满足顾客的需要与欲望。

（2）价格策略（Price Strategy）

价格策略指提供给顾客的产品的价格，包括产品的基本价格、折扣、付款时间、信贷条件等。

（3）分销渠道策略（Place Strategy）

分销渠道策略指企业为使其产品进入和达到目标市场所进行的种种活动，包括销售方式、储存设施、运输条件、库存控制等。

（4）促销策略（Promotion Strategy）

促销策略指企业宣传、介绍其产品的种种活动，包括人员推销、广告、公共关系、营业推广等。

由于这四种营销手段的英文字头都是P，所以简称4Ps。4Ps代表了销售者的观点，即卖方用于影响买方的有用的营销工具。从买方的角度讲，每一种营销工具主要用来为顾客提供利益。

（二）研究与开发战略

研究与开发战略就是围绕企业战略所确定的产品和市场战略，通过科学的调查与分析而制定的产品开发和工艺开发战略，为企业产品的更新换代、生产效率的提高和生产成本的降低提供科学基础和技术保证。研究与开发战略必须回答好三个主要问题：一是开发何种技术；二是是否要在那些技术中寻求技术领先地位；三是是否进行技术转让。

1. 选择要开发的技术

要开发的技术应当对企业的一般竞争战略贡献最大且开发成功率最高。表2—2 告诉我们，一个企业研究与开发项目的基本着眼点应与企业所追求的竞争战略协调一致。

表 2—2　　产品和工艺技术与一般竞争战略

	成本领先战略	差异化战略	集中成本领先战略	集中差异化战略
产品技术变革	产品开发：降低材料消耗，方便制造，简化后勤要求，减少产品成本	产品开发：提高产品质量，增加特色，降低转换成本等	产品开发：使产品仅能满足目标细分市场的需要	产品设计：使产品在满足一个具体细分市场方面比竞争者更好
工艺技术变革	改进学习曲线；减少原材料使用方法，降低劳动力投入 工艺开发：促进规模经济性	工艺开发：支持更严格的质量控制，更可靠的进度设计，加快响应订货时间及提高买方价值	工艺开发：使价值链与细分市场的需要协调，降低为细分市场服务的成本	工艺开发：使价值链与细分市场的需要协调，提高买方价值

2. 技术领先或技术追随

技术战略方面的第二个大问题是要不要追求技术领先地位。

技术领先就是企业为支持其一般竞争战略而试图率先实行技术改革。所有那些不处于领先地位的企业，包括不重视技术变革的企业，均被视为技术追随者。但是，技术追随应该是一种自觉主动的战略，企业应明确选择以避免在各种创新方面成为率先行动者。波特教授通过将研究与开发战略和企业竞争战略放在一起来考察，进而指出，技术领先者和技术追随者在获取成本领先优势或差异化优势方面各有特点，见表2—3。

表2—3　　技术领先者和技术追随者的竞争优势

竞争优势	技术领先者	技术追随者
成本领先	率先设计出成本最低的产品，优先获得经验曲线效应，创造出完成价值链活动的低成本方式	通过学习技术领先者的经验降低产品成本和价值链活动的费用，通过仿造来减少研究与开发费用
差异化	率先生产出能增加买方价值的独特产品，在其他活动中创新以增加买方价值	通过学习技术领先者的经验使产品或交货系统更紧密地适应买方需要

3. 技术转让

技术战略中的第三个重要问题是技术转让。

技术转让是一个企业与其他企业合作的一种形式。当技术是竞争优势的一个重要来源时，有关技术转让的决策就至关重要。技术转让常会损及一个企业自身的竞争地位，这常常是由两类错误引起的，一是技术转让过程中创造了竞争者，二是只图很少的转让费而丢弃了自己的竞争优势。所以，技术转让决策主要包括技术转让时间和转让对象的确定。

（1）技术转让时间的确定

如果技术是竞争优势的一个来源，一个企业应当将向其他企业进行技术转让看做是一种具有风险性的行动。

在下列情况下，从战略角度看，技术转让是合理的。

①缺乏技术利用能力。一个企业自行开发出技术后如果无能力利用，那么向其他企业转让就是合理的。

②挖掘其他市场的潜力。转让技术可以使一个企业从各类市场上获取一些其他方式所无法实现的收益。这些市场指的是企业的技术对其有价值而又很难或不想进行的其他市场。

③技术迅速标准化。技术转让可以加速按照一个企业的技术进行行业标准化的进程，在许多情况下，这往往是技术转让方所希望的。

④行业结构欠合理。如一个行业对企业缺乏吸引力，则企业可以考虑从高额的转让费中获益。

⑤相互间转让。一个企业可以通过转让自己的技术来换取另一个企业的技术转让。

（2）技术转让对象的选定

技术只应向非竞争者或良好竞争者转让，以便将风险降到最低程度。转让方一方面必须考察其所服务的现有市场或细分市场，同时还必须考察其将来可能进入的市场，另一方面要制定好转让条款。

（三）资本与财务战略

企业经营活动的全过程离不开资本的支持，其经营活动的效果最终也要反映为以货币计量的财务状况。因此，企业的财务战略管理贯穿于企业全部战略活动的全过程，详尽、高效的财务战略的制定与执行是企业总体战略顺利实施的根本保证。

企业财务战略的主要任务就是，根据企业宗旨确定财务战略总体目标，根据总体战略、经营战略及其他职能战略的要求，分析企业资金需求数量，确定融资渠道和融资方法，调整企业内部财务结构，保证企业经营活动对资金的需要，提高资产管理能力，以最佳的资金利用效果来促进企业战略目标的实现。

1. 财务战略目标

与其他职能战略一样，财务战略的制定首先需要明确其基本目标。市场经济条件下，企业财务战略目标一般有利润最大化和价值最大化两种选择。

（1）利润最大化目标

很多企业采用利润最大化作为财务战略的目标。这种定位有利于资源的合理配置和经济效益的提高。但它也存在以下一些缺点：首先，利润最大化没有考虑利润发生的时间，没有考虑资金的时间价值；其次，它没有考虑风险问题，单纯追求高利润可能会使企业不顾经营风险的大小，往往使企业经营活动陷入被动境地；最后，这种目标定位有可能导致短期行为，即只顾眼前利益，而不顾企业的长远发展。所以，越来越多的企业意识到利润最大化并不是财务战略的最佳目标。

（2）价值最大化目标

价值最大化是指通过企业的合理经营，采用最优的财务政策，在考虑资金时间价值的风险报酬的基础上，不断增加企业财富，使企业的总价值达到最大。在股份有限公司中，企业的总价值可以用股票的市价总额来代表，当公司股票的市价最高时企业也就实现了价值最大化。

所以，除了传统的财务指标，目前也有一些新的绩效衡量指标。它们包括企业的收入增长、提高股东的红利、扩大利润率、提高已有投资资本的回报率、提高现金流量、获得有吸引力的经济附加价值（EVA）和市场附加值（MVA）、提高公司收入的多元化程度，以及在经济萧条期管理公司的收益等。

2. 财务战略的层次结构

一般说来，企业财务战略可以分为资本筹集战略、资金运用战略和利润分配战略三部分。

（1）资本筹集战略

资本筹集战略也称融资战略，就是根据企业经营的实际资金需求量和特定融资环境进行综合分析，确定企业最佳融资规模、资本结构和融资方式的财务战略。融资战略方案的选择应在综合考虑融资数额、期限、利率、风险等各种因素的基础上进行，最常见的融资方式有股票融资、债券融资和银行贷款三种。

表2—4　常见融资方式比较

融资方式	优点	缺点
股票融资	募集资金无须偿还，股票的发行可提高企业的银行和社会信用	融资成本高，法律限制严格；有利润分配的压力；股份的增加会导致原有股东的控制权被稀释
债券融资	较低的利息率使得融资成本低，利息支出可从收益中抵减，从而减轻企业纳税负担，不存在股权稀释问题	融资能力受法律限制，严格的偿债期限可能增加企业经营风险，造成资金周转困难
银行贷款	融资成本最低，利息支出同样可减轻企业纳税负担，融资规模和期限可根据经营形势灵活安排和调整	贷款到期还本付息压力大，不良银行信用会影响企业商业信用，贷款的资产抵押可能影响企业经营，甚至有破产风险

（2）资金运用战略

资金运用战略主要解决资金的使用效率问题，可以分为投资战略和资产管理战略两部分内容。

①投资战略。按照不同的标准，企业的投资可划分为不同的类型。按照投资回收期，可分为长期投资、中期投资和短期投资；按照投资方位，可分为对内投资和对外投资；按照投资方向的性质，可分为资源开发型投资、技术开发型投资和销售市场开发型投资。企业的投资战略是在对企业所处投资环境进行科学分析的基础上制订的最佳经济资源组合和运用方案。

②资产管理战略。资产管理是财务管理的重要内容，涉及企业各种资产的计划、分配及有效运用等许多方面的问题，主要包括固定资产管理和流动资产管理两方面内容。固定资产管理战略的重点在于制订固定资产投资计划、保持生产能力的均衡、充分利用闲置的生产资源和能力、防止资产意外损失等。固定资产周

转率是反映企业固定资产管理能力的重要财务指标。流动资产管理具体包括现金管理、存货管理、应收账款管理等，战略重点在于节省不必要的开支，提高流动资金周转率，处理好保持流动性与现金持有成本、保证供货与降低存货成本、促进销售与减少应收账款等若干矛盾。用于分析企业流动资产管理能力和状况的相应财务指标主要有存货周转率和应收账款周转率。

（3）利润分配战略

企业依法缴纳所得税后的利润是所有者权益，主要用于企业积累和向投资者分配。在现代企业制度下，利润分配战略实际上就是股利政策，即确定公司税后利润有多少作为股利发给股东，有多少应留在公司进行再投资。一般股利政策主要有以下四种：

①剩余股利政策。即公司只能利用满足投资后的剩余收益作为股利。这种股利分配政策首先根据企业投资计划选择最佳投资方案，确定投资方案所需筹集的所有者权益资金，然后最大可能地利用留存收益来满足所有者权益资金的需要。这种分配方式适合于业务高速成长的企业，其股东更多的是从股票的增值中获益。

②固定股利或稳定增长股利政策。即每年发放固定的股利数额，只有当公司认为未来收益的增加足以使其能够维持更高的股利水平时，才会提高股利的发放额。

③固定股利支付率政策。即从公司利润中提取固定的比例作为股利，每年发放的股利数额随利润的波动而波动。

④固定低股利加额外分红政策。这是介于固定股利或稳定增长股利政策与固定股利支付率政策之间的一种折中政策。在这种政策下，公司将每年发放的股利固定于低水平，然后根据经营情况决定年末是否追加额外分红。

资本筹集战略、资金运用战略和利润分配战略并不是相互割裂、互不相关的，而是相互联系、相互依存的。这三个既有联系又有一定区别的战略构成了完整的财务战略活动。因此，财务工作者应综合各种财务比率的分析，确定最有利于企业总体战略目标实现的最佳财务结构，保证企业偿债能力、赢利能力与资产管理能力在整体协调的基础上不断优化与提高。

（四）人力资源战略

战略变化不可避免地会影响企业内的人力资源管理，人力资源战略主要包括编制人力资源计划、招聘员工、人力资源的开发、员工的使用和考评等内容。

第三节　战略设计

一、战略管理过程

战略管理是在充分占有信息的基础上的一个系统的决策和实施过程，它必须遵循一定的逻辑，包含若干必要的环节，由此形成一个完整的体系，如图 2—1 所示。

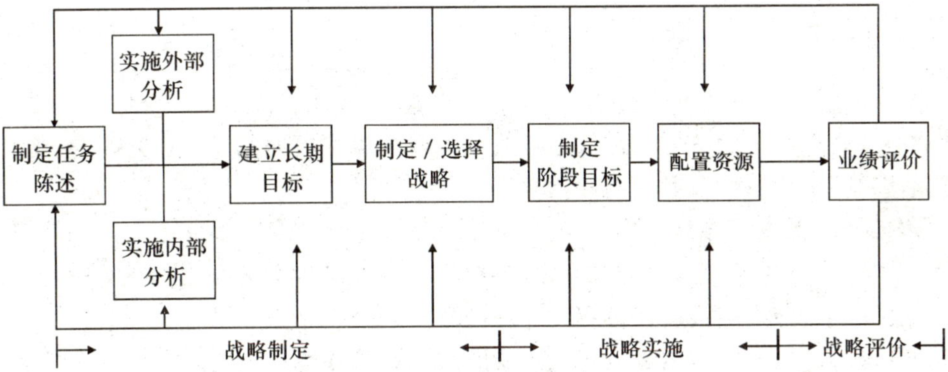

图 2—1　综合战略管理体系

（一）确定战略观念和思想

在战略管理过程中，战略观念和战略思想的确定和重新认识是最容易被忽视的一个环节。实际上，战略观念对于企业战略的形成起着十分关键的作用。以竞争观念为例，在缺乏竞争的社会环境中，各个企业的组织人员普遍没有竞争意识，而当社会开始向市场经济社会转型时，谁先有了竞争意识，谁就有可能比别人领先一步，取得竞争优势。

（二）确定企业目前的战略和目标

从动态流程的角度看，任何企业战略都是企业在原有战略的基础上，为应对复杂多变的市场环境而作出的主动选择。新战略的制定必须建立在对企业当前战略实施情况分析的基础上，以保持战略发展过程的持续性和系统性。也只有在这个基础上，企业才能明确下一步战略选择或战略调整的力度和程度。另外，企业的经营目标始终贯穿于战略管理中，它是一切企业概念活动的终点，同样也指引着战略管理前进的方向。

（三）分析战略：资源、环境和价值

战略分析与战略目标确定之间是一种相互影响的关系。对于企业集团来说，必须首先分析自身的具体条件和外部环境的影响问题，然后才能确定或修正企业自身的战略目标。从这个意义上讲，是战略分析决定战略目标。另外，当战略目标确定后，又要以战略目标为指向，缩小企业战略分析的范围，集中分析既定目标下的企业发展问题。这时，可以说战略目标又决定了战略分析过程。因此，战略目标与战略分析过程是一个相互作用的过程。战略分析是对企业内外各种环境和条件系统的、综合的认识。由于它涉及面很广，而且各相关要素在不同时间、不同地点对不同企业的作用均不相同，因此，战略分析过程实际上是战略管理的最难点。环境对企业成功的重要性的表现是多方面的，因为环境是存在于行业层次上的，它同样也包容于行业的宏观经济环境中，影响着需求、价格、资金成本和收益。从更深的角度看，它还包括能迅速改变股东权力和目标，并能影响特定战略或目标的可行性及其社会政治环境。

（四）选择战略方案

战略方案的选择是战略分析过程的继续，它是战略管理的主要目的和重点。如果已有的企业战略没有什么问题，那就不要去修改它。如果企业目前的战略与企业的环境、资源的价值不太相符，企业的资源、环境和某些股东的目标与目前战略不一致，那就要考虑修改或重新制定企业的整体发展战略了。

（五）评价各种方案，并选择未来的战略

要评价各种可选方案，其结果必须是可预期的，并要对其可控资源、环境、股东的目标以及企业目前的发展予以认真考虑。新战略的实施必须依据组织调控必要资源和储存内部组织支持的能力，开发、评估和推进提议的战略计划。该提议战略是否适合于此组织需在竞争市场中有分析地检验，也需在集团企业中争取支持和行动能力，并因此得以正常地进行战略实施工作。

（六）实施战略

实施过程是战略管理的具体操作过程。一项单独的决策是不能解决具有战略意义的问题的。行动之前必须进行分析，至少思考事情如何做、谁来做和什么时候做。在此过程中最容易出问题的是，战略实施过程中由于外界环境的突然改变而使企业的发展方向偏离了原有的战略目标。虽然战略管理过程中设有“对战略目标的改变”这一环节，但它应该经过战略实施评价，再经过战略分析过程的重新分析，才能开始修正企业战略目标。而这一过程经常被企业所忽视，在未经过对战略综合分析前就草率地采取了修改战略目标的决定。

（七）评价结果

一般来说，对战略实施结果的评价的反馈并不能直接修改战略观念和战略目标，而必须通过战略分析过程。精明干练的经理很少承诺，但他们会花更多的时间去扩大用以调节更大资源的承诺的成果。很多人都强调利用目标来促进学会什么起作用、什么不起作用，以及在目前的基础上改进战略行为。当企业集团评价自身的发展战略时，必须考虑目标的确定和组织修正选择战略的能力。好的经理会在尚有时间选择其他方案时就作出决定，他们因此控制了新战略的风险，也赢得了试验的机会。如果既定战略的结果能够得以控制，以及结果不令人满意时战略能够被修正，这种灵活性和弹性就可能在一段时间内保存下来。

二、战略分析工具

企业在经营活动中经常会受到内部、外部各种因素的影响，如外部经济状况的变化、技术的突飞猛进、竞争对手的突然增多，以及内部财务状况的恶化、生产设备和能力的落后等因素，都会直接影响经营绩效，从而影响客户的战略形成。

战略分析便是对战略制定中的影响因素进行分析，是通过一定的手段和方法从复杂的信息与线索中清理出影响客户战略形成的重点因素，以便于下一步的战略选择和制定。

本节主要介绍在实际战略咨询中常用的两个分析工具，即PEST分析和五种力量分析模型。

（一）PEST分析

PEST是分析战略外部环境的基本工具，用于分析客户所处的宏观环境对于战略的影响。其中，PEST分别为四类影响客户战略制定的因素的字母缩写：政治的（Political）、经济的（Economic）、社会的（Social）、技术的（Technological）。PEST分析仅仅是提供了一个分析的框架，远不够完善，大量的指标需要具体到环境之中去才具有意义，客户可根据自身环境发掘，但PEST分析框架的提出和应用对于客户战略的制定意义重大，如图2—2所示。

1. 政治法律环境

政治法律环境是指客户业务涉及的国家或地区的政治体制、政治形势、方针政策、法律法规等方面对于客户战略的影响。

国家政治体制与经济体制始终是相辅相成的互动形式，一个国家经济体制的选择是由其政治力量决定的，尽管其背后仍是由经济力量所支配。在我国，虽然

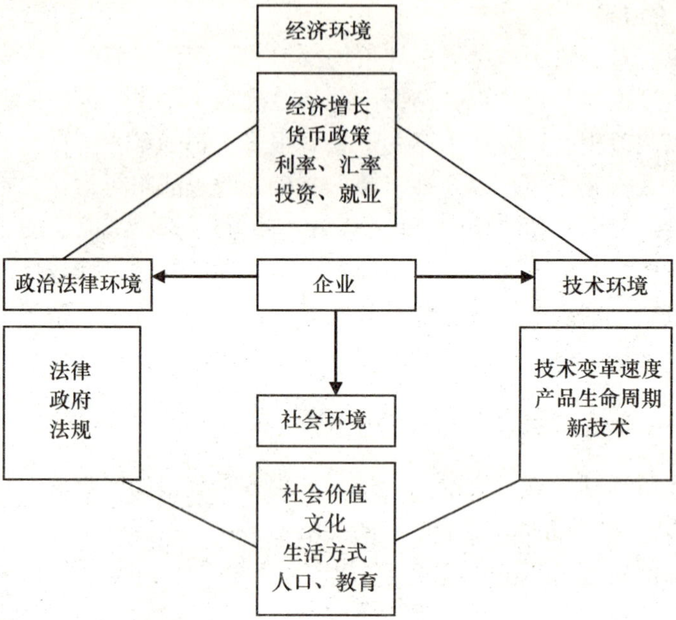

图 2—2　PEST 分析框架

市场竞争法则已迅速被引入众多的行业，但对于关系国计民生和意识形态的领域，政府的管制仍然发挥着重要作用，政府的政策还广泛地影响着客户的经营行动。即使在市场经济比较成熟的发达国家，政府对市场与客户的干预几乎也有增无减，如最低工资限度、劳动保护、社会福利、进出口限制等。

法律法规作为国家意志的强制表现，对于规范市场与客户行为有着直接的作用。立法在经济上的作用主要表现为维护公平竞争、维护消费者的利益和维护社会最大利益三个方面。随着我国立法的逐步完善，法律法规对客户战略制定与选择的影响会越来越大。

2. 经济环境

经济环境是指客户在战略制定过程中须考虑的各种国内外经济条件、经济特征、经济联系等。

首先要考虑目前宏观经济处于何种阶段，是萧条、停滞、复苏还是增长，以及宏观经济以怎样一种周期规律变化发展。在众多衡量宏观经济的指标中，国民生产值是最常用的指标之一，它是衡量一个国家或地区经济实力的重要指标，它的总量及增长率与工业品市场购买力及其增长率有较高的正相关关系。

人均收入自变量与消费品购买力是具有正相关关系的经济指标，在中国，由于大多数的薪金收入尚未达到所得税起征点，故其薪金收入可被看做是个人可支配的收入。收入水平的不断提高，以及扣除基本生活费用和所得税后的个人可自由支配收入的不断提高，给许多行业带来了新的发展机会，也带来了激烈竞争。价格是经济环境中的一个敏感因素。适度的通货膨胀可以刺激经济的增长，但过高的通货膨胀率对经济造成的损害则往往难以预料。消费品价格上涨过快，使人们基本生活需要的支出大幅度增加，误导的价格信号会使某些消费行为提前、某些购买行为推迟，个人可自由支配收入的降低会长时间影响消费品的需求和人们的购买习惯，特别是通货膨胀所造成的社会心理损害将对整个市场供求关系产生深远的、深层次的影响。如果客户对此不能作出精确估计，或者说日后通货膨胀的程度要大大超过客户可能承受的范围，则客户既有的战略就会受较大影响。

对于基础设施的考虑也是重要一环，它在一定程度上决定着客户运营的成本与效率。基础设施条件主要指一个国家或一个地区的运输条件、能源条件、通信条件，以及各种商业基础设施的可靠性及其效率。这些条件对制定跨国、跨地区的经济经营战略尤为重要。

经济变量的变动所预示的结果是客户本身较难掌握的，在我国长期的计划体制向市场化转型的过程中，各类指标的变化又与西方成熟市场的变化规律不同，因此，进行经济环境的分析时，客户可以求助于专业机构以获得经济预测服务。

3. 技术环境

技术环境是指客户业务所涉及国家和地区的技术水平、技术政策、新产品开发能力以及技术发展的动态等。

客户必须特别关注所在行业的技术发展动态和竞争者的技术、新产品开发等方面的动态信息。技术的突飞猛进大大缩短了产品的寿命周期。最典型的一个例子就是个人计算机。计算机的普及大大改变了人们的工作方式。计算机对客户经营战略的影响程度取决于它未来的发展程度。

当今世界，越来越多的新技术导致了生活方式的重大改变。家用电器的迅速普及不能不说应部分归功于新技术的发展：在西方它使更多的妇女婚后就业，可自由支配收入增加，结果刺激了选择性消费、奢侈性消费领域的发展。许多新技术的产生都会产生长期的、重大的影响，而且经常超出人们原先的估计。

在新技术对战略的影响方面，客户必须考虑的是，一种新技术的发明和应用可能又同时意味着“破坏”。因为一种新技术的发明和应用会促使一些新行业的兴起，同时伤害乃至消灭另外一些行业。

一般来说，客户的赢利状况也与技术研究和开发的费用成正相关关系。当今跨国公司发展的一个重要战略指标是增加研究开发费用的投入，在世界汽车行业、通信行业、医药、生物科技等领域我们都可以看出这一发展趋势。

4. 社会文化和自然环境

社会文化环境是指客户业务涉及地区的民族特征、文化传统、价值观、宗教信仰、教育水平、社会结构、风俗习惯及自然等情况。

每一个社会都有一个核心价值观，它们常常具有高度的持续性。这些价值观与文化传统是历史的沉淀，通过家庭繁衍与社会教育而传播、延续，因此具有相当大的稳定性。而一些价值观念则是比较容易改变的。每一种文化都由许多亚文化组成，而这些亚文化则主要由有着共同语言、共同价值观念体系及共同生活经验或生活环境的群体构成。不同的群体有不同的社会态度、爱好与行为，从而表现出不同的市场需求和不同的消费行为。不同国家间有人文差异，不同民族间同样具有差异，我国民族众多，虽然同是中华民族但却存在着较大的人文差异，如藏族的生活方式与藏传佛教联系紧密，在西藏地区越野车辆市场中，日本丰田越野车占有绝对的市场份额，原因是其标志形似牛头，而牛是藏族的吉祥动物。可见，文化对于战略的影响有时是巨大的。

自然环境是指客户业务涉及地区或市场的地理、气候、资源、生态等环境，不同地区的客户由于其所处自然环境不同，客户战略也会存在一定的差异，我国作为一个幅员辽阔的国家，这种影响尤其明显。如同一种产品，其在我国广东等东南地区的市场营销战略与在西藏等西北高寒地区有较大差距。但很多时候这一点被忽略。

（二）五种力量分析模型

五种力量分析模型是迈克尔·波特在20世纪80年代初提出的，对企业战略制定有着全球性的深远影响。该模型用于竞争战略的分析，可以有效地分析客户的竞争环境。

五种力量分析模型将大量不同的因素汇集在一个简便的模型中，以此分析一个行业的基本竞争态势。五种力量分析模型确定了竞争的五种主要来源，即供应商和购买者的讨价还价能力、潜在进入者的威胁、替代品的威胁，以及来自同一行业的公司间的竞争。一种可行性战略的提出首先应该确认并评价这五种力量，不同力量的特性和重要性因行业和公司的不同而变化，如图2—3所示。

1. 供应商的讨价还价能力

供应商影响一个行业竞争者的主要方式是提高价格（以此榨取买方的利润）、

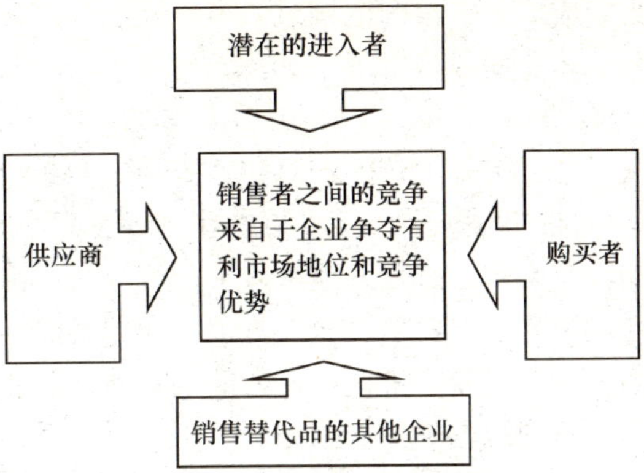

图2—3　五种力量分析模型

降低所提供产品或服务的质量。下面一些因素决定供应商的影响力：

（1）供应商所在行业的集中化程度。

（2）供应商产品的标准化程度。

（3）供应商所提供的产品在企业整体产品成本中的比例。

（4）供应商提供的产品对企业生产流程的重要性。

（5）供应商提供产品的成本与企业自己生产的成本之间的比较。

（6）供应商提供的产品对企业产品质量的影响。

（7）企业原材料采购的转换成本。

（8）“供应商前向一体化”的战略意图。

2. 购买者的讨价还价能力

与供应商一样，购买者也能够对行业营利性造成威胁。购买者能够强行压低价格，或要求更高的质量或更多的服务。为达到这一点，他们可能使生产者互相竞争，或者不从任何单个生产者那里购买商品。购买者一般可以归为工业客户或个人客户两类，购买者的购买行为与这种分类方法一般是不相关的。但有一点例外，即工业客户是零售商，他可以影响消费者的购买决策，这样，零售商的讨价还价能力就显著增强了。以下因素影响购买者的议价能力：

（1）集体购买。

（2）产品的标准化程度。

（3）购买者对产品质量的敏感性。

（4）替代品的替代程度。

（5）大批量购买的普遍性。

（6）产品在购买者成本中所占的比例。

（7）购买者后向一体化的战略意图。

3. 潜在进入者的威胁

一个行业的进入者通常带来大量的资源和额外的生产能力，并且要求获得市场份额。除了完全竞争的市场以外，行业的潜在进入者可能使整个市场发生动摇。尤其是当新进入者有步骤、有目的地进入某一行业时，情况更是如此。潜在进入者威胁的严峻性取决于一家新的企业进入该行业的可能性、进入壁垒，以及预期的报复。其中第一点主要取决于该行业的前景如何，行业增长率高表明未来的营利性强，而眼前的高利润也颇具诱惑力。

对于第二点和第三点的威胁，客户需要研究进入壁垒的难易条件，如对于钢铁业、造船业、汽车工业来说，规模经济是进入壁垒的重要条件。此外，还有产品的差异条件，如对于化妆品及保健品业，产品的差异条件就是进入壁垒的主要条件之一。

4. 替代品的威胁

替代品是指那些与客户产品具有相同功能或类似功能的产品。如糖精从功能上可以替代糖，飞机远距离运输可能被火车替代等。那么，生产替代品的企业本身就给客户甚至行业带来威胁，替代竞争的压力越大，对客户的威胁就越大。决定替代品可能造成的压力大小的因素主要有：

（1）替代品的赢利能力。

（2）替代品生产企业的经营策略。

（3）购买者的转换成本。

行业中的每一个企业或多或少都必须应付以上各种力量构成的威胁，而且客户必须面对行业中每一个竞争者的举动。除非认为正面交锋有必要而且有益处，否则客户可以通过设置进入壁垒，包括差异化和转换成本来保护自己。

当一个客户确定了其优势和劣势时，就必须进行定位，以便因势利导，而不是被预料到的环境因素变化所损害，如产品生命周期、行业增长速度等，然后保护自己并做好准备，以便有效地对其他企业的举动作出反应。

三、战略选择工具

（一）SWOT分析

在现在的战略规划报告里，SWOT 分析算是一种众所周知的工具了，SWOT 是著名的战略咨询公司 McKinsey 的发明。SWOT 代表企业优势

(Strength)、劣势（Weakness)、机会（Opportunity）和威胁（Threats)。因此，SWOT分析实际上是将企业内外部条件各方面内容进行综合和概括，进而分析组织的优劣势、面临的机会和威胁的一种方法，可以通过分析帮助企业把资源和行动集中在自己的强项和有最多机会的地方。

1. SWOT分析的含义

优、劣势分析主要着眼于企业自身的实力及其与竞争对手的比较，而机会和威胁分析则将注意力放在外部环境的变化及对企业的可能影响上。分析时应把所有的内部因素（即优、劣势）集中在一起，然后用外部的力量来对这些因素进行评估。

(1) 机会与威胁分析（OT）

随着经济、社会、科技等诸多方面的迅速发展，特别是世界经济全球化、一体化进程的加快，以及全球信息网络的建立和消费需求的多样化，企业所处的环境更为开放和动荡。这种变化几乎对所有企业都产生了深刻的影响。也正因为如此，环境分析成为一种日益重要的企业职能。

环境发展趋势分为两大类，一类表示环境威胁，另一类表示环境机会。环境威胁指的是环境中一种不利的发展趋势所形成的挑战，如果不采取果断的战略行为，这种不利趋势将导致公司的竞争优势被削弱。环境机会就是对公司行为富有吸引力的领域，在这一领域中，该公司将拥有竞争优势。

(2) 优势与劣势分析（SW）

竞争优势指消费者眼中一家企业或它的产品有别于其竞争对手的任何优越的东西，它可以是产品线的宽度，产品的大小、质量、可靠性、适用性、风格和形象，以及服务的及时、态度的热情等。虽然竞争优势实际上指的是一家企业比其竞争对手有较强的综合优势，但是，明确企业究竟在哪一方面具有优势更有意义，因为只有这样，才可以扬长避短或者以实击虚。

在进行优势与劣势分析时也必须从整个价值链的每个环节上将企业与竞争对手作详细的对比，如产品是否新颖、制造工艺是否复杂、销售渠道是否畅通，以及价格是否具有竞争性等。如果一家企业在某一方面或某几方面的优势正是该行业企业应具备的关键成功要素，那么，该企业的综合竞争优势也许就强一些。需要指出的是，衡量一家企业及其产品是否具有竞争优势，必须站在现有潜在用户的立场上，而不是站在企业的立场上。

在优势与劣势分析中，企业应当重点研究和解决的问题是，它究竟应该只局限在已拥有优势的机会中，还是去获取和发展一些优势以便找到更好的机会。

表2—5列举了常见的优势、劣势、机会和威胁的种类。

表2—5 常见的优势、劣势、机会和威胁的种类

潜在的优势	潜在的劣势	潜在的机会	潜在的威胁
核心技术	缺乏战略方向	进入新的市场	新的低成本竞争者
充足的资金	过时的厂房	相关活动的多元化经营	技术上的替代者
良好的顾客认知	弱的信息技术系统	纵向一体化（前向或后向）	增长缓慢
高市场份额	弱的控制系统	高增长预期	新出台的管制条例
高生产率	缺少资金	出口市场	外汇汇率
高产品/服务质量	缺乏管理技能	竞争者力量弱	顾客/供应商的议价能力
低生产成本	内部权力斗争	政府合同	不利的人口变动
优良的研发机构	弱的营销技能	取消管制	禁不起衰退的打击
高创新纪录	缺乏原料供应		顾客需求变化
良好的高级管理层	差的分销渠道		
专有的技术	高成本结构		
好的分销渠道	低产品质量		
政治保护	缺少创新纪录		
良好的战略			

2. SWOT分析的步骤

（1）确认当前的战略是什么。

（2）确认企业外部环境的变化（波特五种力量分析模型或者PEST分析）。

（3）根据企业资源组合情况，确认企业的关键能力和关键限制。

（4）识别分组优势、劣势与机会、威胁。

（5）用SWOT分析表，将刚才的优势和劣势按机会和威胁分别填入表格。

（6）战略分析：对关键内外部因素进行分析，通过对SWOT的匹配寻找可选战略。根据SWOT分析，企业战略可以分为四种，见表2—6。

表2—6 SWOT分析法

	优势	劣势
机会	SO战略 发挥优势，利用外部机会	WO战略 利用外部机会来弥补内部弱点
威胁	ST战略 利用H优势回避外部威胁	WT战略 减少弱势，回避外部威胁

(二)波士顿(BCG)矩阵法

BCG矩阵法是制定公司层战略最流行的方法之一。该方法是由波士顿集团(Boston Consulting Group,BCG)于20世纪70年代初开发的。BCG矩阵将组织的每一个战略事业单位(SBUs)标在一种二维的矩阵图上,从而显示出哪个SBUs提供高额的潜在收益,以及哪个SBUs是组织资源的"漏斗"。BCG矩阵的发明者、波士顿公司的创立者布鲁斯认为,"公司若要取得成功,就必须拥有增长率和市场份额各不相同的产品组合,组合的构成取决于现金流量的平衡"。如此看来,BCG的实质是通过业务的优化组合实现企业的现金流量平衡。

1. BCG矩阵区分出四种业务组合

如图2—4所示,BCG矩阵区分出问题型业务、明显型业务、现金牛业务和瘦狗型业务四种业务组合。

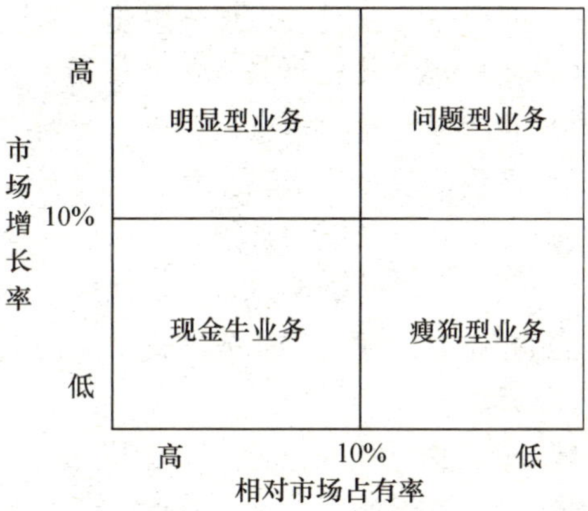

图2—4　BCG矩阵

(1)问题型业务(Question Marks,指高增长、低市场份额)

处在这个领域中的是一些投机性产品,带有较大的风险。这些产品可能利润率很高,但占有的市场份额很小。这往往是一个公司的新业务,为发展问题型业务,公司必须建立工厂,增加设备和人员,以便跟上迅速发展的市场,并超过竞争对手,这些意味着大量的资金投入。"问题"非常贴切地描述了公司对待这类业务的态度,因为这时公司必须慎重回答"是否继续投资,发展该业务"这个问题。只有那些符合企业长远发展目标、企业具有资源优势、能够增强企业核心竞争力的业务才可以得到肯定的回答。得到肯定回答的问题型业务适于采用前面战略框架提到的增长战略,目的是扩大SBUs的市场份额,甚至不惜放弃近期收入来达到这一目标，因为问题型业务要发展成为明星型业务，其市场份额必须有较大的增长。得到否定回答的问题型业务则适合采用收缩战略。

(2) 明星型业务（Stars，指高增长、高市场份额）

这个领域中的产品处于快速增长的市场中，并且占有支配地位的市场份额，但其能否产生正现金流量则取决于新工厂、设备和产品开发对投资的需要量。明星型业务是由问题型业务继续投资发展起来的，可以视为高速成长市场中的领导者，它将成为公司未来的现金牛业务。但这并不意味着明星型业务一定可以给企业带来源源不断的现金流，因为市场还在高速成长，企业必须继续投资，以保持与市场同步增长，并击退竞争对手。企业如果没有明星型业务，就会失去希望，但群星闪烁也可能会闪花企业高层管理者的眼睛，导致其作出错误的决策。这时必须具备识别行星和恒星的能力，将企业有限的资源投入在能够发展成为现金牛的恒星上。同样地，明星型业务要发展成为现金牛业务也适合采用增长战略。

(3) 现金牛业务（Cashcows，指低增长、高市场份额）

处在这个领域中的产品产生大量的现金，但未来的增长前景是有限的。这是成熟市场中的领导者，它是企业现金的来源。由于市场已经成熟，企业不必大量投资来扩展市场规模，同时作为市场中的领导者，该业务享有规模经济和高边际利润的优势，因而给企业带来大量现金流。企业往往用现金牛业务来支付账款并支持其他三种需大量现金的业务。现金牛业务适合采用前面提到的稳定战略，目的是保持 SBUs 的市场份额。

(4) 瘦狗型业务（Dogs，指低增长、低市场份额）

这个剩下的领域中的产品既不能产生大量的现金，也不需要投入大量现金，它们没有改进绩效的希望。一般情况下，这类业务常常是微利甚至是亏损的，瘦狗型业务存在的原因更多的是感情上的因素，虽然一直微利经营，但像人养了多年的狗一样恋恋不舍而不忍放弃。其实，瘦狗型业务通常占用很多资源，如资金、管理部门的时间等，多数时候是得不偿失的。瘦狗型业务适合采用前面提到的收缩战略，目的在于出售或清算业务，以便把资源转移到更有利的领域。

矩阵的精髓在于把战略规划和资本预算紧密结合起来，把一个复杂的企业行为用两个重要的衡量指标分为四种类型，用四个相对简单的分析来应对复杂的战略问题。该矩阵帮助多种经营的公司确定哪些产品宜于投资，宜于操纵哪些产品以获取利润，宜于从业务组合中剔除哪些产品，从而使业务组合能够获得最佳经营成效。

2. 如何用模型来分析

（1）评价各项业务的前景。BCG是用“市场增长率”这一指标来表示发展前景的。这一步的数据可以从企业的经营分析系统中提取。

（2）评价各项业务的竞争地位。BCG是用“相对市场份额”这个指标来表示竞争力的。这一步需要做市场调查才能得到相对准确的数据。

（3）标明各项业务在BCG矩阵图上的位置。具体方法是以业务在二维坐标上的坐标点为圆心画一个圆圈，圆圈的大小即表示企业每项业务的销售额。

到了这一步，企业就可以诊断自己的业务组合是否健康了。一种失衡的业务组合就是有太多的瘦狗型或问题型业务，或太少的明星型和现金牛业务。例如，有三项问题型业务的，不可能全部投资发展，只能选择其中的一项或两项集中投资发展；只有一个现金牛业务，说明财务状况是很脆弱的；有两项瘦狗型业务，这是沉重的负担。

（4）确定纵坐标“市场增长率”的一条标准线，从而将“市场增长率”划分为高、低两个区域。比较科学的方法有两种：一种是把该行业市场的平均增长率作为分界点；另一种是把多种产品的市场增长率（加权）平均值作为分界点。需要说明的是，高市场增长定义为销售额至少达到10%的年增长率（扣除通货膨胀因素后）。

（5）确定横坐标“相对市场份额”的一条标准线，从而将“相对市场份额”划分为高、低两个区域。BCG的布鲁斯认为，“明星的市场份额必须仅次于它的竞争者的两倍，否则其表面业绩只是一种假象”。按照布鲁斯的观点，市场份额之比小于2，竞争地位就不稳定。但在实际的业务市场上，市场领先者的市场份额是跟随其后的竞争者的两倍的情况极为少见。所以，在划分标准线的时候要尽量占有更多资料，审慎分析，运用这些数字范围时要根据实际情况的不同进行修改。

完成了以上过程，企业的业务就被分配到BCG矩阵中相应的四个区域之一，企业就可以根据现有业务类型来选择业务战略了。

第四节　从企业战略到绩效管理

德鲁克提出的“做正确的事”和“正确地做事”这一著名命题实际上揭示了企业战略与绩效管理的关系：制定战略就是要“做正确的事”，而战略实现过程则是“正确地做事”；“做正确的事”决定了努力方向和目标，“正确地做事”决定了战略的实现效率。由此可以发现，战略与绩效管理之间存在着目的和手段的关系。

一、战略与绩效管理的关系

（一）战略是绩效管理的原动力

1. 战略决定绩效管理的起点和方向

我们都知道南辕北辙的故事，车越好、驭术越精良，它距离目的地就越远。然而这个简单的错误却在企业一遍遍地重复上演，没有战略或者战略不清晰下的绩效管理的结果只能是南辕北辙。因为绩效管理从根本上失掉了方向。

雷蒙德·A·诺依等（1999）将绩效管理定义为“管理者为确保雇员的工作活动以及工作产出能够与组织的目标保持一致的过程”。现在的问题是，如果企业没有战略，也就没有明确的组织目标，那么，绩效管理要与什么保持一致呢？

进一步讲，这也就是传统的人力资源管理行政事务性所导致的绩效管理的最大问题，使绩效管理成了无头脑的哲学。行政事务使人力资源经理忙于应付，根本无暇顾及战略方向问题，其结果就是绩效管理与战略完全脱节；反过来，这又进一步造成人力资源部门地位低下，形成恶性循环。

因此，人力资源经理建立绩效管理体系的首要工作就是建立战略思维，主要精力不是去思考如何利用绩效结果分配薪酬，而是去研究如何让各级人员通过绩效管理与企业战略捆绑在一起，至于分配，则是第二位的问题。

2. 战略是绩效管理的终极目标

正如本书第一章关于绩效管理目的问题的讨论那样，企业从根本上来说是以营利为目的的社会组织，而战略则是企业在中长期时间内综合目标的体现，这构成了企业所有活动的终极目标，其中当然也包括绩效管理。

有人提出，绩效管理的目的是提升员工能力，而这只是路径理解的差异：提升员工能力是为了培育企业核心竞争力，而培育核心竞争力的目的还是战略。我们完全可以相信，任何企业都不希望员工发展与企业核心竞争力无关的能力。

因此，战略是绩效管理的终极目标。但这与员工能力发展并不矛盾，它使员工与企业之间在能力发展问题上达成了共识：企业会支持符合战略要求的员工能力的培养。

3. 战略实现程度是绩效管理的评价标准

任何管理手段都存在有效性的问题，也就是绩效管理的“绩效”，或者说是如何评价绩效管理对于企业战略的作用。这个问题的现实意义在于，很多企业尤其是国有企业的绩效管理在评价标准上存在着一定程度的迷失，我们看到，很多人力资源经理满足于绩效管理体系的正常运转，按时交上了各种考核表格，绩效工资根据考核结果按时发放。但这些是远远不够的，绩效管理有效性评价的最高标准只能是战略的实现程度。上面列举的情况也正体现了战略与绩效管理的分离。

（二）绩效管理是战略实施的有效手段

战略是绩效管理的指挥棒，而绩效管理也对战略具有重要作用。

1. 绩效管理实现了战略分解

战略实现的第一步必然是战略的分解，战略首先分解为阶段目标，然后进一步分解到部门，直至员工，离开了战略分解就不可能有高效率的战略执行。绩效管理为战略分解提供了科学的框架和有效的工具，使战略能够按照组织层级逐层分解到员工，形成一个完整的指标体系和计划任务体系；反过来，自下而上的绩效实现、层层支撑最终又将战略分解还原为完整的战略目标实现。这一上一下两个过程就是绩效管理发挥作用的过程，也是战略实现的过程。

2. 绩效管理实现了战略传导

战略传导和战略分解是两个不同的概念，战略分解强调将战略分层、分块，每个员工都有明确的指标和任务，而战略传导则强调贯穿各个层次的对战略方向的一致理解。如果只有战略分解，就容易助长局部意识，增加协调难度，最终使战略无法还原为整体实现，虽然某些局部完成得很好，但那可能是以牺牲全局为代价的，所以不应忽视战略传导。

绩效管理同时能够实现战略传导。比如，平衡计分卡和关键绩效指标可以从指标角度向员工传达战略信息，企业在重视现有销售额的基础上也重视新市场的开拓，可以设立销售额和新客户销售额两个指标，并为这两个指标赋予合理权重来实现对这一思想的贯彻。再如，企业可以通过各种行为态度的考核来干预员工行为，使其注重协调，培养员工的全局意识。

3. 绩效管理实现了战略监控

监控和反馈是构成系统的要素，绩效管理构成了战略实施过程的监控和反馈机制。显然，绩效管理周期性滚动执行，每个周期的绩效管理结果都为不同层级的管理者提供了战略执行情况的数据。

二、战略性绩效管理：绩效管理和战略管理的紧密结合

正是由于上述战略与绩效管理的关系，二者结合得日益紧密：绩效管理越来越多地融入到战略管理过程中，战略的地位和作用日益渗透到绩效管理中。

其中最突出的两个表现就是近年来最受关注的战略绩效管理工具平衡计分卡和最近2～3年来颇受青睐的企业绩效管理（BPM）。

（一）平衡计分卡

从平衡计分卡的发展过程上，我们可以清晰地看到绩效管理与战略管理融合发展的趋势。

1. 最初创立阶段

1990年，美国的诺兰诺顿学院设立了一个业绩评价模式开发项目，参与者包括惠普、杜邦、壳牌、苹果电脑、通用汽车等12家公司。大卫·P·诺顿和罗伯特·S·卡普兰担任了该项目的学术顾问。1992年，在该项目的实证数据的基础上，二人在《哈佛商业评论》上联合发表了题为“平衡计分卡：驱动业绩的评价指标”（*The Balanced Scorecard—Measures that Drive Performance*）的文章。这篇文章的发表标志着平衡计分卡的诞生。文章勾画出平衡计分卡的基本结构（由财务、顾客、内部业务流程以及学习与成长四个方面构成），并在分别对每一方面进行介绍的基础上作了简单的目标与指标设计的示范。

这一阶段的平衡计分卡是以一种单纯的业绩评价工具的面貌出现的，它的创立主要是为了弥补传统的财务指标的不足。

2. 演变定型阶段

平衡计分卡自产生以来就受到广泛关注，并在理论界和实务界的共同努力下不断发展。1993年，大卫·P·诺顿和罗伯特·S·卡普兰在《哈佛商业评论》上发表了题为“平衡计分卡的实际应用”（*Putting the Balanced Scorecard to Work*）的文章，对平衡计分卡产生以来的实际应用情况作了清晰、全面的总结，介绍了罗克沃特、苹果电脑和高级微型设备等公司的平衡计分卡应用案例，详细阐释了这些公司所开发的四个方面的各种指标，并提出了评价指标与愿景和战略的密切关系。

1996年，罗伯特·S·卡普兰和大卫·P·诺顿在《哈佛商业评论》上发表了他们第三篇关于平衡计分卡的文章——“将平衡计分卡作为战略管理的基石”（*Using the Balanced Scorecard as a Strategic System*）。文章系统阐述了平衡计分卡应用的四大程序，并阐明了这些程序对于战略管理的重要意义。这篇文章是平衡计分卡研究历程的一个飞跃，它将平衡计分卡由一个单纯的业绩评价工具上升到了战略管理基石的高度。

随后，罗伯特·S·卡普兰与大卫·P·诺顿在以前研究成果的基础上结集出版了第一本关于平衡计分卡的专著——《平衡计分卡：化战略为行动》。至此，平衡计分卡趋于定型，理论界和实务界普遍认同了平衡计分卡对于优化业绩评价、促进战略管理的不菲价值。

3. 蓬勃发展阶段

近年来，平衡计分卡的应用领域越来越广泛，平衡计分卡的成功案例越来越多。2001年，罗伯特·S·卡普兰与大卫·P·诺顿出版了他们第二本关于平衡计分卡的专著——《战略核心型组织》，对他们这一阶段的研究成果进行了总结。

（二）企业绩效管理（BPM）

企业绩效管理的提出更进一步将绩效管理与战略管理、流程管理、预算管理等紧密结合起来，并从方法论层面提出了整合框架，在技术层面强调与信息技术的结合。

企业绩效管理与我们通常理解的人力资源层面上的绩效管理是有明显区别的，它从企业经营层面来有效落实战略，本质上是一个战略执行系统。如果说执行的关键在于建立战略流程、运营流程和人员流程，那么，企业绩效管理的作用就是将这三大流程中与经营目标及实施相关的活动有机整合起来。具体来说，就是企业绩效管理需要整合三大流程中的以下活动：

（1）将战略转化为经营目标。

（2）制订经营策略和经营计划及预算。

（3）预测及预算管理。

（4）测评及监控战略的实施。

（5）进行基于经营目标的业绩监控。

（6）进行业务、人事、财务相结合的经营分析。

（7）人员业绩评估及奖惩管理。

通过以上对平衡计分卡和企业绩效管理系统的分析，我们能够更清晰地了解到，与战略的更紧密结合是绩效管理发展的必然趋势。

三、案例分析：惠普双层面绩效管理

惠普公司的绩效管理分为两个层面：一是组织绩效管理，管理的对象是公司绩效；二是员工绩效管理，管理的对象是员工绩效。

（一）组织绩效管理

如图2—5所示，惠普的绩效管理循环包括五个步骤：企业战略的制定、关键绩效指标和目标的制定、绩效计划的制订与执行、监控与绩效评估、奖励与绩效改进。

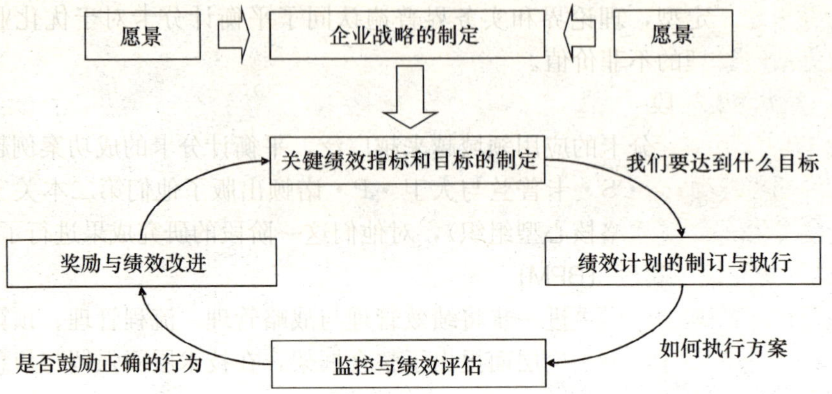

图 2—5　惠普绩效管理循环

整个惠普绩效管理循环以回路相连，保证关键绩效指标和企业战略的紧密连接。各步骤的主要目标和任务如下。

1. 企业战略的制定

企业战略的制定是惠普绩效管理循环的基础。企业战略的制定为企业的发展提供了明确的目标，绩效管理循环中的其他环节都是为达成企业战略目标服务的。

惠普根据其愿景和价值观确定战略目标及达成战略目标的关键成功要素，从而为关键绩效指标和目标的制定提供了方向和基础。

2. 关键绩效指标和目标的制定

关键绩效指标和目标的制定是惠普绩效管理循环的起点和核心。关键绩效指标是根据企业所设定的各项战略目标而制定的可量化目标，一旦战略目标确定，关键绩效指标就可以为惠普提供明确而直观的方法，以便衡量各项战略目标达成与否。惠普用四个关键绩效指标来衡量组织绩效管理，这四个指标分别是财务指标、客户指标、流程指标和员工指标。

惠普关键绩效指标和目标的制定采取自上而下的方法，从而确保每个部门、流程都在为实现总体战略目标努力。同时，惠普管理层需要对关键绩效指标和目标进行定期复审，针对公司的发展战略目标和存在的问题作出相应调整。

3. 绩效计划的制订与执行

为了达到绩效目标，惠普绩效管理循环的第三步是制订与执行绩效计划。绩效计划不仅为各层级提供具体的行动计划，也为每一个绩效目标的最后达成作阶段性分解。同时，绩效计划为现有资源的分配和未来资源的投入提供了基础。

4. 监控与绩效评估

监控与绩效评估根据绩效目标对各部门和流程的实际绩效表现进行衡量和考核，及时了解企业内部运行情况，发现存在的问题。为均衡各项绩效目标，使绩效管理能够公平地反映每一个评估单位的绩效情况，有必要采用平衡计分卡作为监控与绩效评估的工具之一。平衡计分卡设定的重点是确定各项绩效目标在某一评估单位中的权重。权重的选择是惠普管理层把握企业整体发展、鼓励部门和员工正确行为的重要手段。

5. 奖励与绩效改进

奖励与绩效改进是惠普绩效管理循环的最后一个环节。通过奖励，鼓励惠普内部的正确行为，激励惠普员工为达到企业目标而共同努力。同时，通过绩效改进对惠普内部运作中出现的问题进行绩效改进和纠正，以推动企业的整体进步。

（二）员工绩效管理

惠普员工绩效管理最后要达到的目标是：造氛围（培养绩效文化）、订计划（运筹制胜业绩）、带团队（建设高效团队）、促先进（保持激发先进）、创优绩（追求卓越成果）。为了达到这五个目标，惠普的员工绩效管理又分为以下五个关键点：

1. 制订上下一致的计划

惠普要求公司每个层面上的人员都要制订各自的计划。股东和CEO要制订战略计划，各业务单位和部门要制订经营计划，部门经理和其团队要制订行动计划，通过不同层面人员的相互沟通，公司上下就能制订出一致性很高的计划，从而有利于发展步骤的实施。

2. 制定业绩目标

对于员工的业绩指标，惠普用六个英文字母“SMTABC”来表示。具体的解释是：

S——Specific，具体性；

M——Measurable，可衡量；

T——Time，定时；

A——Achievable，可实现性；

B——Benchmark，以竞争对手为标杆；

C——Customeroriented，客户导向。

3. 授权

"以人为本"的惠普之道特别重视经理如何向员工授权。惠普强调的是因人而异的授权方式，根据不同的员工类型、不同的部门类型和不同的任务，惠普把授权方式分为五种，分别是：斩而不奏、先斩后奏、先奏后斩、问斩、听旨。不同的员工要用不同的授权方法，授权方法因人而异。

4. 绩效评估

在评定员工业绩时，惠普要综合考虑员工个人技术能力、个人素质、工作效率、工作可靠度、团队合作能力、判断力、客户满意度、计划及组合能力、灵活性、创造力和领导才能等指标。在评定过程中，惠普会遵循九个步骤，即协调评定工作，检查标准，确定期望，确定评定时间，进行员工评定，确定工作表现所属区域，检查分发情况，得到最终许可，最后将信息反馈给员工。

5. 分类激励

根据员工的"工作意愿"和"工作能力"，惠普把员工分为五种类型，分别采用不同的方法进行教导。最好的员工既有能力又有意愿，对于这样的员工，惠普公司的管理层只是对他们做一些微调和点拨，并且很注重奖励，以便使员工保持良好的状态。第二等级的员工有三种：一是员工工作能力强但工作意愿弱，公司主要对他们做思想上的开导和鼓励，解决思想问题；二是员工工作意愿强但能力弱，公司教导的重点就在教育和能力训练上；三是员工能力和意愿都处在中等，对于这样的员工，公司需要就事论事地做教导，以便使他们在能力和意愿上都有所提高。最差的员工既无能力又无意愿，公司要对这样的员工作出迅速处理，要么强迫他们提高能力或增长意愿，要么毫不犹豫地开除。

通过以上案例，我们可以清楚地看到，惠普将企业内的绩效管理分解成组织（即企业整体）绩效管理和员工绩效管理两个层次，并且分别采取不同的政策、管理方法和处理手段。

在组织绩效管理层面，惠普利用平衡计分卡和关键绩效指标工具将战略分解为四个方面，并分别设立了关键绩效指标；在员工绩效管理层面，则强调由上至下的战略分解，避免战略脱节，同时注重培育员工能力，从而保证惠普竞争力的持续发展。

第3章

组织与绩效管理

我们在绩效管理中经常遇到的问题恐怕就是由于无法完全理清部门、岗位之间的关系，而导致各个部门和员工在绩效管理中相互推诿责任了。这种情况的出现主要有两方面原因：一是组织结构确实存在职责不清、相互交叉的问题；二是组织本身并不仅仅是一个僵化的结构和程序，更是相互关联和协调的系统。

也就是说，绩效管理是无法脱离组织发挥作用的，正如绩效管理是企业战略的支撑系统一样，绩效管理也必然是在组织结构的规范下发挥作用的。而组织也是由组织战略决定的，组织设计本身就蕴涵着各部门、各岗位的战略定位和价值，这也就从总体上决定了绩效管理的基本框架和内容。从这个意义上说，各部门和各岗位的关键绩效指标并非真的是在绩效指标设计阶段“设计”出来的，而是在组织设计阶段被赋予的——当然，随着组织战略的调整，不同部门的绩效指标也可能会进行调整，但这只是说明部门定位的变化，而不是绩效指标的主动调整。

从一定程度上讲，绩效管理已经在组织设计阶段被决定了。这也就是在企业进行绩效管理体系设计的时候往往会反作用到组织结构调整的原因。而这也是很多企业只是就事论事地进行绩效管理体系设计，往往最后流于形式、无疾而终的原因。所有致力于授权、激励、建立团队、奖金、负责人再造的功夫和努力都不足以弥补机能失灵的组织系统。如果组织系统运行不顺利，以人为本只不过是空洞而无意义的空话。因此，可以说，绩效管理开始于组织设计，组织设计中蕴涵着绩效管理。

第一节　组织的基本概念

一、组织的定义

组织的定义有很多，这里采用一个最为简洁和精确的定义：

组织是社会实体，有确定的目标，有精心设计的结构和协调的活动系统，与外部环境相联系。[①]

这个概念所定义的组织是一个广泛的概念，包括各种类型的组织，企业组织只是这些组织中的一种而已。但从本质上说，企业组织和其他类型的组织并没有根本区别，其最大的不同就在于目标不同。

（一）有确定的目标

组织一定都是为实现某个目标而存在的，目标是组织存在的前提。在很多时候，组织的目标是隐含的，而不是明确的，但隐含的目标不等于没有目标。

（二）有精心设计的结构和协调的活动系统

这包含两个方面，一是结构，二是协调的活动系统。从结构方面来说，组织表现为横向的分工和纵向的等级结构，也就是我们经常能够见到的组织结构图。但一个组织并非只有这样一张组织结构图就够了，组织正常运作、实现目标实际上是通过不同部门、不同层级之间的协作来实现的，因此需要某种协调机制。

这也就是说，我们看到一张组织结构图，并不能说就了解了组织的全部，充其量也只是组织很小的一部分，类似于漂浮在海面上的冰山，露出海面的只是1/10，而其余的9/10则是不为我们所见的协调机制。这两个方面也构成了组织设计的基本内容，对此下文还会详细论述。

（三）与外界关系相联系

这是组织理论发展的一个重要方面，以往的组织定义并不强调这一点。[②] 但今天的组织所面临的环境与以往大不相同，尤其是那些处于激烈竞争行业的组织，哪怕只脱离顾客、供应商、竞争者等这些环境要素一天，恐怕它们的生存都将成问题。注重与外界环境的联系，也是目前组织设计的一个重要影响和制约因素。

二、正式组织与非正式组织

组织的类型多种多样，正式组织与非正式组织是其中一种划分方法。

---

① ［美］理查德·L·达夫特．组织理论与设计精要．李维安译．北京：机械工业出版社，2004

② 以徐国平等所著的《管理学》中的定义为例，组织是为了达到某些特定的目标，经由分工与合作及不同层次的权利和责任制度而构成的人的集合。这充分体现了组织研究在系统观上的进展，早期的研究主要集中在内部系统，因此更倾向于将组织看做一个封闭系统。而今天剧烈变化的外部环境则足以让封闭的组织一夜之间彻底消亡，组织是一个必须和环境相互作用才能生存和发展的开放系统。外部环境越来越成为组织设计的重要影响和制约因素。

(一) 正式组织

正式组织是组织设计工作的结果，是经由管理者通过正式的筹划，借助组织图和职务说明书等文件予以明确规定的。正式组织具有严密的组织结构，主要表现在指挥链、职权与责任的关系以及功能作用上。

正式组织具有三个基本特征：

1. 目的性

正式组织是为了实现组织目标而有意识建立的。因此，正式组织要采取什么样的结构形态，从本质上说应该服从于实现组织目标、落实战略计划的需要。这种目的性决定了组织工作通常是在计划工作之后进行的。

2. 正规性

正式组织中所有成员的职责范围和相互关系通常都在书面文件中加以明文规定，以确保行为的合法性和可靠性。

3. 稳定性

正式组织一经建立，通常会维持一段时间相对不变，只有在内外环境条件发生较大变化而使原有组织形式显露出不适应时，才提出进行组织重组和变革的要求。

(二) 非正式组织

组织生活的一个现实是，在正式组织运作中常常会存在一个甚至多个非正式组织。所谓非正式组织，就是未经正式筹划而由人们在交往中自发形成的一种个人关系和社会关系的网络。机关里午休时间的扑克会、工余时间的球友会等，都是非正式组织的例子。在非正式组织中，成员之间的关系是一种自然的人际关系，他们不是经由刻意的安排，而是由于日常接触、感情交融、情趣相投或价值取向相近而发生联系。与正式组织相对应，非正式组织的基本特征是自发性、内聚性和不稳定性。

非正式组织与正式组织相互交错地同时并存于一个单位、机构或组织之中，这是一种不可避免的现象。有些场合下，利用非正式组织能够取得意想不到的益处，而有些情况下非正式组织则可能会对正式组织的活动产生不利影响。

非正式组织对正式组织的积极的、正面的作用表现在：它可以满足成员心理上的需求和鼓舞成员的士气，创造一种特殊的人际关系氛围，促进正式组织的稳定；弥补成员之间在能力和成就方面的差异，促进工作任务的顺利完成；此外，还可以用来作为改善正式组织信息沟通的工具。

非正式组织的消极作用主要表现在：它可能在有些时候会和正式组织发生冲

突，影响组织成员间的团结和协作，妨碍组织目标的实现。

因此，正式组织的领导者应善于因势利导，最大限度地发挥非正式组织的积极作用，克服其消极作用。一句话，对非正式组织必须妥善地加以管理。

第二节　组织结构的基本类型

组织结构形式是随着组织面临的环境的不断变化而发展的，目前常见的组织结构主要有以下几种类型：直线制、直线职能制、事业部制、矩阵制，以及在以上基本类型基础上混合产生的其他类型。

一、组织结构类型一——直线制

早期企业组织结构类型往往是直线型，它要求企业各层级从上到下实行一长制的垂直管理，没有专业分工，不设职能部门。这种组织结构形式简单、职责分明，但要求管理人员通晓各种知识和技能，因此适用于产品简单、规模较小、技术工艺单一的企业。其结构形式如图 3—1 所示。

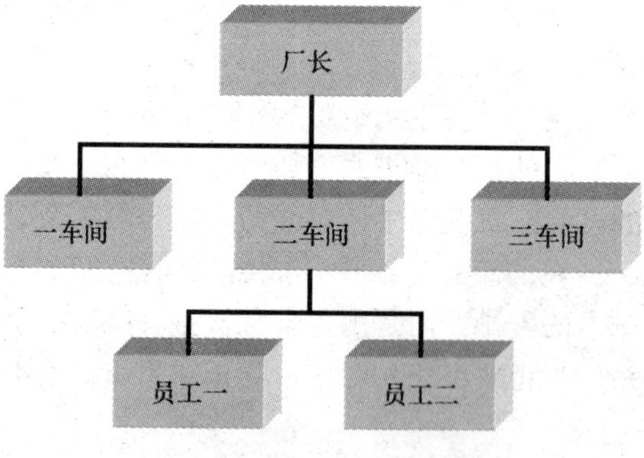

图 3—1　直线制的结构形式

二、组织结构类型二——直线职能制

（一）直线职能制的基本形式和特点

直线职能制是一种经常被采用、随处可见的组织形式，如图 3—2 所示。

直线制是企业组织结构的初级形态，是最简单的组织结构，但是随着社会经济的发展和企业规模的扩大，企业内部的分工逐渐细密，企业便将一些特定的活

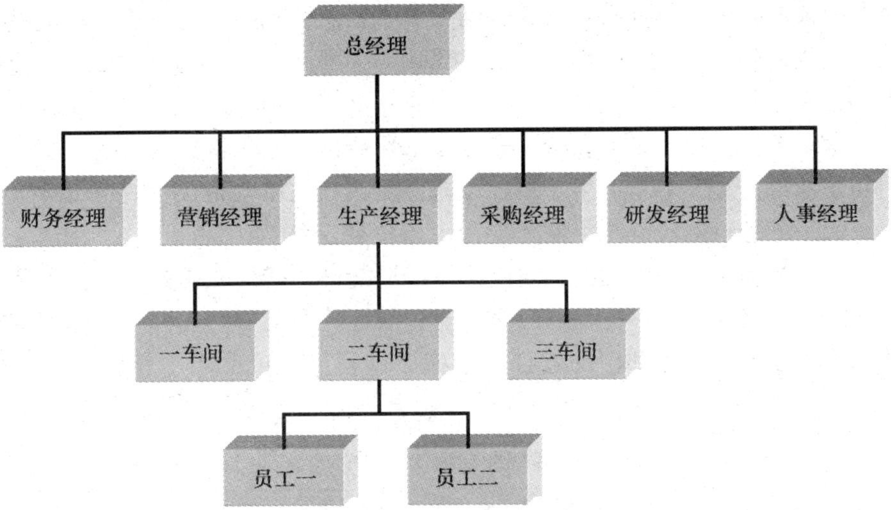

图 3—2　直线职能制的结构形式

动确立下来，形成专业化的部门，如财务部门、营销部门、人力资源部门等。这种专业化的分工使特定的知识和技能得到巩固，从而为组织提供更具价值的服务。

在直线职能制组织结构里存在两种类型的部门，一种叫做直线部门，另一种叫做职能部门。直线部门和职能部门的划分依据是发挥作用和贡献价值的方式：直线部门通过直接对下属机构或员工发号施令、进行指挥达成企业目标；而职能部门则通过提供专业意见和服务的方式支撑直线部门目标的实现。这也正是直线职能制的特点所在。

（二）直线职能制的优势和劣势

直线职能制继承了直线制的优点，因为分工明确，各个部门有自己明确的职责界限，各负其责，因此效率较高；同时保证了直线部门的统一指挥，而且可以发挥职能部门的参谋指导作用。在外界环境变化不大的情况下，直线职能制非常有利于提高企业效率。

但是，直线职能制也有一些缺点，正是由于其专业分工细密，各部门之间界限明确，导致组织横向部门之间信息流通障碍，各部门强调局部利益，缺乏全局眼光，从而直接增加了高层管理者横向协调的难度和工作量。忙于日常工作协调的高层管理人员往往无暇顾及企业的重大战略问题。由于部门利益的局限，组织结构刚性很强，往往会对组织结构的调整产生抵触。此外，直线职能制还容易随着企业规模的扩大，纵向管理层级逐渐增多，信息流动不畅通，这样就更进一步加重了企业对外界环境变化的不适应。因此，直线职能制不适应产品类型较多、外界环境变化剧烈的行业和企业。

在这里还要指出的是，在很多企业里，职能部门并未得到应有的重视，直线部门和职能部门之间容易产生矛盾，职能部门往往被沦为企业里的“二等公民”。某些企业里的销售部门甚至将财务部和人力资源部称为“家里头的”，这是一种非常不正常的现象。一方面说明这些企业的职能部门确实在提供专业意见和服务的能力上有所欠缺；另一方面，很多企业也缺乏让职能部门发挥专业作用的氛围和意识。可以说，职能部门的发育水平在一定程度上说明了组织结构的健康状况。

表 3—1　　直线职能制的优势和劣势

优　势	劣　势
1. 促进职能部门内的规模经济 2. 促进深层次知识和技能提高 3. 促进组织实现职能目标 4. 一种或少数几种产品最优	1. 对外界环境变化的反应缓慢 2. 可能引起高层决策堆积，科层超负荷 3. 导致部门中间缺少横向协调 4. 导致缺乏创新 5. 对组织目标的认识有限

三、组织结构类型三——事业部制

（一）事业部制的基本形式和特点

事业部制是美国管理学家斯隆在 20 世纪 20 年代针对企业实行多样化经营所带的复杂管理提出的。最早采用事业部制组织结构的是美国通用汽车公司。正是通用汽车公司在 1920 年的危机中发明了这套新型的组织结构，它才得以“起死回生”。

事业部制一般为大型企业所采用，是企业按照产品、市场、地区等因素划分经营单位，实行分权管理的一种组织形态。

如图 3—3 所示，按照地区建立若干事业部，而每个事业部都是一个相对完整的直线职能制组织，每个事业部内部都包括财务、人事、市场、销售、生产、研发等部门。

图 3—3 所示的只是事业部制的一种形式，实际上，事业部制可以划分为多种类型，有的是按照地区进行划分的，如上面所举的例子，有的则按照产品进行

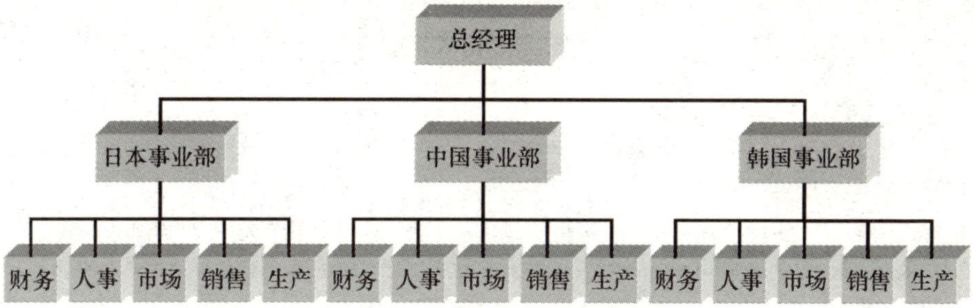

图 3—3　事业部制的结构形式

划分，也有的按照市场进行划分。

另外，还有一种较为特殊的事业部形式。事业部是随着企业规模不断扩大而产生的组织形态，但对于某些大型企业来说，由于其产品的单一性和生产过程的连续性，根本无法划分为相对独立的事业部，而企业规模又如此之大，企业在横向协调方面难度较大，用直线职能制已经无法管理。这类企业包括一些大型的钢铁企业、化工企业和发电企业。这就产生了模拟的事业部制，但这里的事业部并不是按照产品、市场或地区分解的，而是将生产流程分解为生产阶段，形成不同的事业部。

事业部具有以下三个基本条件：（1）具有独立的产品和市场；（2）具有独立核算地位，也就是说，具有独立的利益，从而具有自我约束、自我发展的动力；（3）具有相对完整的权力，也就是说，还要有自我约束、自我发展的能力。

（二）事业部制的优势和劣势

事业部制在突破直线职能制的部门界限、强化横向协调方面是非常有效的。在某种程度上，事业部制实际上是按照地区、产品或市场在企业内部进行细分，使最需要进行横向协调的部门组合为一个经营单位，从而提高横向协调的效率。尤其是当组织处于激烈的外部竞争和剧烈的环境变化情况下进行组织变革时，事业部制是具有优势的。因为每个事业部规模相对较小，层级相对减少，信息传递链条缩短，决策点下移，从而有利于适应竞争和环境变化。

但同时，事业部制自身也存在问题。事业部在细分经营单位的同时也丧失了规模经济的优势。相对于直线职能制来说，同样数量的专业人员被分配到多个事业部中。反过来，由于每个事业部都是独立核算的，物质设施也必然成倍增加。更进一步讲，事业部制强化了事业部内部的横向协调和信息沟通，但对于事业部之间却形成了更严重的协调障碍和沟通鸿沟。

表3—2　　事业部制的优势和劣势

优　势	劣　势
1. 适应不稳定环境下的快速变化 2. 由于产品责任和联系环节清晰从而使顾客满意 3. 跨职能的高度协调 4. 使各分部适应不同的产品、地区和顾客 5. 在多产品的大公司中效果最好 6. 分权决策	1. 失去了职能部门内部的规模经济 2. 导致产品线之间缺乏协调 3. 失去了深度竞争力和技术专门化 4. 产品间的整合与标准化变得困难

（三）事业部内部的权力均衡

在实行事业部制的企业内部，事业部与企业总部或上级管理部门之间形成了权力博弈关系。这是事业部制所追求的结果——通过分权，更好地实现横向协调，适应外部变化。但是，如果处理不好这种分权关系，就会产生新的纵向协调的问题，甚至陷入公司政治的泥潭。而作为企业总部，也必须在几个方面加强事业部之间的协调，提供独特的增值性价值，才可能避免事业部制的问题，如规模不经济和产品间整合的问题。

作为事业部之间协调者的企业总部应在以下几个方面发挥作用：

1. 战略决策

企业总部应通过积极制定企业整体性的发展战略、确定各事业部的战略定位来协调不同事业部之间、不同产品线之间的关系。也就是说，事业部不是独立王国，各事业部的发展必须与企业整体战略方向保持一致。目前理论界、企业界讨论较多的多元化陷阱问题，在某些方面部分体现为事业部与企业整体战略方向不相一致导致的企业资源分散和竞争能力下降。

2. 资源分配

总部应具有财务等关键资源分配和控制的能力，从而保证各事业部不是各自为战、“尾大不掉”。

3. 人事安排

事业部内部重要的用人安排是实现事业部控制的重要手段，也是体现总部对事业部管理的重要方面。

4. 服务平台

总部也并非只是从控制角度实施对事业部的管理，应当具有独特的全局性的价值，为各事业部搭建一个公用的服务平台是体现总部价值的重要方式。

通过以上方面，总部和事业部以及事业部之间达成某种均衡，有效发挥事业部制的优势，抑制事业部制的劣势，以更高效率达到企业目标。

四、组织结构类型四——矩阵制

（一）矩阵制的基本形式和特点

矩阵型组织结构是指将职能管理人员沿纵向排列，同时将负责产品或独立经营单位的管理人员按横向排列，形成一个矩阵式的组织结构。

矩阵型组织结构集中了职能型和产品或服务型两种组织结构的特点。在矩阵型组织结构中，经营单位或产品经理与职能部门经理都有独立的职权。

例如，负责新产品开发的C经营单位（或C产品）的管理人员可能是研究与开发部经理下属的技术人员。研究与开发部经理负责录用、培训和管理本部门的技术人员。这样，作业人员就负有双重责任，既对职能经理负责，又对经营单位（或产品）经理负责。

（二）矩阵制的优势和劣势

1. 矩阵型组织结构的优点

（1）灵活机动性和适应性较强。它按照产品、经营单位或者某项目的要求，将具有各种专长的有关人员调集在一起，便于沟通意见、集思广益、接受新观念和新方法，有助于解决一些难题。

（2）由于所有成员都了解整个小组的任务和问题，因而便于把自己的工作同其他工作联系起来。

（3）有利于把管理中垂直联系与水平联系更好地结合起来，加强各职能部门之间，以及职能部门同各经营单位之间的协作。

2. 矩阵型组织结构的主要缺点

（1）职能经理和经营单位（或产品）经理具有重叠的而且经常是矛盾的权力和责任，这就使得成员接受双重领导。当两个部门意见不一致时，就会使他们的工作无所适从。因此，在实践中，应该注意规定两类经理的决策权限。一旦出现争执，总经理应出面解决。

（2）矩阵型组织结构看起来复杂，实际行动起来更复杂。

归纳起来，矩阵制的优势和劣势见表3—3。

（三）矩阵制的适用条件

根据上面的讨论，将矩阵型组织结构所适应的战略条件概述为：

1. 不确定性高的和比较复杂的企业环境。

2. 各部门的技术是非常规的、独立性较强的技术。

表 3—3　　矩阵制的优势和劣势

优　势	劣　势
1. 获得适应顾客双重要求所必需的协作 2. 实现产品间人力资源的灵活共享 3. 适应不确定环境下复杂的决策和经常性变革 4. 为职能和生产技能的改进提供机会 5. 在拥有多种产品的中等组织中效果最佳	1. 导致员工卷入双重职权之中，使之沮丧而困惑 2. 意味着员工需要良好的人际交往技能和全面的培训 3. 耗费时间，包括经常性的会议和冲突解决会议 4. 除非理解这种模式，并采用一种团体组织式的而非纵向的关系，否则无效 5. 需要高层经理来维持权利平衡

3. 具有几种产品类型或项目的大企业。

4. 以产品创新和技术专业化为企业目标。

五、组织结构的权变性

（一）适用至上

通过以上对组织结构类型的分析，可以知道，组织结构类型是随着经济和企业的发展而逐步深化和丰富起来的，但是，组织结构类型之间是否有先进落后或者优劣的区别呢？可以肯定的是，组织类型只有适用与否，而没有优劣之分。德鲁克认为，能完成所担负任务的最简单的组织结构就是最佳的组织结构。

组织结构类型的发展体现了企业组织发展的总体进程。从这个角度来说，组织结构各类型之间存在着复杂程度的区别，组织结构类型的复杂程度是不断提高的，任何一种组织结构类型都有自己的适用条件，在不同条件下也表现出各自的优势和劣势。对于每个具体的企业来说，企业所处的环境千差万别，企业的具体情况各有不同，因此，对于组织结构类型来说，更应该注重的是适用性，而不是盲目地强调先进和落后。对于一家小餐馆来说，没有组织结构未必就没有效率。对于企业管理者来说，最主要的任务就是根据企业自身特点和外界环境的变化，尽力寻找最佳模式。

（二）组织结构无效的特征

如何判定一个企业的组织有效还是无效？对此，研究者给出了如何判定组织结构是否陷于无效的一些特征，当企业出现以下一个或多个特征时，就应当考虑是否需要调整自己的组织结构了。这些特征包括：

1. 决策迟缓或质量不高。

2. 组织对环境变化的反应迟缓，不能适应环境变化。

3. 组织内部冲突过多。

六、案例："集团军"和美的控股①

以下是来自中国美的集团关于组织结构的案例，充分体现了事业部制的特点和弊端，以及组织结构随企业发展而变化的过程。虽然本案例并未给出组织结构发展最后的答案，但无疑将我们置于更具体而鲜活的背景下来考虑组织结构问题。

2006年初，美的集团聘请国际咨询机构毕博为其向控股型公司转型设计方案，尽管最终方案迄今仍未出炉，但美的集团董事局主席的想法已经明确，即美的集团向投资控股主体转型，逐渐剥离过去与二级平台相重叠的经营性功能。未来的美的控股集团在进一步丰富投资家电领域的同时，将展开相关多元化投资，如可能会进入船用、火车用空调等工业电器领域，同时也不排除进入非电器领域的可能。

变革的一方面是美的集团的权力"弱化"，三级经营单位副总的任命权下放给各二级平台；而另一方面，则是制冷（白色大家电）和日用电器（小家电）两个二级平台的"强化"。2007年上半年，美的新的组织运营模式初显轮廓。美的集团负责战略规划的董事、副总裁说道："集团层面会进一步剥离自己在经营方面的功能，把更多的权力向二级平台下放。二级平台则要进行收权，把原来分散在各个事业部层面的研发、营销的职能集中起来，设立公共平台。未来的二级平台要以集团军的姿态去作战，在制冷和日用家电两个平台内部先实现资源的共享和事业部制之间的协同。"

此举在美的内部被视为打破运行十年之久的事业部制的重要信号，这个制度曾被业界视为"美的法宝"。多年来为美的提供咨询服务的北京和君营销顾问有限公司董事长形象地指出："美的过去是让每一匹马跑得最快，单个事业部做到30亿元、50亿元，整个集团就跨过了100亿元、300亿元的发展'瓶颈'。"但是，当家电行业的平均增长率已经从过去的30%降低到10%左右，尤其是白色大家电（空调、冰箱、洗衣机等）的增长率只有4%～5%时，这种"赛马机制"在某种意义上已经成为企业发展的阻碍。该董事长指出："现在的问题是如何让美的这辆马车跑得最快，这需要各部门的协同。"

而在美的，事业部之间如今沟通很难。参加一次广交会要用几个月的时间去

---

① 何享健．资本解放美的．中国企业家．2007（13）

准备，光协调就要开十几二十次会议。白色大家电与小家电两个二级平台的割裂感更强。美的的文化虽然没有像有的企业诸侯割据那么厉害，但也存在很大的问题。在美的，几乎每个事业部都有自己的亚文化，很突出、很强势，核心的集团文化被淡化，两个二级集团之间甚至难以进行人员的互换。一个比较极端的例子是，为了让一家实力雄厚的经销商100%为自己服务，美的的一个事业部会要求对方不再经销其他产品，即使同是美的品牌旗下的其他产品也不可以。

美的集团战略部曾经测算了一下，只要每年保持18%的平均增长速度，集团到2010年实现1 000亿元的营收并不困难。但他们向董事局主席指出，美的现在的问题不是要解决如何发展，而是要解决如何持续发展的问题。换句话说，就是要控制发展，“下边事业部发展的积极性过高了”。

作为美的事业部制缔造者的董事局主席面临着对自我的否定。近两年，他曾在企业内部的多个场合提出，“1997年的事业部制某种程度上已经成为现在的包袱，我们一定要甩掉这个包袱。过去的美的是30个亿元，现在是500个亿元。主体多、环节多，资源分散，投入重复，个别单位太强势，各自为政，互不认同，很难协调。要进一步调整组织结构和经营结构”。美的究竟如何去变？他与他的职业经理人们进行过反复讨论、论证。一次，他问集团总裁：“你认为把事业部制打破，行不行？”该总裁说：“我觉得可以。”他提出了“产品事业部+区域事业部”的组织模式。集团总裁说：“美的的事业部制是法宝，我们不能丢，而且短期内也难以完全打破既成格局。但可以在处于起步阶段的海外市场设立跨产品、跨部门的区域事业部，来推进美的集团的国际化，所有产品、事业部的海外市场都由区域事业部推进。”

但他的观点当即遭到一些事业部负责人的反对：“这样做不行。我的事业部会和区域事业部扯皮，责权不清。”总裁反问：“那在你的事业部内部有没有产、研、销的扯皮？”对方说：“有，但我能协调。”总裁随即说：“为什么在你的事业部里就能够协调，在别的地方就协调不了呢？”

类似的情况当年在联想也出现过。联想电脑和联想分销业务曾存在互相打架、争夺资源的情况。而他们的做法是将分销业务分拆出来，单独上市。

第三节　组织设计基础

一、组织设计的必要性和目的

我们知道，所谓组织的大规模出现不过是19世纪后期的事情，在那之前，除政府机构外，几乎没有大型的组织，这听起来似乎有些难以置信，但事实的确如此。随着工业革命浪潮在全世界范围内的扩展，大型组织不断涌现，对整个社会和人们的生活产生了翻天覆地的影响。我们所熟知的很多大企业都是在那个时候成立的，宝洁——1837年、柯达——1880年、福特——1894年、可口可乐——1896年……我们不禁要问，为什么大型组织在这个时候大量涌现，之前为什么没有出现类似的组织呢?

在工业革命之前，工业主要是以手工作坊为主，这些手工作坊规模较小，工作内容较为简单，分工也较为简单，一个作坊主或一个监工完全能够懂得作坊的全部业务，完全有可能控制任何一个工作环节。但是，工业革命的到来完全改变了这种状况，组织规模迅速扩大，业务复杂性日益提高，分工越来越细密，任何人都不能具有如此全面的知识和如此多的精力来满足规模庞大的企业的管理，于是现代意义上的组织开始出现，管理学也正是随着这一过程产生和发展起来的。可见，组织设计的必要性是由组织活动内容的复杂、参与人员数量众多及管理者的有效管理幅度有限决定的，同时也是随着组织活动内容复杂性的提高和规模数量的不断扩大而提高的。

有人将管理定义为通过他人完成工作、达成目标的一系列活动，而组织结构则是这一系列活动中最重要的桥梁和手段。

二、组织设计的基本原则——组织工作的原理

1. 统一指挥原则

组织中的任何成员只能接受一个上司的领导，每个员工应当而且只能向一个上级主管直接汇报工作。如果一个下属同时接受两个上司的领导，往往会造成工作的混乱。

该原则最早由法国管理学家法约尔提出，他认为无论什么工作，一个下级只能接受一个上级的指挥。在现实工作中，经常会出现多头指挥、政出多门的问题，使下属无所适从。多头指挥问题的出现一般与以下因素有关：

（1）公司政治与权力争斗。公司政治导致的派系之间的权力争斗的一个结果就是多头指挥。

（2）越级指挥。很多企业的直接上级经常出现越级指挥的问题，他们会越过直接下属向下级的下级直接发布指令，原因是上级领导不习惯正式的授权，或者不信任自己的直接下级。

（3）管理者的个人特质。有些领导者是从一线业务岗位逐步成长起来的，过去的成功经验导致其更习惯直接操作业务，他们并不习惯新的管理岗位及工作方式，还是需要从直接业务中获得成就感。

2. 管理幅度原则

管理幅度是指一名管理者能直接、有效地管理的下级人数。显然，一名管理者能够直接、有效管理的下级人数是有限的，其管理幅度主要受以下因素影响：

（1）主管人员及其下属的素质和能力。双方素质、能力越高，则其管理幅度越大。

（2）面对问题的种类。问题越复杂，则管理幅度越小，比如，制造企业的流水线，一名管理人员可以管理几十名工人，其主要原因是流水线完全按照既定的流程和技术标准作业。

（3）工作任务的协调。工作中需要协调的工作量越大，则管理幅度越小。

（4）授权。授权幅度越大，则管理幅度可以相对扩大。

（5）计划的完善程度。计划的完善程度与管理幅度成正相关关系。

（6）组织沟通的状况。组织沟通状况在很大程度上决定管理者的工作效率，与管理幅度成正相关关系。

（7）组织环境和组织自身的变化速度。现在组织面临的环境变化的剧烈程度越来越高，导致管理幅度越来越小。

可见，管理幅度受到多个因素的影响，应当具体问题具体分析，简单地说管理幅度“大”或者“小”都是不科学的。

3. 管理层级原则

与管理幅度相对，管理层级是指整个组织内管理等级的数量。管理层级与管理幅度是成负相关关系的，一般来说，管理幅度大，管理层级相对小；反之，管理层级相对大，如图 3—4 所示。

4. 权责对等原则

职权是指由于占据组织中的职位而拥有的权力。与职权相对应的是职责，是指担当组织职位而必须履行的责任。委以责任，就必须赋予相应的权力，不可大

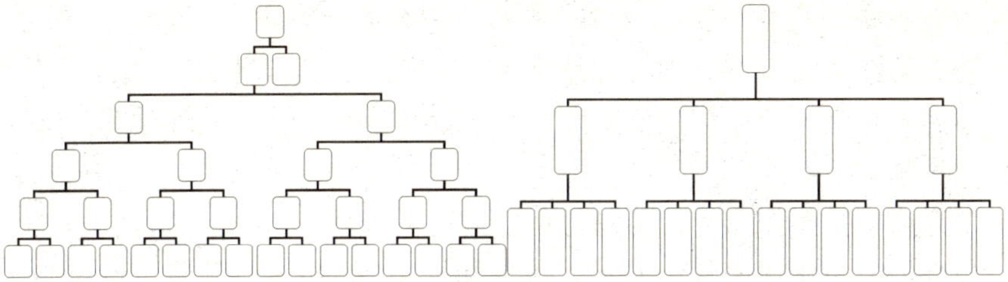

图 3—4　管理幅度与管理层级的关系示意图

也不可小，权小于责，任务无法完成；权大于责，会导致权力滥用。

5. 经济原则

经济原则就是要以最少的人员、最小的组织规模达到预定的管理效果。人浮于事会产生两种成本，一是直接的人工成本增加，这是一种显而易见的成本，但其后隐藏的更严重的成本则是组织效率的降低。效率降低带来的成本增加比直接的人工成本更为可怕。帕金森定律指出，官僚制造官僚，事务制造事务，十分深刻地揭示了隐性成本的严重性。

6. 柔性原则

所谓柔性原则是指组织应当具有应对外界环境变化的适应性。新经济时代里组织所面临的环境剧烈变化，在十几年前甚至几年前尚无法想象的东西在几年后就变成了事实，尤其是新技术、新的赢利模式的颠覆性后果往往导致一些老牌行业领导者在一夜之间丧失全部的竞争优势。比如，液晶显示技术的出现导致汤姆逊这些老牌的显像管供应商的垄断地位瞬间崩塌，不得不开始艰难地转型。

正所谓这个时代唯一不变的就是持续的变化，企业组织如果不能适应这种变化，将很快被淘汰，这也正是组织柔性原则的重要性所在。

以上主要从静态的角度提出组织设计的一般原则，但今天组织所面临的是一个飞速变化的世界，因此，有人认为通过组织设计持续培育支撑企业生存与发展的能力才是关键。为此，还应遵循一些更深层的原则，这里转引著名管理学家彼得·德鲁克的基本观点，相信对读者会有一定的启发。

彼得·德鲁克提出关于组织工作的七项原则：①

• 要明晰，不是简单。哥特式大教堂在设计上并不简单，但在里面，你的位置是显而易见的——你知道站在何处，应该走向何方。一座现代化的办公大楼在

① 彼得·德鲁克. 管理：任务、责任、实践. 孙耀君等译. 北京：中国社会科学出版社，1987

设计上非常简单，但在里面很容易迷路——它不是分明的。

•努力用经济来维持管理，并把摩擦减至最小。用于控制、监督、引导人们取得成绩的力量应该保持在最低限度。组织结构应该使人们能够自我控制，并鼓励人们自我激励。

•眼光直接投向产品，而不是投向生产过程；投向效果，而不是投向所做的努力。可以把组织比作一种传输带，这种传输带越“直接”，各个活动取得成绩时的速度越快，方向的改变就越小，组织就越有效率。必须使意愿和能力为成果而工作，而不是为工作而工作；为未来而工作，而不是躺在过去的成绩上；为了增强实力，而不是为了虚胖。

•每个人都要理解自己的任务，以及组织总体的任务。组织的每一个成员为了把自己的努力同共同的利益联系起来，需要了解如何使自己的任务适应整体的任务，以及整体的任务要求自己的任务与贡献是什么。组织结构需要促进而不是阻碍信息交流。

•决策把注意力集中在正确问题上时要面向行动，而且要尽可能使最低层的管理人员作出决策。

•要稳定，反对僵化，以求在动乱中生存下来；要有适应性，以便从动乱中学到东西。它必须在其周围世界处于动乱时仍能进行工作。稳定性并不是僵硬性，一个极其僵化的组织是不稳定的，是脆弱的。只有一个组织结构能使自己适应新的情况、新的需求、新的条件，以及新的面孔和新的个性时，它才能继续存在。

•要能永存和自我更新。一个组织必须能够从内部产生未来的领导者。为此，一个基本条件是，组织不应该有太多的层次，组织结构应该帮助每一个人在其担任的每一个职位上学习和发展，应该设计得使人能够继续学习，必须接受新思想，并愿意和能够做新事情。

三、影响和制约组织设计的因素

组织设计是许多种不同因素共同作用的结果，从这个意思上说，我们只有理解了究竟是哪些因素影响了又是如何影响着组织设计，才能更好地完成组织设计。也只有理解了任何组织设计都是在多种影响因素下理性选择的结果，才能理解组织形态本身并没有高级和低级的差别，是否适合才是评判的最重要标准。

影响组织设计的因素主要包括战略、技术、环境、组织规模、组织生命周期五个方面，下面逐一对这些方面进行分析。

（一）战略

关于战略如何影响组织设计存在两种观点，一种从迈克尔·波特提出的战略类型出发进行研究，另一种则从战略发展阶段的角度研究。两种研究路径从不同的角度说明了战略对组织设计的影响。

1. 战略类型

战略决定了组织目标的实现路径，影响着组织内部特征，而组织设计也必须支持企业的竞争方式。波特将组织战略分为差异化、成本领先、集中低成本领先和集中差异化四种类型，每一种战略选择都必然要求相应的组织设计。

例如，在实现成本领先的组织内，组织设计的核心和关键点都将指向如何提高效率、降低成本，而与之联系在一起的则是严密的标准化的流程、严密的成本控制体系和高度的集权管理方式。在这种组织条件下工作的员工，需要做的是严格按照流程和规章工作，几乎没有任何需要独自作出决策的活动，而且他们还将受到严密的监督和控制。

与之相对应，实现差异化战略的组织则更注重组织柔性和授权，组织看中的不是效率和流程，而是创造和变革，只有这样才可能准确把握顾客的需求，才能创造有效的赢利模式。员工被授权直接接触顾客，并将因为创造性地满足顾客需求而受到奖励。

正如上面所述，不同组织战略条件下，组织设计的中心和呈现出来的组织形态将是完全不同的。

2. 战略发展阶段

这一观点认为战略发展有四个阶段，每个阶段应有与之相适应的组织结构：

（1）第一个阶段为数量扩大阶段。组织面临的战略是如何扩大规模。

（2）第二个阶段为地区开拓阶段。即组织随着向各地区开拓业务，为了把分布在不同地区的同行业组织有机地组合起来，产生了协调、标准化和专业化的问题。

（3）第三个阶段为纵向联合发展阶段。即在同一行业发展的基础上进一步向其他领域延伸扩展，如从专门销售服装用品扩大到销售各种用具和家具等。

（4）第四个阶段为产品多样化阶段。这种战略阶段的组织结构要考虑对新产品与新服务的评价和考核，考虑对资源的分配以及部门的划分、协调等问题。

研究发现，许多经营成功的公司，如保持在单一行业内发展，偏好采用集权职能结构，而那些实施多角化经营的公司，则一般采用分权事业部结构。

（二）技术

伍德沃德（Joan Woodward）等人根据制造业技术的复杂程度将技术划分为单件小批量生产技术、大批量生产技术和流程生产技术三类。

单件小批量生产（unit production）：依靠单件或小批订单的作坊式经营，一般通过定做方式满足顾客特定的需要。

大批量生产（mass production）：以长期生产标准化的产品为特征的制造过程，包括大多数的流水线生产方式。

流程生产（process production）：生产过程超越了流水线的高度自动化、流程化，如化工厂、发电厂等。

伍德沃德得出这样的结论：随着技术复杂程度的提高，企业组织结构复杂程度也相应提高，管理层级数、管理人员同一般人员的比例，以及高层管理者的控制幅度也随之增加。表 3—4 中概括了技术复杂性与结构特点的关系。

表 3—4　　技术复杂性与结构特点的关系

结构特点	技术		
	单件小批量生产	大批量生产	流程生产
管理层级的数量	3	4	6
监督人员的管理跨度	23	48	15
直接/间接劳动比率	9∶1	4∶1	1∶1
管理人员/总人数比率	低	中	高
工人的技能水平	高	低	高
规范化程序	低	高	低
集权化程序	低	高	低
口头沟通程度	高	低	高
书面沟通程度	低	高	低
总结构	有机	机械	有机

但是，随着技术的进步，出现了所谓的柔性制造系统，依靠强大的计算机技术和即时的网络信息技术，实现大规模的定制化，工厂能够大规模生产顾客定制的产品。例如，DELL 计算机就是通过网络实现个人计算机个性化定制和批量化生产，从而赢得世界个人计算机霸主地位的。柔性制造系统在一定程度上修正了伍德沃德的结论，这种组织管理层级减少、管理幅度变窄、重视授权、强调学习型组织的建设。

新经济的一个新特征是服务经济的兴起，服务性企业与传统制造企业也具有明显的不同。服务业更显著的特点是，要求组织员工直接与顾客打交道，其经营过程也是通过分解为贴近顾客的任务团队实现的。因此，服务业企业相对于制造业来说，具有更明显的分权化特点，规范化程度也较低，同时对雇员的技能要求较高。也就是说，对于服务性企业来说，要将组织设计与传统的制造业在一定程度上相区分，从而能够更充分地体现和增强服务导向。

（三）环境

1. 一般环境和特定环境

环境包括一般环境和特定环境两部分。

一般环境包括对组织管理目标产生间接影响的诸如经济、政治、社会文化以及技术等环境条件，这些条件最终会影响到组织现行的管理实践。

特定环境包括对组织管理目标产生直接影响的诸如政府、顾客、竞争对手、供应商等具体环境条件，这些条件对每个组织而言都是不同的，并且会随一般环境条件的变化而变化，两者具有互动性。

2. 环境对企业的影响在于不确定性

与其说环境如何影响企业，倒不如说企业如何应对环境的变化。企业为什么需要应对环境的变化？为什么在环境变化过程中，有的企业获得了成功，而更多的企业却销声匿迹了呢？其根本在于环境变化导致的不确定性，组织应对环境以及不同的结果实际上体现了组织应对不确定性的措施和效果。所谓不确定性，就是决策者不具备对于环境信息的足够信息。表3—5是一个评价环境不确定性的框架。

表3—5　　　　环境不确定性的特点

	低不确定性	中低度不确定性
环境变化稳定	1. 少数几个外部因素并且这些因素是相似的 2. 外部因素保持不变或者缓慢变化	1. 大量外部因素，并且这些因素不相似 2. 外部因素保持不变或者缓慢变化
	中高度不确定性	高度不确定性
环境变化不稳定	1. 少数几个外部因素并且这些因素是相似的 2. 外部因素变化频繁并且不可预期	1. 存在大量外部因素并且这些因素是不相似的 2. 外部因素变化频繁并且不可预期
环境变化复杂程度	简单	复杂

3. 不确定条件下组织的反应

梅尔斯（R. E. Miles）和斯诺（C. C. Snow）进一步考虑到外部环境中不确定因素对决策的影响，形象地总结出四种战略类型以及相关的组织结构类型。

（1）防御者型——采用这种战略类型的组织一般都处于比较稳定的环境之中，决策者通过高度的集权和专业化分工，以及程序化、标准化作业活动使组织稳固发展，并据此防御竞争对手。

（2）探险者型——采用这种战略类型的组织一般都处于动荡变化的环境之中，决策者需要不断地开发新产品、寻找新市场，组织的目标可以灵活地加以调整，但这必然要冒更大的市场风险。组织必须依靠建构更为柔性、分权化的组织结构，使各类人才和各个部门都有充分的决策自主权，最终能够对市场的最新需求作出灵活的反应。

（3）分析者型——采用这种战略类型的组织所处的环境也是动荡不定的，但决策者的目标比较灵活，尽可能使风险最小而收益最大。这类组织一方面要稳定现有产品的市场份额，即需要实行规范化、标准化、程序化的作业，保证市场供给；另一方面，组织又需要跟踪分析更富有市场竞争力的新产品，及时跟进，这时，需要通过建构柔性、灵活、分权化的组织结构，随时对外在环境的变化作出反应。

（4）反应者型——采用这种战略类型的组织一般也处于动荡变化的环境之中，限于决策者的市场判断能力、内部管理能力、主动应变能力，组织者很难及时对外在环境变化作出反应，只好采用被动反应的战略以应付环境的不确定性。这种战略很明显是低效率的，组织往往面临强大的变革压力。

（四）组织规模与生命周期的影响

大型组织与小型组织在组织结构上的区别主要体现在规范化程度、集权化程度、复杂化程度和人员结构比率四个方面。

“帕金森定律”认为，由于各种原因，受到激励的管理者往往会增加更多的管理者，包括建构自己的帝国大厦以巩固自己的地位。研究表明，在迅速成长的组织中，管理人员比其他人员的增幅要大得多，在组织衰退过程中，管理人员比其他人员的减幅要小得多。也有研究表明，随着组织规模的扩大，管理人员的比率是下降的，而其他人员的比率则是上升的。以下具体分析组织生命周期各个阶段上组织结构的特点。

1. 创业阶段

起初，组织是小规模的、非官僚制的和非规范化的。高层管理者制定组织结构框架并控制整个运行系统，组织的精力放在生存和单一产品的生产和服务上。随着组织的成长，组织需要及时调整产品的结构，这就必然会产生调整组织结构和调换更具能力的高层管理者的压力。

2. 集合阶段

集合阶段是组织发展的成长期。一般情况下，组织在调换高层主管之后便会明确新的目标和方向，此时便进入了迅速成长期，员工受到不断激励之后也开始与组织的使命保持一致，尽管某些职能部门已经建立或调整，可能也已开始程序化工作，但组织结构可能仍然欠规范合理。一个突出的矛盾是，高层主管往往居功自傲，迟迟不愿放权，组织面临的任务是如何使基层管理者更好地开展工作，如何在放权之后协调和控制好各部门的工作。

3. 规范化阶段

组织进入成熟期之后就会出现官僚制特征。组织可能会大量增加人员，并通过建构清晰的层级制和专业化劳动分工进行规范化、程序化工作。组织的主要目标是提高内部的稳定性和扩大市场。组织往往会通过建立独立研究和开发部门来实现创新，这又使得创新的范围受到了限制，因此，高层管理者不仅要懂得如何通过授权调动各个层级管理者的积极性，还要能够不失控制。

4. 精细阶段

成熟的组织往往显得规模巨大和官僚化，继续演化可能会使组织步入僵化的衰退期。这时，组织管理者可能会尝试跨越部门界限组建团队来提高组织的效率，阻止进一步的官僚化。如果绩效仍不明显，就必须考虑更换管理者并进行组织重构以重塑组织形象，否则，组织的发展将受到很大限制。

第四节　组织设计的基本步骤

在对基本的组织结构类型、组织设计原则、组织设计中需要考虑的基本因素有了比较全面的了解后，下面具体讨论组织设计的步骤。

一、组织设计的基本内容

组织设计的内容主要包括六个方面。这六个方面又可以分为两组，即组织结构本身设计和运行制度设计。

结构本身设计包括职能设计、框架设计和协调设计，其实质是从企业的职能出发，设计部门和岗位之间的分工和合作；运行制度设计包括规范设计、人员设计和激励设计，其实质是从结构本身设计出发，设计规章制度、人员的配备和控制，如图 3—5 所示。运行制度保证结构本身得以顺利运行，结构本身设计和运行制度设计互为表里。如果说结构本身是硬件，那么运行制度就是软件，二者共同保证了企业组织的高效率运转。

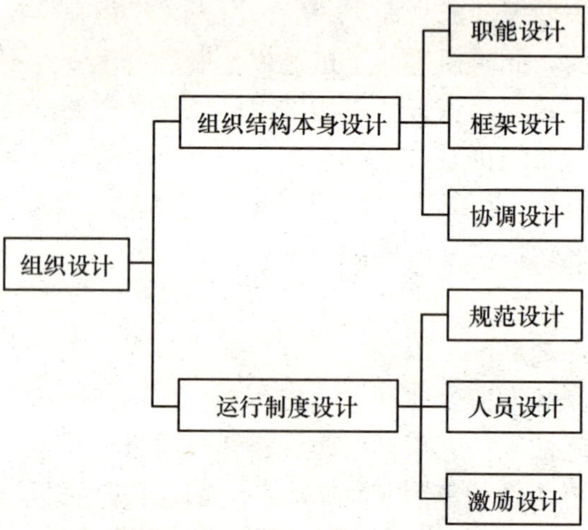

图 3—5　组织设计的主要内容

（一）职能设计

职能设计是指企业两大基本职能——经营职能和管理职能的设计。企业作为一个经营单位，要根据其战略任务设计经营和管理职能。

（二）框架设计

框架设计是企业组织设计的主要部分，其内容简单来说就是纵向的分层次、横向的分部门。其纵向和横向的一般模式如图 3—6 所示。

（三）协调设计

协调设计是指协调方式的设计。框架设计主要研究分工，有分工就必须有协作。协调方式的设计就是研究分工的各个层次、各个部门之间如何进行合理的协调、联系、配合，以保证其高效率的配合，发挥管理系统的整体效应。

（四）规范设计

规范设计就是管理规范的设计。管理规范就是企业的规章制度，它是管理的规范和准则。结构本身设计最后要落实、体现为规章制度。管理规范保证了各个层次、部门和岗位按照统一的要求和标准进行配合和行动。

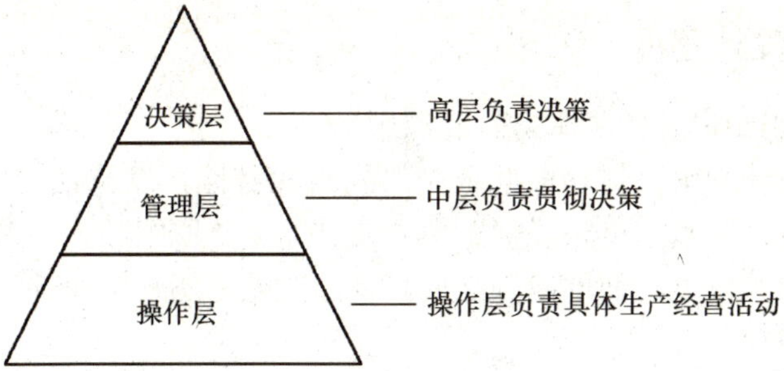

图 3—6　纵向“金字塔”模式

（五）人员设计

人员设计就是管理人员的设计。企业结构本身的设计和规范设计都要以管理者为依托，并由管理者来执行。因此，按照组织设计的要求，必须进行人员设计，配备相应数量和质量的人员。

（六）激励设计

激励设计就是设计激励制度，对管理人员进行激励，其中包括正激励和负激励。正激励包括工资、福利等，负激励包括各种约束机制，也就是所谓的奖惩制度。激励制度既有利于调动管理人员的积极性，也有利于防止一些不正当和不规范的行为。

二、组织设计的时机

组织设计的时机一般有如下几种情况：

1. 公司创立时。
2. 公司经过一段时间高速发展，需进行规范管理时。
3. 公司业务发生重大转型时。
4. 公司经营环境发生剧烈变化时。
5. 并购、重组后。

可见，除了公司创立时最初的组织设计外，组织设计都是在特定环境下针对特定问题的设计，这也就是为什么我们在上一节中分析影响和制约组织设计因素的原因。

下文主要从一般性组织设计程序的角度来谈组织设计，但在组织设计过程中，需要主动地、创造性地运用上文中讲到的组织设计原则和影响因素。

三、组织设计程序

（一）确定组织设计的基本方针和原则

进行组织设计的第一步是根据企业的战略和目标，以及企业的内外部环境，确定进行组织设计的基本思路，规定一些设计的主要原则和主要参数，以作为进行组织设计的基本依据。如部门分工形式采用职能制还是事业部制、实行集权制管理还是分级分权制等。

（二）进行职能分析和职能设计

组织设计的第二步是根据企业的战略和目标，对企业需要设置的各种职能进行设计，并确定其关键职能。具体地说，职能设计的主要内容就是对企业的管理业务进行总体设计，确定企业的各项管理职能及其结构，并层层分解为各个管理层次、管理部门、管理职务和岗位的业务工作。其内容可以概括为基本职能设计、关键职能设计和职能的分解三个方面。职能设计是否正确合理决定了整个管理组织能否有效运转，是组织设计过程中的首要工作。

（三）设计组织结构的框架

这一步是组织设计的主体工作。框架设计可采用自下而上和自上而下两种方式进行。

自下而上的方法是，先确定完成企业目标所需具备的各个岗位和职务，然后根据一定的原则，将某些岗位和职务组合成多个相对独立的管理部门（科室），再根据部门的多少和设计的幅度要求划分出各个管理层次。

自上而下的方法恰好相反，首先根据企业的各项基本职能和集权程度来确定企业的管理层次，其次确定各个管理层次应设置的部门，最后将每一部门应承担的工作分解为各个管理岗位和职务。由于岗位（职务）、部门、管理层次三者是相互联系和相互制约的，所以，在实际设计过程中往往将上面两种方法相结合，相互修正，经多次反复才最终确定设计框架。

（四）协调方式的设计

前面的框架设计重点在于将企业的经营管理活动分解成各个组成部分，而协调方式的设计却是将这些组成部分连成整体，是保证整个组织结构协调一致、有效运作的关键。

（五）管理规范的设计

在确定了组织结构的框架和协调方式后，还要进一步确定各项管理业务的工作程序、管理工作应达到的要求（管理工作的标准）和管理人员应采用的管理方法等管理规范。这个步骤是组织结构的细化，它可以起到使组织结构合法化、规范化，巩固和稳定组织结构的作用。

（六）人员配备设计

组织设计的另一个重要问题就在于如何配备和培训人员。要保证组织结构运行，离不开组织结构实施和运行的主体——“人”。一般来说，在组织设计中先不必考虑企业现有人员的具体情况，而应在确保组织结构运行的前提下，对人员的配备进行设计。在实施人员配备设计时，要按设计要求的数量和质量来配备各类人员。

（七）各类运行制度的设计

确保组织结构的正常运行还需要有一套适宜的运行制度。运行制度设计的主要内容包括绩效评估和考核制度、激励制度，如工资和奖酬制度，以及人员补充和培训制度等。

（八）反馈和修正

组织设计是一个动态的过程，在组织结构运行过程中很可能会发现以上设计中尚不完善的地方，并且新情况也可能不断出现。这就要求企业定期或不定期地收集组织结构运行状况的反馈，及时发现和修正原有设计中的不足，使之不断完善，适应新的情况。

四、组织变革

任何组织都不会是一成不变的，任何组织也都不会是完美无缺的，随着组织内部条件和外部环境的变化，一个富有生命力的组织必然会及时作出相应的调整，也就是进行组织变革，以达到组织自我发展和自我完善的目的。因此，组织变革是指由于组织环境的变化，影响组织目标的各种因素也发生变化，从而导致组织模式、组织结构、组织关系的相应调整和变化。组织变革是管理领域最为活跃的研究领域之一。

（一）组织变革的概念

所谓组织变革是指组织管理人员主动对组织的原有状态进行改变，以适应外部环境变化，更好地实现组织目标的活动。这种变革的范围包括组织的各个方面，如组织行为、组织结构、组织制度、组织成员和组织文化等。

（二）组织变革的动因

组织变革的动因实际上与影响和制约组织设计的因素具有相同的作用机理，也包括战略、技术、环境、组织规模和生命周期、企业文化等几个主要方面，如

图 3—7 所示，在此只是再次提出，而不作具体阐述。

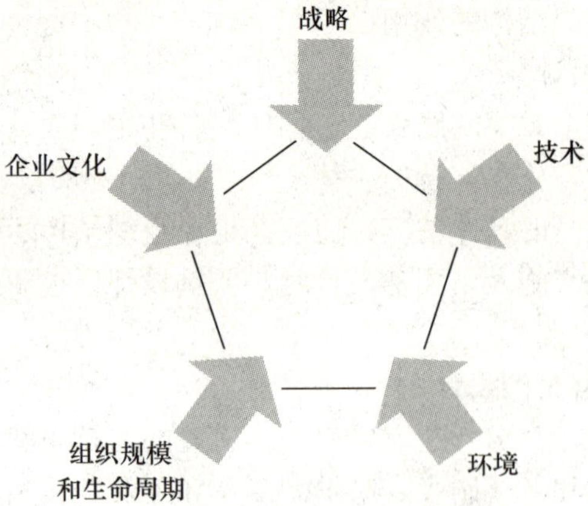

图 3—7　组织变革的动因

（三）组织变革的阻力及其化解

组织变革意味着打破原有状态，建立新的组织状态。面对变革，组织中的一些人必须放弃自己原有的观念和行为方式，以适应新的方式。因此，组织变革不可能一帆风顺，势必遇到来自各个方面的阻力。充分认识这些阻力，并设法排除阻力是保证组织变革取得成功的基本条件。

1. 组织变革的阻力

组织变革的阻力一般来自以下几个方面：

（1）组织的惯性

随着组织年龄的增长，组织往往有保持其稳定性的倾向，这将促使其反对变革，使组织产生一种惯性。组织中绝大多数人都是在昨天的组织中成长起来的，他们的期望和价值观都是在早期形成的。他们一般倾向于把昨天的经验强加于现在，把组织以前发生的事看做常规，对任何一种不合“常规”的事都会持强烈的拒绝态度。这种变革阻力严重制约着组织变革。

（2）组织的保守倾向

国外学者对组织生命周期的研究表明：所有组织，除非它处于快速增长或内部动荡的时期，否则其年龄越长或越成熟，就会变得越保守。原因是：①随着组织年龄的增长，组织内部建立起来的制度化的规则越来越多，这些规则约束了组织对环境的反应，限制了组织变革；②随着组织年龄的增长，组织中具有创新精神的管理者将会被具有保守倾向的管理人员所取代，使组织失去创新型人才。

（3）既得利益者的反对

组织变革会威胁到一些成员为取得现状所作的投资。这些人对现有体制所作的投资越多，他们反对变革的阻力就越大，因为他们担心失去现有的地位、收入、权力和个人便利等。

（4）变革风险

组织变革将使已知的东西变得模糊不清并具有不确定性，导致变革风险。组织中的人都有理性避险的倾向，从而与组织变革发生抵触。

（5）对组织变革缺乏有效的保护

组织变革本身是一种社会发明，尤其是那些解决组织管理中的一般性问题的组织变革更是如此。但是，组织变革从来没有像技术创新那样得到严格的保护，是一种没有专利权的社会发明。一项组织创新成果可以被其他组织无偿使用，这就使组织失去了创新的动力。

2. 化解组织变革阻力的方法

美国管理学家威尔顿（Goodwin Walton）认为，一个组织如果能采取下列12种方法，就可以减少变革的阻力。

（1）让有关人员参与变革的计划，使其认为此变革的方案是他们自己提出来的。

（2）设法使变革方案得到高层管理者的全力支持。

（3）使参与变革者认为此变革将减少而不是增加他们的负担。

（4）使变革计划所依据的价值观念和理性准则为参与变革者所熟悉和理解。

（5）使变革计划所提供的新经验为变革的参与者感兴趣。

（6）变革计划能使参与变革者感觉到他们的自主权与安全没有受到威胁。

（7）让参与变革者能参与共同的组织诊断，以便使他们同意变革的基本问题，并感受其重要性。

（8）让参与变革者一对一地决定变革的计划。

（9）使变革的赞成者与反对者增进交流，了解反对的正当理由，并设法减轻其不必要的恐惧。

（10）认识到创新可能被误解，同时做好变革计划的信息反馈与宣传解释工作。

（11）使参与变革者之间彼此相互接受、相互信任和相互支持。

（12）公开讨论变革计划，且经验显示，此种变革有望成功进行。

美国著名管理学家斯蒂芬·P·罗宾斯（Stephen P. Robbins）总结了各位学

者的观点，概括出六种应对变革阻力的管理策略，见表 3—6。

表 3—6　　用以减少阻力的六种管理策略

策　略	说　明
教育与沟通	与员工们沟通，帮助他们了解变革的缘由 通过个别会谈、备忘录、小组讨论或报告会等教育员工 这种策略适合在变革阻力来源于不良沟通或误解时使用 要求劳资双方相互信任和相互信赖
参与	吸收持反对意见者参与决策 假定参与者能以其专长为决策作出有益的贡献 参与能降低阻力、取得支持，同时提高变革决策的质量
促进与支持	提供一系列支持性措施，如员工心理咨询和治疗、新技能培训以及短期的付薪休假等 需要时间，花费也较大
谈判	以某种有价值的东西来换取阻力的减少 在阻力来自少数有影响力的人物时采取必要的措施 潜在的高成本，并可能面临其他变革反对者的勒索
操纵与合作	操纵是指将努力转换到施加影响上，如有意扭曲某些事实、隐瞒具有破坏性的消息，制造不真实的谣言 合作是介于操纵和参与之间的一种形式 使用成本降低，也便于争取反对派的支持 如果欺骗或利用的意图被察觉，易适得其反
强制	直接使用威胁或强制手段 取得支持的花费低，也较容易 可能是不合法的，即便合法的强制也容易被看成是一种暴力

由此可以看出，减少变革阻力的方法是让有关人员共同参与变革的计划执行。有关专家的实践表明，全面参与或部分参与远比不让成员参与好。变革自始至终要有群众基础，因此，要减少变革的阻力，就应该与有关人员公开讨论变革的内容与执行方式，减少他们内心的恐惧与不安，以利于变革的顺利推进与实施。

(四) 组织变革的内容

组织变革的内容包括组织结构变革、技术变革和人事变革三类。

1. 结构变革

结构变革是对组织的构成要素、整体布局和运作方式所作的较大调整。结构变革所涉及的内容主要有权力分配、结构调整、工作设计、绩效评估、报酬制度和控制系统设计等。

（1）权力重新分配

结构变革带来的最首要的影响是权力重新分配，权力的重新分配又集中表现为集权与分权问题。组织所处的环境不同、组织发展的阶段不同、组织正规化程度不同等都会影响组织集权和分权的程度。因此，组织的管理者要根据形势的变化对组织权力进行重新分配。

（2）结构再设计

结构再设计包括对组织结构类型的重新选择（如从直线职能制结构过渡到事业部制结构）、结构部门的调整（如合并或增设部门、增减管理层次等），以及组织整体性的结构扩张或缩减（如由于兼并、收购等的扩张）。

（3）工作再设计

管理者可以通过重新设置岗位体系、工作流程、岗位职责等对组织结构进行调整。

（4）控制系统的改变

控制系统的改变主要指从内部管理和控制机制上对组织进行调整，如对财务、人力资源、生产过程、投资计划等方面的调整，就如同不改变计算机的硬件，而是重新安装了操作系统一样。

2. 技术变革

组织的技术变革是指产品生产过程中所使用的技术、工艺促使人们的工作内容、工作顺序、工艺程序发生改变，以达到影响人的行为、提高工作绩效的目的。改变技术意味着运用各种新技术去提高工作效率，具体形式有设备更新和工艺流程的变革。例如，福特发明流水线即导致了组织的大变革。

技术变革将产生一系列影响：（1）影响工作分工与工作内容；（2）影响下级的社会关系；（3）影响工作环境；（4）影响管理者所需要的技能；（5）影响工作的类型；（6）影响员工工资；（7）影响工作时间。

3. 人力资源变革

人力资源变革是指管理者着重于改变人员的态度、价值观和需要的种类与层次，通过转变人员的工作态度促使人们修正自己的行为，从而达到改进工作绩效的目的。

人力资源变革中最为关键的是三个方面：一是人员调整，任何改革的执行都必须依靠人，这也是组织变革中关键的阻力来源；二是绩效管理和激励方式的调整，要让组织变革的成果得到落实和巩固，这是两个基本的手段；三是企业文化的变革，即改变员工的态度、观念和行为方式。

（五）组织变革的趋势

全世界范围内轰轰烈烈的组织变革热潮推动了管理理论和实践的发展，组织变革表现出一些值得关注的趋势，由于这方面的内容十分庞杂，很多还不成熟，以下只选择几种重点趋势作简要介绍。

1. 组织扁平化

组织扁平化的目标是通过减少组织层级来提高组织的效率。传统的科层制随着组织规模的扩大发展成为高耸的金字塔结构，管理者与一线业务的距离越来越远，管理者与员工之间变得陌生甚至对立，信息传递和反应速度变慢，机构臃肿，官僚作风严重，局部利益不可侵犯，协调机制不畅，风险意识和创新精神淡化等现象严重制约了组织的发展。面对这些问题，典型的措施是砍掉组织层级，使组织趋于扁平化。表 3—7 中列出了扁平化组织相对于传统科层制度的特点。

表 3—7　　扁平化组织与传统科层制度的比较

比较项目	科层制组织	扁平化组织
层次与幅度	层次多、幅度窄	层次少、幅度宽
权力结构	集权	分权
等级差异	不同等级差异大	不同等级差异相对小
沟通方式	上、下级之间沟通距离长	平级、跨级沟通
职责	附加于具体的职能部门	很多成员分担
协调	通过等级结构很明确地规定管理程序	手段多样、注重人员之间的沟通
持久性	倾向于固定不变	不断改变以适应最新情况
适用环境	较稳定	快速变化
企业驱动力	高层管理者驱动	市场需求驱动

2. 组织协作团队化

这里的团队是指在组织内部形成的具有自觉的团结协作精神，能够独立完成任务的集体。团队组织与传统的部门不一样，它是自觉形成的，是为完成共同的任务，建立在自觉的信息共享和横向协调基础上的。在团队中，没有拥有制度化权力的管理者，只有组织者；团队中的成员不是专业化的，而是多面手，分工的界限不像传统的分工那么明确，相互协作是最重要的特征。

3. 组织运行柔性化

柔性是指组织结构的可调整性，即对环境变化和战略调整的适应能力。在知识经济时代，外部环境以大大高于工业经济时代变化的速度在发生着变化。因此，组织的战略调整和组织结构调整必须及时，应运而生的柔性组织结构使得组织结构运作带有柔性的特征。

4. 大企业内部小企业化经营

采取大企业内部小企业化经营（Small Within Big）的经营策略，目的是有意识地学习和借鉴小企业的经营方式，在面临来自小企业激烈竞争的情况下，力争缩小规模，化整为零，把小企业固有的经营优势引入大企业的经营机制中。

企业内部小企业化经营并不是简单的权力分散和促使企业现有各单位转变成经济实体，而是一种企业组织变革的行动，其目的是让企业内部的每个“小企业”都能成为一个富有战斗力的“战斗堡垒”。为此，企业总体的协调调度能力尤为重要。

5. 学习型组织

彼得·圣吉（Peter M. Senge）在《第五项修炼》一书中提出了学习型组织的概念，从此学习型组织风靡世界。知识经济时代的组织必须不断地学习，组织要运用能在所有层次上促进学习和实验的知识基础来支持。阿里·德·格斯（Ariede Geus）在领导皇家荷兰壳牌公司策划时曾说过，“比你的竞争对手更快学习的能力可能是唯一的持久性竞争优势”。可见，组织要保持领先的唯一办法就是比对手更快、更好地学习。

第五节　组织与绩效管理的关系

组织结构与绩效管理之间存在明显的相互依存性。但是，组织结构对绩效管理的影响更多的是间接地发挥作用。因此，本节的重点在于揭示这一关系和影响的主要方面。

一、战略决定

战略决定组织结构，而绩效管理是战略落地和实施的重要手段，这从根本上决定了组织结构与绩效管理之间的相互依存性。

如果从战略角度来看，组织结构和绩效管理都可以看成是战略实现的手段，都应当服从和服务于企业战略实现过程，也就是说，组织结构和绩效管理在战略这一根本目标上取得了统一，战略决定了组织结构和绩效管理二者之间必须具有内在一致性。

二、组织结构对绩效管理的影响

（一）部门定位对绩效管理的影响

在组织设计时，不同部门的战略定位实际上已经决定了其绩效管理的重点，可以称之为绩效管理主题。具体来说，部门定位就是各个部门在企业战略中应当发挥的作用是什么，这是在对该部门进行绩效评价时最重要的因素。

企业可以根据各个部门的战略定位划分为不同的战略业务单元（SBU），如利润中心、成本中心等。对于销售部门这样的利润中心，其绩效评价的关键点在于扩大销售额、提高利润率、提高市场占有率、降低销售费用等；而对于制造工厂这样的成本中心来说，其绩效评价则应围绕制造成本、质量和工期等展开。如果上升到企业治理结构层面，对于那些全资或参股的投资公司来说，最关键是其财务指标，而对于其内部指标，控股公司层面则不应过多干预。不管采用何种绩效指标设定方法，关键绩效指标都不会超出这个范围。这也就是部门定位对绩效管理的影响所在。

（二）组织结构类型对绩效管理的影响

不同的组织结构类型会对绩效管理产生影响。直线职能制强调内部分工，绩效管理也只能按照这一原则进行。最直接的一个体现就是，对于那些直线部门可以相对容易地设定量化的关键绩效指标，而对于那些职能部门则大多通过设定目标任务的方式进行。对于事业部制来说，每个事业部都是一个相对独立的业务单元，可以根据各事业部的特点和性质设定其绩效指标，如针对销售区域事业部可统一设定销售额、利润率等指标。对于矩阵式组织结构，则不能以静态的部门作为绩效管理的基本单元，而应当以各种项目团队为绩效管理单元。相应地，员工在项目工作期间，其绩效管理也应在该项目团队内进行，这就在很大程度上改变了传统的绩效管理关系。对于那些大型企业来说，还可能同时存在多种形态的组织结构，这个时候就需要根据组织结构类型合理选择绩效管理模式。

（三）组织形态对绩效管理的影响

这里的组织形态是指组织发展中表现出的特点，主要包括以科层制为主的等级分明的组织形态和强调流程、授权的扁平化的组织形态。这两种组织形态下绩效管理的表现形式不同。

在等级森严的科层制下，强调按照组织层级对战略层层分解，直至分解到每个员工，强调上级对下级的监督和指导过程，重视下级对上级负责、完成上级下达的工作任务。在绩效管理中，上级具有完全的导向作用，沟通更多的是自上而下的指令，评价则基本上以上级对下级的单向评价为主。

在扁平化的组织内，强调从流程角度建立企业各层级的一致性，每个层级都在流程中获得相应的地位，由于强调授权而使员工获得了更大的主观能动性的发挥空间。在绩效管理中，上下级更容易形成互动关系，沟通也必然是双向的，评价则更倾向于采用 360 度反馈的方法。

（四）其他

职责分工不明晰、岗位或部门间横向沟通不畅等也都对绩效管理产生着影响。职责分工不清最容易导致的后果就是任务和指标无法分解，或者在互相扯皮中使绩效管理流于形式。岗位、部门横向沟通不畅的结果就是涉及需要多岗位、多部门完成的工作时效率低下，这还不同于职责不清，而是虽然职责清晰，但存在高昂的协调成本，最终使绩效管理无从落实。

第 4 章

流程与绩效管理

真正为企业创造价值的不是组织结构图上一个个孤立的部门和岗位，而是实现部门、岗位之间有效运作的流程。这样看来，企业就有一个由若干流程组成的价值创造系统，输入的是各种资源、信息，经过内部运作，输出新的增加了的价值。

绩效管理的根本目的就在于实现企业战略目标，而流程作为实现企业运作的基本手段，不能不被纳入绩效管理的领域。而且，由于现代企业所面临的环境和大工业时代的企业相对稳定的流程运作方式完全不同，现代企业更强调组织的灵活性、协调性和团队导向的工作能力，因此流程再造的提出得到广泛的推广。而当业务流程再造改变了组织的运行机制后，绩效管理体系也应该随之发生变化。正是基于这样的观点，有人提出应当基于流程构建企业绩效管理体系。[①]

反观绩效管理在企业中存在的诸多问题，很多都与流程有一定程度的联系。比如，由于某些绩效指标是多个部门、岗位相互关联、共同作用的结果，并不可以简单地分解到某个部门或岗位，这个时候就需要我们从流程的角度来思考问题了。还有，当我们试图为某个岗位设定考核指标的时候，通常会碰到两个问题：一是单单从岗位职责上并不能找到合适的指标，二是某些指标过于强调员工个体工作业绩而忽视了员工间的协作。这样，一方面员工感到承担了不该承担的责任，另一方面不利于员工间的横向工作协调，于是我们通常在工作态度中加入强调工作协作性的指标，但那又往往由于度量的问题流于形式。反过来，我们从流程的角度思考这些问题，或许能找到一些新的解决思路。

因此，作为企业人力资源管理者，了解流程管理是非常必要的。

---

① 黄卫伟. 基于流程的绩效度量体系设计方法论. 经济理论与经济管理. 2003（3）

第一节 流程概述

一、流程的基本概念

流程是什么，众说纷纭，学者给出了各自的定义。但我们不妨换个角度，从对流程基本要素和基本特点的分析入手，找到适合我们的定义。

（一）流程的基本要素

流程的基本要素包括输入资源、活动、活动的相互作用、输出结果、价值和顾客六个方面，如图4—1所示。

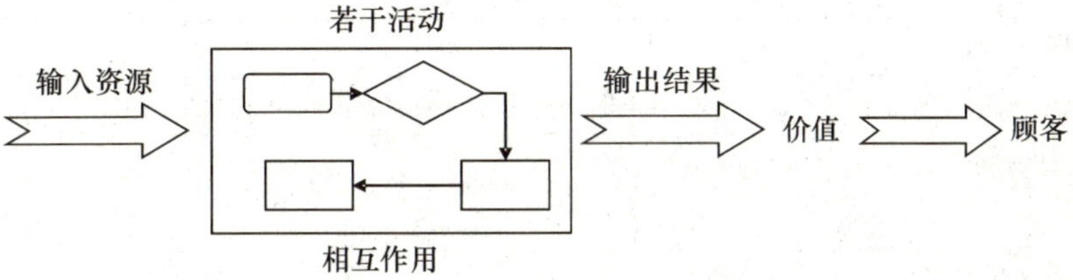

图4—1 流程的基本要素

（二）流程的基本特点

从以上对流程基本要素的分析中，我们可以知道，流程包括以下几个特点：

1. 目标性

流程有明确的输出，即明确的目标或任务。

2. 内在性

流程包含于企业一切活动和行为中，无所不在。企业内任何经营行为都可以用这样的语言进行描述——输入了什么资源，输出了什么结果，中间经过了怎样一系列活动，输出为谁创造了怎样的价值。

3. 整体性

一个流程至少包括两个活动，因为至少有两个活动，才能建立起结构或者相互关系，才能进行流转。

4. 动态性

流程不是一个静态的概念，而是按照一定时序逐步展开的。

5. 层次性

流程是分成不同等级的，一个主流程中包含若干活动，每个活动都可以看做是一个子流程，主流程和子流程形成层层递进的嵌套关系。

6. 结构性

流程内的活动不是杂乱无章的自由排列，而是按照严格的结构组合的。如果各个活动的组织结构发生变化，那么输出结果和价值都将发生变化。

（三）流程的概念

通过以上分析，我们实际上已经对流程的概念有了较为全面的了解，不同概念只有侧重点和角度不同，所包含的要素都是相同的，见表4—1。在这里，我们采用迈克尔·哈默（Michael Hammer）对流程的定义：业务流程是把一个或多个输入转化为对顾客有价值的输出的活动。

表4—1　具有代表性的流程定义①

作　者	定　义
哈默（1990）	把一个或多个输入转化为对顾客有价值的输出的活动
达文波特和肖特（Davenport & Short，1990）	一系列逻辑相关的、产生特定企业输出的活动
卡普兰和诺顿（1991）	一系列相互关联的活动、决策、信息流和物流的集合
达文波特（1993）	一系列结构化的、可测量的活动的集合，并为特定市场或特定顾客产生特定的输出，企业流程是活动的组合
约翰逊（Johansson，1993）	一系列把输入转化为输出的相关联的活动的集合，它应该对输入增加价值，并产生对输出的接受者更有效的输出
巴瑞特（Barrett，1994）	一些运营步骤和管理控制系统的结合，这两方面联合起来产出产品或服务
哈默（1996）	一系列完整的端对端（end to end）的活动，联合起来为顾客创造价值

二、如何制定流程

在企业里，经常要制定各种管理流程。管理流程的制定有其一定的方法和表达方式，下面作简单介绍。

（一）管理流程的构成

一般说来，对一个管理流程完整的描述包括流程图、节点说明和相关表单三项内容。流程图是主体，集中反映了管理流程的内涵；节点说明是对流程图的解

① 刘飚．企业业务流程及核心业务流程的识别．中南民族大学学报，2005（6）

释和进一步说明；表单是记录和传递流程流转信息的工具。

（二）流程图的图示

流程图的绘制有其统一的表示方法，形成了规范的符号系统，见表 4—2，流程图就是用这些符号表示的工作程序。

表 4—2　　流程图图示

符　号	含　义	符　号	含　义
	开始		过程
	结束		可选环节
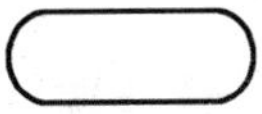	选择		信息存储
	信息来源		两项工作连接
	停止		跨越（不交叉）
	单向流程		逻辑运算符
	双向流程		

（三）流程图的形式

矩阵式流程图是最常见也是比较直观的流程表示方法。矩阵的横坐标表示流程部门或岗位的名称，从左向右，级别由高到低逐步下降；纵坐标表示先做何事，后做何事，按照时间顺序编为 1、2、3、4、5、6、7、8、9、10。这样就形成了一个矩阵图，如图 4—2 所示。

（四）流程的制作

在介绍了基本的流程图图示和形式以后，参照流程示意图，现将主要步骤总结如下：

1. 根据流程确定相关的流程参与部门和岗位，制作基本的流程矩阵。
2. 按照工作步骤的先后顺序，将各个工作步骤填入矩阵相应位置内。
3. 将这些工作步骤按照先后顺序用箭头连接起来。
4. 对草图进行检查，重点是图示和连接方式是否正确，语言表达是否精练、

部门名称	采购部	流程名称	供应商选择管理流程
层次	3	概要	

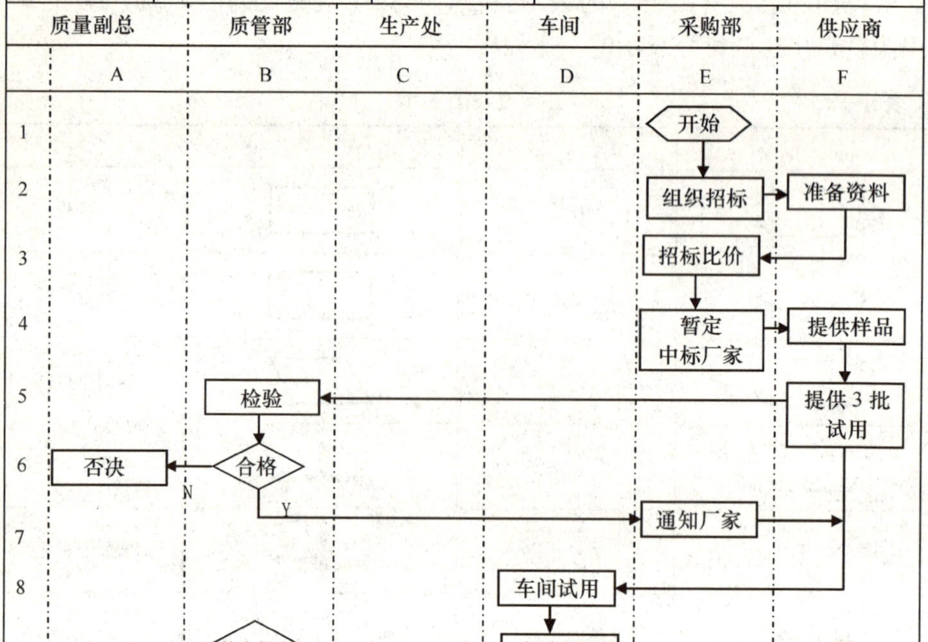

图 4—2 流程示意图

准确。

5. 若以上步骤没有问题，就可以对各个节点编写说明了。因为流程图上只是工作步骤的名称，缺乏工作步骤的具体工作内容，因此要针对各个工作步骤编写说明。

6. 制作各个环节需要的表单。

简单的流程图可以采用 PowerPoint 绘制，某些复杂的流程图则可以采用微软专业的流程图绘制软件 Visio 绘制，这两种软件都提供了流程图绘制的图标，使得绘制出的流程图更加规范、美观。

三、流程管理

（一）什么是流程管理

流程管理就是根据工作事务类型及解决处理方式，制定相关的标准化处理解决步骤和程序。

在流程管理中，要明确每件工作事务的性质与类型，明确每个岗位的功能定位，明确工作事件中每个人的权利、责任与义务。对每件工作事务中的处理程序进行标准化认定，对所涉及的岗位和人员进行定位，并形成书面文字，各相关人等均须熟背牢记。在日常工作中，各工作事件均按照事先设定的标准处理程序进行对应处理解决。

（二）流程管理的本质与层面

流程管理的核心是流程，流程管理的本质就是构造卓越的业务流程。流程管理首先保证了流程是面向客户的流程，流程中的活动都应该是增值的活动，且都是经过深思熟虑的。由此，使员工们意识到他们个人的活动是一个大目标的一部分，他们的工作都是为实现为客户服务这个大目标服务的，当一个流程经过流程管理，被构成卓越流程后，人们就可以始终如一地执行它，管理人员也可以以一种规范的方式对它进行改进。流程管理保证了一个组织的业务流程是经过精心设计的，并且这种设计可以不断地持续下去，使流程本身可以保持永不落伍。可以说，构造卓越的业务流程是流程管理的本质，也是流程管理的目的。

流程管理与原有的业务流程再造管理思想最根本的不同就在于，流程管理并不要求对所有的流程进行再造。构造卓越的业务流程并不是流程再造，而是根据现有流程的具体情况，对流程进行规范化的设计。一般来说，流程管理可以包含规范流程、优化流程和再造流程三个层面。对于比较优秀而且符合卓越流程观点的流程，可能原先没有完全规范，此时可以进行规范化工作；如果流程中有一些问题，存在一些冗余的或消耗成本的环节，我们可以采用优化流程的办法；对于一些积重难返、完全无法适应现实需要的流程，需要进行再造。从这种观点来看，流程管理的思想应该是包含业务流程再造的，但是比业务流程再造的概念更广泛，更适合现实需要。

（三）流程管理的发展

业务流程管理本身并非新概念，从广义的业务流程概念来说，自从有了社会组织形式就有了管理，也就有了相应的业务流程和对业务流程资产优化组合及其相应的管理。业务流程是对组织内外各种资源间运作逻辑的抽象和视图刻画，企业所有运作资源均分别分布于各种具有动态交互能力的流程上，流程是各种资源资产最自然的动态有机组合方式，更加强调资源组合的动态特征。

流程管理的演进历史到目前为止可以概括为三大阶段：

1. 泰勒和福特时代的流程资产管理技术：局部流程的手工化结构改善

正式成为管理理论的流程管理思想起始于以追求作业效率为首要目标的泰勒和福特时代，这一时代采用手工化的流程资产管理及局部优化作为主要实现手段。

20 世纪初，以泰勒为代表的科学管理学派就开始了对企业流程优化管理的理论探索，当时的研究主要局限于底层作业流程资产运作效率的提高，提倡以科学明确的管理规程替代过去的经验管理，将流程中原来分散的、隐性的经验资产集成、提炼。同时代的福特在泰勒单工序过程活动研究的基础上，充分考虑单一化大批量生产的特点，对汽车制造流程进行并行化协调优化，首先创建了第一条大规模生产流程（流水线作业模式）。泰勒与福特时代的流程管理标志着现代高效率工业的开始，这一时代的探索为今天的流程管理技术积累了不少有效的基本思想与方法。

2. 信息时代初期的流程资产管理技术：从流程自动化到流程再造

20 世纪中期，计算机的发明标志着信息时代开始，计算、存储、通信和微控制等技术迅速发展，信息技术很快被引入流程管理领域，这个时期的流程管理强调利用信息技术对传统流程的自动化改造，从底层的车间操作流程自动化逐渐延伸到中层的部门级运营流程集成、参谋部门辅助流程集成，再到高层决策与协调流程集成。信息时代初期也就是 20 世纪 60 年代的业务流程管理并未改变当时广泛流行的阶层制组织结构，流程管理边界主要局限于阶层型组织的各级单元内，以单元自动化为特征，以高效的数据处理与分析能力将原来部分依靠手工实施的流程管理转化为自动化流程，获得某个局部领域暂时相对的效率优势。

在这个时期产生的 BPR（Business Process Reengineering，业务流程再造）理论一般只被认为是一种思想，或者说是用于指导流程管理变革的一般性原则，而并无具体的实施体系。BPR 理论出现的目的是解决流程管理实践需求与理论缺乏之间的冲突，旨在对企业现有流程资产运作的合理性进行根本性的再思考和彻底的再设计，以组织和信息技术为使能器，以求企业整体运营绩效指标得到巨大的、突破性的改善和提高。

3. 流程管理技术第三波的兴起：以流程资产重用技术为基础的流程创新

20 世纪 90 年代，ERP 系统进入鼎盛时期，而互联网技术也同时迅速在全球普及，企业以 ERP 系统作为内部流程资产集成的主要工具，全球大多数先进企业进行了适合信息时代加速期运营环境特性的流程调整或重构，互联网强大的全球通信能力使得复杂型跨组织流程成为可能。

进入 21 世纪，由于信息技术能力初步显示成熟期特征，并逐渐成为可迅速供给、日趋廉价的普通商品，同时企业间跨组织流程交互活动更加频繁、复杂，企业意识到单凭信息技术对流程资产进行自动化改造和固化集成都难以应对市场波动和来自更广范围的竞争，企业间协作伙伴关系顺畅化，管理难度陡增，这些问题均直接影响企业的可持续竞争优势。因此，目前的流程资产管理及技术方法均期待着新的突破，企业管理者和理论研究界正努力探索适合多方参与者、跨业务平台、高动态协作环境，且可直接支持战略的高效可敏捷扩展型流程资产管理技术，新型的流程管理技术还被要求对既往流程资产进行新环境下的价值挖掘。

（四）基于企业流程的管理方法的特点

企业流程再造是建立新的基于流程的经营管理方式的过程。通过再造企业流程，培养企业根据环境变化，变革企业经营管理的方式、方法和组织运行模式，以应付各种意想不到的事件和市场持续发展变化趋势的能力。它从以下几个方面突破了传统的管理方式：

1. 信息和交流更加通畅

以知识为核心的网络化环境下，任何一个节点能够与其他节点进行交流和对话，而不需要一个制度安排，这使得在网络上配置资源和重新配置资源变得简单。信息的纵向传递距离缩短，市场、环境信息和决策的反馈更加迅速和敏感。同时，允许信息的横向传递，信息的利用更及时、更充分，促进团队内员工之间以及动态协作的各个团队之间交流质量不断提高。

2. 为员工授权

在动态协作的各个团队内部，将完成任务的决策权下放给与顾客直接打交道的员工，使员工基于自己的思考、观察、知识和创造性思维，迅速体察顾客的需求，及时作出响应。员工切身感受到了授权不仅仅是执行上级的命令，更重要的是积极参与，起到决策与辅助决策的作用，从而将个人的价值与企业的价值结合到了一起。

3. 新的领导方式

以知识为核心的网络化管理环境下，由于员工的授权，高层领导能够从大量的决策与控制事务中解脱出来，专注于确定和贯彻组织的战略目标、营造有利于以知识为核心的网络化管理及动态团队协作的企业文化等重要工作，领导者的角色由过去的决策者转变为导师和设计师。在动态协作的团队中，每一个团队需要一个精干的团队负责人。随着时间的变动，这个角色将由不同的员工承担，当员工不断地被要求去担任领导或者支持他人的领导时，他们天生的领导才能就会受到挑战和培育。

4. 新的协作方式

在以知识为核心的网络化管理思想指导下，并不是把团队中的员工都均质化。每个员工的知识和才干为他人所追求，每个员工对他人的才干和能力感觉更敏锐，学会尊重差异和依赖彼此的能力，学会从一种贬值的文化向一种增值的文化转化。团队之间的协作通过定期相互接触进行，共享他们的学问、见识和挑战，而又不忽略大环境的影响。通过团队之间的共同学习和相互交流，能够补充相互之间的知识和创造性。

5. 更加重视知识要素资源的有效运用

传统的资本、土地和劳动力等要素资源的不可分性形成企业内部功能部门对某些要素资源的独占性，要素资源的配置在某种程度上只能在狭窄的功能部门内部进行，妨碍了整个流程或整个企业范围内要素资源的共享，不利于实现要素资源的有效配置。由于知识与信息要素资源的可分性、共享性、可扩散性和重复使用性，传统的物质要素资源的独占性不复存在，从而使得资源配置的范围扩大，可以拓展到整个流程、整个企业内部甚至企业组织的外部，要素资源可以在流程中重复多次使用，充分实现对资源的共享。

（五）以职能为中心和以流程为中心的管理的比较

对于二者的比较总结见表 4—3。

表 4—3　　　　职能管理和流程管理的区别

	职能管理	流程管理
核心出发点	从方便企业内部管理出发	以客户为中心
管理范围	主要是企业内部	包括企业内部以及企业与客户、供应商、合作伙伴的关系，通过建立端到端的流程，使管理跨出了内部界限
部门分工	根据职能进行分工协作	根据流程进行分工协作
管理架构	通常是金字塔型的层级管控体系	以流程为导向的相对扁平化的组织管控体系
管理协调	上下垂直的部门之间沟通比较顺畅，平级部门之间的协调如果分工明确就比较容易；相反则比较困难，要通过上一级来协调	严格按流程办事，流程的前后环节相互制约，上级的协调工作大大减少，部门只有在没有流程覆盖的情况下才需要
目标同步	部门利益往往与企业利益不完全同步，部门之间的同步也比较困难，要靠上一级驱动	部门利益被弱化到流程的某一环节，部门之间的同步由流程驱动，上一级介入减少
考核	基于职能的考核通常以部门考核及上级对下级的考核为主，平级部门难以考核，对涉及跨部门的考核时间较难控制，工作效率较低，只能靠高层协调	基于流程的考核，能够对流程的每一环节进行考核，容易对每一环节的时间进行控制，工作效率较高
承受变动的能力	部门的重新划分、职能的重新调整、岗位的合并与增减等对企业运作影响较大，需要时间理顺	只要不涉及流程的重大重组，部门、职能、岗位的调整对企业运作影响相对较小
IT 支撑	各部门 IT 系统独立，整合难度大	以流程为导向进行 IT 支撑的设计，容易整合取得成效

资料来源：张颖．从职能管理到流程管理的思考．通信企业管理．2004（5）

第二节　业务流程再造

一、业务流程再造的概念

在这里要特别对业务流程再造作一个完整的介绍，因为业务流程再造的概念自提出以来在国际范围内引发了强烈的反响，被誉为 20 世纪最重要的管理理论之一，但同时也受到来自各个方面的质疑，比如，其高达 70%以上的失败比率，以及其更多的作为一种管理思想而没有发展出一套严密的操作方法等。而无论怎样，都并不影响业务流程再造作为一种重要的管理思想受到重视，对它的研究仍在不断深入之中。

（一）业务流程再造的含义

迈克尔·哈默与詹姆斯·钱皮（James A. Champy）在《企业再造》一书中将业务流程再造定义为：为了在衡量绩效的关键指标上取得显著改善，从根本上重新思考，彻底改造业务流程。其中，衡量绩效的关键指标包括产品、服务质量、顾客满意度、成本、工作效率等方面。这个定义中有以下 4 个关键字：

1. 从根本上重新思考

即业务流程再造应从根本上重新思考，对长期以来企业在经营中所遵循的分工思想、等级制度和官僚体系等进行重新审视，这需要打破原有的思维定式，进行创造性思维。例如，企业在准备进行再造时，必须自问“我们为什么这样做”“我们为什么要做现在的事”“他与组织的整体目标有什么关系”等，而不能在既定的框架下实施改造。

2. 彻底的变革

企业业务流程再造不是对组织进行肤浅的调整修补，而是要进行脱胎换骨式的改造，抛弃现有的业务流程和组织结果以及陈规陋习，另起炉灶。只在管理制度和组织方面进行修补，对根除企业的顽疾无济于事。

3. 显著的进步

企业业务流程再造是根治企业顽疾的一剂“猛药”，渴望取得“大跃进”式的进步。哈默和钱皮为显著改善制定了一个目标，即周转期缩短 70%，顾客满意度和企业收益提高 40%，市场份额增长 25%。企业业务流程再造绝非缓和的、渐进的改善，而是一日千里的“大跃进”。

4. 从重新设计业务流程着手

在一个企业中，业务流程决定着组织的运行效率。在传统的企业组织中，分工理论决定着业务流程的构造方式，但同时也带来了一系列弊端。由于分工过细，组织机构庞大，组织效率低下，管理费用增多，已背离了分工出效率的初衷。流程再造之所以从重新设计业务流程着手，就是因为原有的业务流程是低效率的根源所在。

（二）基本观点

1. 全方位的、根本性的管理变革

企业业务流程再造不仅是企业组织的再造，而且还涉及与组织相关的制度、文化和管理方法的再造，因而需要处理有关企业的产权制度、组织结构、管理制度、生产和管理流程、服务方式和内容、企业文化等全方位的信息。工业时代按照亚当·斯密的“分工论”建立起来的组织结构，在知识经济时代暴露出其局限性。人们追求多样化、个性化、高质量、高享受和知识化的消费倾向，虽然发达国家先后在企业中推行“目标管理”“分散投资”“Z理论”“一分钟经理”“走动管理”“价值链分析”和“矩阵管理”等新的管理模式与思想，但只有重新设计业务流程才能触及问题的实质。

企业业务流程再造改变了“分工越细、效率越高、经营效果越好”的传统观念，根据企业的工作流程（包括物流和业务流），强调要以业务流程为中心，将分散在各部门的业务进行重新组合和设计。

2. 信息与知识的共享

企业业务流程再造意味着企业彻头彻尾的重新整合，其中最重要的是观念再造。企业的外部环境与内部环境处于复杂多变的互动状态，因此在经营理念上应随时保持开放的、彻底的再造精神。

企业业务流程再造更加强调人的重要性，因为在知识经济时代，业务流程的再造要求人员具有综合素质。当业务流程被重新整合和设计后，原来由多个专业人员完成的多项工作变成由一个人或几个人组成的“流程小组”来完成，他们必须具备新流程中所要求的几乎所有的能力，成为“通才”或“专案人员”。处于新流程和新团队中的人必须具有大致相同的素质、视野和工作价值观，否则就无法进行目标管理与自我协调。

3. 业务合并与扩大授权

业务流程是指按顾客要求投入原材料、生产出对顾客有价值的产品及服务的一系列关联活动。在企业业务流程再造中，由于技术进步和员工素质的提高，许多细化的分工变得多余，因此，在具体操作中可将几道工序合并，也可将分别负责不同工序的人员组成工作小组或团队来共同完成工作，甚至对有些业务费用很高但实际作用不大的业务予以废除。这样就能够做到信息共享、简化手续、提高效率。

企业业务流程再造将原来一部分管理者的权力分散给员工，管理者要转换角色，充分相信员工的能力，扩大授权，从较多地对下属进行监督、控制转变为指导、帮助和支持下属的工作，更多地发挥服务的功能。对员工的考核也将对个人业绩的考核转变为对业务小组的绩效考核。

4. 强调沟通与协调

企业业务流程再造要求企业有一个明确的、具有启发性的目标。组织结构也从层次结构变为“扁平式”结构，因此，它要求企业应充分做好纵向与横向的沟通与交流。一方面，纵向的沟通要求管理人员必须对业务小组进行详细的信息交流，使得全体员工理解再造的目标和方法；另一方面，由于企业再造以业务流程为基础，造成中层管理人员减少，这就要求部门之间要加强交流与沟通，确保员工对再造的准确理解和保持再造目标的一致性。

企业业务流程再造是一个复杂的系统工程，必须加强协调管理，坚持服从统一指挥的原则，构造与业务流程再造相适应的企业文化与价值观念，有效解决信息传递、工作协调、管理制度等方面出现的新问题。

例如，瑞士的沃尔沃（Volvo）汽车公司打破了传统组织结构的部门界限，废除了过去的装配线流水作业形式，而用拥有高度自我管理权的团队来装配汽车。波音公司也采用由设计、工艺、制造等不同部门组成的跨部门团队200多个，共同开发波音777飞机。这些自我管理小组能快速响应市场需要，并能看到整个团队的成就，取得了巨大的成功。据《企业周刊》的一项调查研究表明，北美1/4的企业组织在进行自我指导工作小组的试验。一般的团队组织由20～30名员工组成，一个企业中有几十个甚至几百个这样的团队。团队成了企业组织的基本单元。这些团队覆盖了企业设计、生产和服务等多方面的工作。

（三）业务流程再造与企业资源计划

随着信息技术的发展，业务流程再造越来越紧密地与企业资源计划（Enterprise Resource Plan，ERP）结合到一起，甚至在一些人看来，业务流程再造已经转变为企业信息技术的一部分，而国际上众多的IT企业也以ERP为主营业务，如SAP、ORACLE，以及国内的用友、金蝶等。那么，业务流程再造与ERP的关系到底是怎样的呢?

ERP最初是一种基于“供应链”的管理思想，是在MRPII（企业制造资源计划）的基础上扩展了管理范围，把客户需求和企业内部的制造活动、供应商的制造资源整合在一起。它的核心在于以计算机为工具，对企业各方面的资源进行管理，合理调配，使企业在激烈的市场竞争中获得更强大的竞争力。

可见，总的来说，业务流程再造与企业资源计划之间基本上可以归为目的与手段的关系。一方面，在业务流程再造的实施过程中，不考虑信息系统的应用一般难以达到管理业绩显著提高的目标；另一方面，企业在应用信息系统前，不首先进行业务流程重组，也难以达到预期效果。

二、一般企业业务流程中存在的问题分析

（一）缺乏流程清晰度

很多企业都缺乏流程清晰度。负责流程任务的员工无法将自身工作的流程画出来，因为他们往往不能直观地理解这个流程是由哪几个部分或步骤组合而成的。由于对流程缺乏清晰的理解，致使工作中常常不知道自己应该怎样做，对流程的改进也就无从谈起。

（二）缺乏流程操作一致性

由于不清楚流程的步骤是什么，对自己工作中的上下左右如何协调缺乏明确的指示，因此员工很难建立流程的一致性。这就容易造成很多流程在实际操作中产生差异，进而生产出次品，或者出现相互扯皮。而且由于流程操作的不一致，也很难找出出现质量问题的真正原因。

（三）缺乏流程考核指标

由于战略制定与战略实施的分离，战略往往被认为是高层领导的事，所以在企业高层与中层乃至员工之间，甚至高层之间都缺乏战略的沟通。因此，很多企业在实际中无法确定哪些流程具有战略意义，也就无法对业务流程设置有效的考核指标。即使设置了指标，也往往与企业战略脱节，或者指标设置太多，没有重点，使得员工无所适从或者顾及不上。其实，只要针对重要的流程设定几个关键指标，管理人员就可以跟踪战略目标的实施状况。如果这些重要的指标保持在“理想范围”内，就不需要管理人员去花费太多精力。

（四）信息沟通不畅、反应迟缓、内耗成本加大

一方面，以职能为中心的管理基本上都依靠集权的金字塔型组织体系，以庞大的组织追求生产与经营的规模效益，以层层控制的中层管理人员承上启下，以严密的管理系统掌握员工的活动。虽然这种体系以前起了很大的作用，但面对现在多变的环境，这种体系等级烦琐、效率低下、缺乏弹性的弱点充分暴露出来，导致企业被动地适应环境。另一方面，在分工高度专业化的今天，我们很难找到由单独一个人或一个部门才能完成的工作，企业中各个专业部门都是做好自己应该完成的部分后将工作移交给流程链条上的下一个部门继续处理。从分工理论来看，分工越细，工作效率越高，但交易成本概念的提出则使得人们认识到分工同样存在成本。在完成流程的过程中，部门之间经常需要信息传递和沟通，但实际上很少有企业能够理想地做到这一点，因为企业在复杂的工作流程中所产生的交易成本是惊人的。

（五）企业横向协调与战略脱节

企业在市场中进行经营活动时，其基本假设是以企业为一个利益统一体，但实际情况却往往没有这样简单。每个部门只负责跨部门流程中与本部门相关的一小块专职工作，并不对整个流程负责。这种以职能为中心的管理完全是按照职能来组织和管理运作，职能是纵向的，而企业的业务流程却是跨部门的、横向的，从而导致了部门与企业之间产生利益冲突，部门之间各自为政，部门本位主义逐渐泛滥，整体意识淡薄，各部门自行其是，内外部客户的需求得不到满足，为了追求部门效益而损害企业整体效率的现象不断发生。事实上，由于资源共享和工作任务关系的缘故，企业的各种流程实际上都存在相互制约、相互影响的关系，所以，企业应该特别重视流程之间的相互作用和匹配。也就是说，不仅要对单项流程进行合理的整合，更应加强流程网络的总体规划，使流程之间彼此协调，减少摩擦和阻力，降低系统内耗。

（六）职责不明

企业往往通过进行岗位描述和确定岗位职责，使每一个员工都清楚各自的职责，但是，如果对具有战略意义的重要流程不清楚，岗位描述的作用也就不能得以发挥。事实上，一方面，由于在制定岗位描述时并没有考虑到如何与企业的战略和目标联系起来，也没有注重内外部客户的需求和期望，加之传统文化中人们习惯于墨守成规，只做他们认为自己分内的事，岗位描述不但没有起到明确职责的作用，相反却阻碍了跨部门流程的通畅，因为每位员工只关注自己的工作职责，不关心其他部门的运作。另一方面，在企业的岗位职责中，常常对各职能部门之间的“空白”处没有明确规定，造成“职能空白”，既无人承担本部门以外和组织结构图内自己方框以外的事，也无人承担本职能以外的任何职责。

（七）经营流程与管理流程不协调

企业中的经营流程可视为企业经营的“硬件”，而管理流程则可视为“软件”，二者相互影响、相互制约，具有动态适应性。实际中，由于管理流程的设置往往没有与企业战略相联系，并随着企业战略的变化而进行相应的变革，加之人们思维惯性作用，管理流程常出现与经营流程不一致的现象。一般而言，管理流程常常渗透在作业流程当中，规范各种人流、物流、资金流和信息流的运转数量及速度，尤其是企业高层领导的决策方式、控制手段以及评价标准等会对经营流程产生重大影响。因此，企业在重整经营流程时必须相应的改造管理流程。

（八）缺乏对内、外部客户需求的理解

实际中，很多企业既没有将具有重要战略意义的流程画成流程图，也没有对

这些流程中每个关键步骤的内部客户和供应商进行了解，更没有向客户确认自己的理解是否正确。企业往往缺乏一个系统的流程来明确内部客户的需求、期望和要求。然而，面对竞争日益激烈和复杂的商业环境，企业战略流程的确定必须从理解外部客户需求、期望和要求开始，企业的产品或服务必须满足市场需求，否则就会以失败告终。而且，外部客户和内部客户的需求也必须相互联系起来。这种联系可以依靠平衡计分卡得以链接。

三、业务流程再造的基本步骤

没有一套可以适用于任何企业业务流程再造的标准方法。但是，从对众多企业业务流程再造过程的归纳和总结中我们可以看出，多数都可由以下七个阶段的工作来概括。

（一）设计远景

企业高层主管应当从企业战略的高度来考虑业务流程再造。过去的流程是否需要作根本的改变，我们的目标是什么，衡量流程再造成功与否的标志是什么，只有对这些问题都有了清晰的认识，才能推动后续的流程改造有条不紊地进行。否则，如果没有对现有流程的整体把握，如果没有对未来新流程的清晰目标，如果不能从企业战略的高度来设计企业的远景，就很难使这项工作取得实际成效。

（二）启动项目

在这个阶段上，企业高层主管要确定哪些流程需要再造，然后设定出清晰的流程再造目标，并且成立业务流程再造项目领导小组，制订出详细的项目规划。这里需要强调的是，企业一定要让了解企业业务的高层主管直接加入项目小组并担任主要领导，其作用在于从宏观角度把握流程再造的方向，同时协调解决流程再造过程中不同部门之间的冲突，使之符合企业的整体利益。

另外，业务流程再造不能只靠企业的行政力量来推行，或者说不能只靠行政领导来推动，而是必须吸收了解企业业务流程的专门人才和相关的部门领导来一起做。这是因为，企业里最了解流程的人一定来自一线业务部门，而未来新流程也必须依靠这些实际工作者来实施。

（三）流程诊断

对现有流程和子流程进行建模和分析，诊断现有流程，找出流程中的“瓶颈”，为业务流程再造定义基准。尽管一些专家认为业务流程再造不应当拘泥于当前流程，但在实际工作中，忠实地描述现有流程，在此基础上寻找流程再造的突破口还是最直接的方法。此阶段的工作可以分为两步：首先表述现有流程；然后分析现有流程。联想在推行业务流程再造时，就曾经画出了现有工作的 80 多个流程，在此基础上经过分析，发现了应当进行改造的流程。

（四）设计新流程

在分析原有流程的基础上，设计新的流程原型并且设计支持新流程的 IT 架构。此阶段的主要任务包括：定义新流程的概念模型；设计新流程原型和细节；设计与新流程相配套的人力资源结构；分析和设计新的信息系统。许多业务流程分析工具，如 ARIS、IDEF、BPWIN 等，都可以在此阶段使用。

（五）实施新流程

新的流程是否可靠、方便和完善还有待于这一阶段的检验。在业务流程再造实践中得到的经验是：在此阶段，工作方式的变革容易产生一些困惑，需要通过管理层、项目组和员工之间的广泛沟通来消除矛盾。例如，有一家烟草公司在实施业务流程再造的过程中，由于改变了工作方式，引起了采购部门和财务部门的争议，双方都认为应当由对方输入一类单据。最后，实施小组的负责人从物流的合理性考虑，决定由采购部门输入。经过一段时间的训练，终于使得员工熟悉了新系统，结果工作效率得到很大提高。

（六）流程评估

业务流程再造结束后，就可以根据项目开始时设定的目标对当前流程进行评估，衡量新的流程是否达到了预期目标。

（七）流程的持续改善

一次业务流程再造项目的实施并不代表公司改革任务永远完成，整个企业的绩效需要持续改善，这种持续改善实际上就是不断对流程进行分析和改变。

按照上述七步法，业务流程再造可以有规划地进行。但这并不是说，照此办理就一定会使业务流程再造成功。业务流程再造类似于一个乐队用一种全新的风格来演奏一支乐曲，既要大胆创新，又要小心谨慎。然而，许多企业却是大胆有余，谨慎不足。难怪哈默认为，美国企业 70％的业务流程再造都是失败的。

四、我国企业实施业务流程再造的策略

（一）实施系统化改造的方式

业务流程再造的目的是获得业绩方面的显著性提高，为了达到绩效跃进的目的，可能采用全新设计的方式，也可能采用系统化改造的方式，具体采用何种方式应视企业的具体情况而定。我国市场经济体制尚未完善，企业制度僵化，基础能力较弱，内部急需稳定持续的运行环境。而我国经营者理论基础薄弱，管理理

念比较落后；公司员工长期受中国传统文化影响，求“和”、求“稳”的思想根深蒂固。因此，在我国实施业务流程再造，采用系统化改造的方法肯定优于全新设计的方法。实施系统化改造的方式并不意味着放弃企业流程“重新设计”的宗旨，而是根据企业的实际需要，设定再造目标，循序渐进，稳扎稳打，系统化地完成业务流程再造工作。

（二）以人为本，重视人的因素

在业务流程再造实施过程中，人们总是过多地注重流程最优化重组和组织设计，而忽视了人的因素。然而，在当今知识经济时代，谁拥有人才、知识、技术，谁就能在竞争中占优势，同时也只有拥有了高素质的人才，才能使企业的业务流程再造得以成功实施。哈默在分析美国企业业务流程再造失败的原因时，认为“忽视人的要素”是失败的主要原因。因此，企业在实施业务流程再造时应做到：（1）企业的高层领导经过专家的培训能深入领悟业务流程再造的内涵，切实和员工沟通，向他们解释业务流程再造是为了实现企业高效运作，而非裁减员工；（2）必须对员工进行长期的、多层次的培训，转变员工的思想观念，并使员工能胜任新的职位；（3）必须让员工充分参与到流程最优化的过程中来，听取员工的建议，最大限度地发挥员工的主动性。

（三）以顾客为导向

经济发展到了今天，工业化高度发达，买方市场形成，产品相对于顾客的购买力过剩，企业开始对顾客进行激烈的争夺，这就要求我国企业在业务流程再造过程中以顾客为导向。因此，企业应该将观念从企业本位转向顾客本位，把顾客的需要纳入到企业业务流程再造中来。

（四）关键性策略

对我国大多数企业来说，不可能也没有必要对企业的所有流程同时进行再造，在众多流程中，何处着手进行再造，应首先识别出企业的关键流程。关键流程就是既有再造的强烈需要，又有再造的条件，再造成功率高且能给企业带来较大收益的流程。我们可以采用绘制业务流程图的方法，分析并选择关键性流程。确认了关键性流程后，对其优先再造以保持企业核心竞争能力，待条件成熟后再完成其他相关流程的再造。

（五）对企业进行跨组织流程再造

我国企业在业务流程再造时应注入供应链管理的思想。供应链管理指的是从供应商开始，经制造商与各级分销商，直到最终用户的全过程的物流、信息流、资金流的集成化管理。在供应链管理环境下，企业与客户、供应商的关系是一种战略伙伴关系，企业追求双赢（Win-Win）或多赢。在供应链竞争的年代，要想在激烈的竞争中生存下去，必须将企业内部的流程扩展到企业外部并且很好地和供应商、客户融合。因此，我国企业实施业务流程再造应该在零售商和供应商之间实行跨组织流程再造。

综上所述，业务流程再造是当今企业提高竞争力的有效手段。我国企业实施业务流程再造是十分必要的，但我国企业业务流程再造有其自身的特殊性，面临着巨大的挑战。根据我国的实际情况，我们应以系统的、科学的方法开展业务流程再造，达到有效提升我国企业核心竞争力的目的。

五、业务流程再造失败的原因分析

面对业务流程再造高达70%的失败率，我们应认真思索其原因。笔者认为可以从以下几方面来分析。

（一）盲目追求激进式变革的重组方式

从企业实施业务流程再造的现实条件来看，渐进式变革比激进式变革更容易成功，但渐进式变革的效果不如激进式变革明显，不如激进式变革具有吸引力。因此，许多企业在业务流程再造时，往往倾向于激进式的变革方式，但这种变革往往超出企业自身的承受能力，导致再造失败。

（三）缺乏持续的管理投入和支持

流程再造是一个长期的、持续的过程，而许多企业高层管理人员并没有认识到这一点，往往在流程再造的初期对其抱有过高的期望，而对流程再造所面临的困难和问题准备不足，当再造进行一段时间后，各种因变革而产生的问题越来越明显和尖锐，致使企业高层管理人员失去耐心，甚至开始怀疑业务流程再造的正确性，从而不能保证对流程再造进行持续的管理投入和支持，导致流程再造半途而废。

（三）忽视人的因素在流程重组中的作用

应该说，人的因素是业务流程再造中最重要的因素。这里所说的人的因素既包括企业的高层管理人员，也包括广大中下层管理人员和普通员工。许多企业在进行业务流程再造时，往往是高层管理人员进行决策，然后实施，缺乏与中下层管理人员和普通员工的交流和沟通，未能使企业的全体员工认识到流程再造的必要性，由于组织中存在抗拒改变的惯性和阻力，一些员工容易对流程再造产生抵触情绪，企业的高层管理人员又往往不能正确化解这些阻力，倾向于采取行政命令的手段强制员工服从，导致再造后的流程不能正确发挥其应有的效率，使流程再造失败。

只有有权威的领导，整个流程再造过程才能较为顺利；而同时，流程再造更加强调团队工作，更加需要全体员工主动的、创造性的合作。

（四）错误选择流程再造的时机

业务流程并不总是需要进行彻底的再造，实施业务流程再造收益虽高，但也伴随着巨大的风险，因此必须明确流程再造动机，选择好流程再造的最佳时机。选择再造时机通常有如下三种情况：

1. 企业陷入困境，营业额和市场占有率大幅度下降，产生严重亏损现象，面临生存危机。这时，员工配合意愿强，愿意为重组承担额外工作，有利于工作的展开，同时也易于发现问题，业务流程再造的效果较为显著，大家容易看见业务流程再造实施的效果，工作的积极性也会提高。

2. 趁主要竞争对手进行流程再造之际进行自身业务流程再造，以超过对手为标杆。这里要注意的是，应进行必要的分析，也就是要有最基本的再造思路，要有一定的把握使得再造的效果比竞争对手好，速度比对手快，时机比对手准。流程再造最忌讳跟在竞争对手的后面。

3. 企业不应被动地去应对对手的竞争，而应对所运营的领域有强烈的反应，如能在预感到某项新科技的产生足以改变市场竞争规则时，运用此项新规则，进行流程再造，以创造竞争优势，也就是要主动应对环境的变化。

（五）错误选择流程再造的环节

流程再造不能全线出击，应分析全部作业流程，选择存在问题的核心环节进行再造。如何确定这样的环节，在具体分析时必须考虑如下问题：（1）该流程是否已经成为企业发展的“瓶颈”；（2）该流程再造后能否解决企业面临的危机；（3）该流程再造成功的概率有多大；（4）该流程再造失败的后果有多严重。

（六）业务流程再造的不成熟

虽然我们一直在强调业务流程再造的重要性，但至今，业务流程再造的发展只是一种思想，而不能称之为理论。因为作为一种革新理论，业务流程再造还远未成熟，对业务流程再造内在机理和本质规律的深度认识还远未建立。而且，先进的理论、革命性的思想并不足以带来实践的成功。况且，作用对象的不同（如实施者的能力和水平的差别等）也会导致业务流程再造或其他新思想的实施失败。因此，方法体系不健全，分析工具不得力，都是阻碍业务流程再造在实践中取得成效的因素。

（七）业务流程再造自身固有的缺陷

业务流程再造最大的特点是“根本性”和“彻底性”，同时也构成了它自身无法克服的缺陷。企业将业务流程再造作为其管理革命的唯一方法是不合适的，也往往会导致工作的失败。

总之，笔者认为以上七点是导致业务流程再造失败的主要原因，前四点固然重要，但业务流程再造的不成熟性及其固有缺陷也正逐渐引起人们的重视，目前许多学者都致力于这方面的研究，希望建立起一套系统的、实用的方法体系来促成业务流程再造由理论到实际的转变。

第三节　基于流程的绩效管理

一、绩效管理必须关注业务流程

正如前面反复强调的，真正推动企业运营和产生经营效果的是企业流程，无论这家企业是否进行了流程再造，企业的一切活动都是在流程中完成的。可以说，存在一个流程“绩效”，它实际上也就包含了所有流程参与者的绩效。

卡普兰和诺顿在平衡计分卡的四个层面中提出了内部运营指标，内部运营中的一项重要内容就是企业流程运作效果、效率。平衡计分卡认为，企业的财务指标来源于客户的满意度，客户的满意水平取决于企业的流程运作水平，最终这种流程水平又取决于企业员工学习与创新的力度。由此可以看出流程在战略性绩效管理中的重要地位。此外，各种绩效管理工具中尤其是关键绩效方法大量运用流程分析作为指标设计的工具。

因此，绩效管理必须关注业务流程。目前已有大量针对流程绩效的研究，我们完全可以利用这些研究成果将流程绩效与绩效管理结合起来，改善绩效管理的一些薄弱方面，使绩效管理更加有效。

二、以流程为中心的绩效管理的优势

我们还应该注意到，在以职能为核心的绩效管理中存在着一些难以解决的问题，而这些问题可以在流程绩效管理模式下找到解决方案。

（一）排除职责不明对绩效管理的干扰

最常见的一个问题就是职责不明对绩效管理的干扰。很多企业往往通过进行岗位描述和确定岗位职责，使员工明晰自身的职责定位，指导并监督员工的工作

进程。但一旦进入实际的运作过程，却发现那些职责无法应付，有很多具体的细节可能并未包含在职责中，员工仍然无法仅仅从职责中获得一项任务从开始到完成的全部的信息。更严重的是，职责更强调静态的分工，无形中强化了条块分割的观念，阻碍了跨部门流程的通畅，每位员工只关注自己的工作职责，不关心其他部门的运作。在这种背景下，如果从职责和任务角度对员工进行绩效管理，就会产生很多“空白”，而无论企业多么强调员工应具有协作精神，大多也只能停留在口号和形式上，即使专门设立了协作精神的工作态度指标，作用也很有限，因为职责只规定了岗位的界限而没有指明协作的途径。

而以流程为中心的绩效管理则可以有效排除这一干扰。

(二) 真正实现企业绩效指标体系与战略的有效连接

企业绩效管理的重要作用就是使企业从员工到各级管理者的所有人员的努力方向统一到战略方向之下。但正如上面讲到的职责条块分割下的绩效管理，这只能是美好的愿望，因为这本身就是两个不同方向的措施，一个在强调分割，一个在强调统一。在设置绩效指标体系的时候，很多人都有这样的体会，好像给每个岗位、部门都设置了很多指标，但却无法说清楚这些指标和战略之间到底是什么关系，是否避免了战略脱节；另一方面，当指标太多的时候，指标取舍的标准到底是什么也无法明确，大多是缺乏切实根据的模糊的经验判断。

但如果在绩效指标设计中充分考虑流程因素，这些问题可能就大为改观。基本的方法是，根据企业流程梳理，确定出若干核心流程，再根据流程层级分别设定若干子流程，最后根据各级流程对部门和岗位设定绩效指标。这时，绩效指标与企业战略之间的关系就通过流程明晰地体现出来，而那些从核心流程、关键步骤上得到的指标自然就是重要指标。

(三) 简化绩效结果信息的收集

在绩效管理中，绩效结果信息的收集是一个问题，取得很多部门、岗位的绩效考核结果的成本可能较高，甚至需要设立专门的绩效结果收集人员才能实现。但如果在业务流程模式下进行绩效结果信息的收集，这个问题可能就变得轻而易举。在流程中，每一步骤的输入和输出都是非常清晰的，下一步骤的承担者就是上一步骤的客户，客户是绩效评价的最好途径。这时，评价者、评价关系和数据来源都一目了然了。如果企业建立了 ERP 或者其他管理系统，这些信息的收集将更为简化，变成了一个自动完成的过程。

(四) 为企业绩效分析和改善提供了最佳途径

在职责分工模式下，企业绩效改善并没有体系性，各个职能模块之间、员工之间，以及各种改善活动和未来绩效之间都缺乏明晰的联系，这样也就无法有效确定绩效改善的效果，其根据更多地在于某个员工或部门绩效的改善。

而在流程模式下，这个问题就变得简单了，任何绩效改善都将直接作用在流程上，并通过流程运作体现出来。绩效管理的一大功能在于绩效持续改善，流程参与下的绩效改善更突出了指向性和目标性。

三、业务流程与战略性绩效评价

目前战略性绩效管理都是基于卡普兰和诺顿提出的平衡计分卡建立起来的，平衡计分卡的管理方法将企业绩效产生的原因以因果流程的方式描述出来，即企业学习与创新、内部运营、客户满意到财务指标的逐层驱动的过程，从而将企业的长期战略与短期行动联系起来，把企业的战略、任务和决策转化为企业各层次具体、全面、可操作的目标和指标，成为集评价与激励、传播与沟通、团结与学习的多功能的战略管理系统。

可见，业务流程是提高企业绩效的最有力的驱动因素，战略通过业务流程得到实施，客户需求通过业务流程得到满足。因此，绩效管理越来越注重从流程管理中发现新思路。下面是结合业务流程和平衡计分卡的一般性战略性绩效评价过程。

首先，确定出公司的战略重点和目标，在最高层次平衡四个方面目标。平衡计分卡能够帮助管理者同时审查多个领域的业绩表现，它使管理者集中注意几个最有可能改善业绩表现的关键因素。平衡计分卡要求高层管理人员同时考虑所有重要的运作指标，并让他们看到，一个指标的改善是否要以其他指标的损失为代价。

其次，确定描述目标的关键指标，目标到指标的过程如果照搬原来的指标就难以保证项目效果，也不能仅考虑流程指标，还要包括业绩考核、薪酬指标等，必须根据目标、分析进行再设计。由于财务业绩表现是决定企业在股东眼中价值的主要因素，高级管理人员需要时刻对其加以注意。即使另外三个平衡计分卡指标都显示出好的迹象，企业还要能够将运作业绩转化成财务业绩。平衡计分卡的制定者需要展示出企业运作业绩是否得到了改善、生产能力是否过剩、运作周期是否缩短以及还有哪些方面需要改善。他们需要确定各种指标，以反映那些为获得更好的财务业绩而进行的消耗。企业需要努力将在质量、交货期和流程创新上获得的进步转化成更大的市场份额和更多的利润。为了通过流程驱动绩效，企业要学会将业务运作和财务紧密联系起来。

再次，确定驱动目标实现的关键流程。驱动要素的选择一般可以由两种方式获得：一是根据主观经验；二是在流程分析的基础上将各个流程指标罗列出来与各个目标进行一一对比（结合鱼刺图等方法）。后者先是进行全面的流程分析，推导出流程指标后，再将其和战略重点或目标一一对应。这要求进行流程的全面规划和优化，因为只有分清了流程，才能找到对比的依据，解决那些对战略目标最有直接驱动力的关键流程。同时流程优化的意义不仅仅体现在内部运营指标的设计上，更重要的是通过流程的优化，可以实现流程对战略重点与目标的有效驱动，从而确保战略实现。企业非常需要了解他们需在哪些方面或哪些关键要素上胜过竞争者，以保持在竞争中的有利地位，并满足客户的需要。例如，与客户保持良好的关系对于企业来说是至关重要的。平衡计分卡中的第二个方面——内部业务流程使管理者能够将注意力集中在企业的内部运作，从而更好地满足客户需要。反映内部运作的指标来自对顾客满意度具有最大影响的业务流程。通常从时间、质量、业绩表现和服务，以及成本四个方面建立对客户流程的评估。公司需要严格控制从顾客下达订单到公司将产品运送给顾客之间的时间。质量表示顾客眼中的产品缺陷情况。成本用来衡量企业将输入转换成输出或服务的内部效率。

最后，结合IT系统实现关键流程的优化。创新是企业的生命之源。企业的发展是周期性的，当企业经历了快速增长达到平稳期之后，就需要总结前一段时间的经验教训，并确定下一阶段的目标，进而首先选择对实现目标更为关键的流程进行优化。由于商业环境的快速变化，在某个时期非常成功的公司很可能在下一个时期失去其竞争优势。这就是企业需要对其现有产品的流程进行持续改进的原因，同时还要不断引进新的产品和服务，利用IT系统作为流程优化的配套措施是实现创新和提高流程绩效的有力武器。企业应该重点关注2～3个需要持续发展的项目，同时还要指定指标来对这些项目进行管理。

四、流程导向的关键业绩指标的分析维度

（一）流程效率

流程效率是指“占用资源最小化和杜绝浪费，以实现有效性的程度”。流程的效率体现了企业的核心能力，如何提高流程效率一直是企业十分关注的问题。流程是将输入转化为输出的一组相关的资源和活动，其中资源包括人力资源和物质资源。生产力是考核效率的一个常见指标，通常是输出量除以某一标准输入单位的结果，如毛利率。

（二）周期

周期单独列为一类，是因为它在当今瞬息万变的商业环境中显得尤为重要。这里的周期指的是完成某个流程所需要的总计时间。对许多业务流程而言，它都是个关键问题。缩短周期意味着降低成本，也意味着增加销量。周期越短，原材料的库存越少，流程的工作量就越少，成品的库存也越少，从而节约了公司的资金，增加了赢利机会。

（三）成本

传统会计法中很难界定与流程相关的成本信息。通常费用分为固定费用和可变费用两大类，只能计算出直接人工和材料的费用以及相关联的管理费用和设备的管理费用。这些费用的总数除以产量总数，可得到单位产品的估计成本。行政管理费用也会相应摊销给单位产品。但所有这些信息并不能反映出单位产品生产流程方面的成本情况。有些产品的行政费用比其他产品高，例如，某件产品的质量很差，就可能引起大量投诉。这些投诉会耗费行政人员大量的时间和精力，销售人员也不得不参加。这种质量低劣的产品耗费公司的行政时间和费用，其成本早已超过生产一件高质量的产品。但由于会计系统的缺陷性，质量低劣的实际成本被掩盖起来。

（四）适应性

哈林顿（H. James Hamington，1991）认为，流程的要求可以分为有效性、效率和适应性三部分。适应性是指“流程处理未来多变的客户期望（包括客户特殊要求）的灵活性”。适应性包括管理流程以满足客户当前和以后的需求，这对公司建立竞争优势特别重要。适应性的衡量指标对于以“客户亲密度”为价值定位的公司具有更重要的战略意义，因为流程适应性的衡量不像有效性和效率指标那样很快表现出来。

五、对于基于流程的绩效管理体系方法的建议

若企业采纳基于流程的绩效考核方法，在实施过程中，就应该考虑以下几个方面：

第一，要根据企业的规模、组织结构、行业特点和管理成本等实际情况灵活运用。基于流程的绩效考核体系更适合流程性比较强、公司组织结构比较扁平的企业。对研发、生产和销售一条龙的企业而言，很容易制定有效的流程图，因为流程绩效考核有很好的参照物。对于组织结构扁平的企业而言，因为平行结构较多，节点分明，基于流程考核能够激励每个职位的员工相互配合，有利于培养团

队精神，因此这种考核方法也非常有效。但是，对于组织结构层次较多的企业，流程绩效考核未必是一种很好的方法，因为过分强调每个职位的作用会削弱经理人管理的下属的积极性和主动性。对于小企业而言，流程考核也不会是非常有效的绩效考核方法，因为中小企业为了生存和发展，也因为管理成本等原因，可能重点并不是人力资源管理、绩效考核、质量目标这些东西，而是如何利用有限的人力资源去攻打市场。

第二，要把基于流程的绩效考核方法和基于战略与财务的考核方法有机结合起来。流程考核的对象当然可以扩展到组织内部的每个人。但是，对公司的管理层而言，特别是对诸位副总和重要的业务中层经理而言，这种方法未必非常有效。对这些人而言，基于投资回报率等财务目标考核是非常必要的。对于事业部的扁平结构的公司而言，采用投资回报率和平衡计分法考核事业部老总和重要高管也是非常有用的方法。而对于公司的普通员工而言，也许流程考核是最佳方法，因为他们并不需要有多少创造性，只要能按时完成工作就可以了。总之，公司在进行绩效考核时最好能综合利用几种考核办法，这样可能会取得更好的效果。

第三，完善的业务流程体系是基于流程的绩效考核方法成功与否的非常重要的条件。在执行基于流程的绩效考核体系前，关键的第一步就是要在人力资源部门牵头下，在公司高层主管（甚至一把手）的领导下，在相关部门的配合下，整理出完备的企业业务流程体系，并对这些流程进行分析和检讨，当然，引入业务流程再造或者业务流程持续改进是最好的。其次，在流程建立或再造过程中，企业也要反过来考虑到企业绩效考核的需要。

第四，基于流程的绩效管理体系方法要处理好绩效管理与人力资源管理的关系。很多企业直觉地将绩效管理作为人力资源管理的一个部分，交由人力资源管理部门全面负责。但是，在现实中，我们发现绩效管理越来越超出人力资源管理的范畴，上升到企业战略和整体管理的高度，如果人力资源部门还停留在行政事务层面的话，显然无法担负起战略性绩效管理的责任。

这就必然对人力资源部门提出更高的要求，反过来看，也对人力资源部门的提升提供了一个良好的契机。

第 5 章

企业文化与绩效管理

企业文化规定了企业的基本价值观、思维方式和员工行为的基本方向，并渗透到企业管理、运作的各个方面，于无形之中而又如此深刻地影响着企业和员工的行为方式。有学者对企业文化与组织绩效的关系进行了深入研究，提出企业的竞争力不仅来自地位而且来自能力，其中一种能力就是企业文化，企业文化会通过影响组织的管理行为来限制组织的行为准则，从而影响企业绩效。

因此，企业文化是绩效管理中一个不可忽略的重要方面。

第一节　企业文化概述

一、企业文化的概念

企业文化最早产生于日本，而企业文化作为一种理论被提出，则是 20 世纪 70 年代末 80 年代初的事情。第二次世界大战后的二三十年时间里，日本企业表现优异，令世人刮目相看。日本经济的迅速崛起对美国在全球的经济地位构成了巨大的威胁。一些管理学家展开了对日本经济崛起和日本企业管理的研究。那么，日本凭借什么创造这样的经济奇迹呢?

研究发现，日本的管理重视做人的工作，重视价值观问题。通过进一步研究，发现这样的管理方法背后存在着一个深厚的文化底蕴。这样，原本是单纯的管理方法研究转为对企业支撑力的探讨。企业文化概念最早由美国管理学家威廉·大内在 1981 年出版的《Z 理论——美国企业如何迎接日本的挑战》一书中提出，在企业文化被明确提出之后，越来越受到世界管理界的重视。

企业文化在产生不久即被迅速引入中国，但直到 20 世纪 90 年代前后才真正得到企业的重视，其后企业文化建设逐步形成热潮，甚至到了企业家张口必谈文化的境地。

（一）文化

要弄清企业文化的定义，还必须从对文化的认识入手。但是，对于文化的认识众说纷纭，英国学者威廉斯（Raymond Williams）曾说过“文化”一词是语言中最复杂的两三个词之一，而美国著名文化学专家克罗伯（A. L. Kroeber）和克拉克洪（Cl. Kluchhohn）的《文化：一个概念定义的考评》一书更是收集了166条文化的定义（162条为英文定义），这些定义分别由世界上著名的人类学家、社会学家、心理分析学家、哲学家、化学家、生物学家、经济学家、地理学家和政治学家所界定。

我们在这里并非要列举并找到一个所谓的最佳答案，而是要说明文化乃至企业文化研究本身就是一个异常复杂的问题，我们所要做的是探寻适合企业特点和实际情况的角度，并从这个角度加深对企业文化内涵的理解。正是基于这样一种理解，笔者认为美国人类学家威斯勒（Clark Wissler）在1929年提出的文化定义更适合这一目的和原则：

某个社会或部落所遵循的生活方式被称作文化，它包括所有标准化的社会传统行为。部落文化是该部落的人所遵循的共同信仰和传统行为的总和。

（二）企业文化

很显然，威斯勒是从行为规范性的角度提出了文化的定义。而企业文化最重要的价值就在于其导向和约束功能，即通过建立企业文化，使企业各层级的管理者和员工获得相同的行为方式，也就是很多管理者所期求的无为而治、无制度而治，员工无须管理者和制度的约束而自觉地按照企业文化的要求行动。因此，从行为规范性的角度来分析文化有助于我们深入理解文化和企业文化的内涵。

下面也从类似的角度给出了企业文化的定义：

企业文化是企业在长期经营过程中逐渐形成的，为全体成员共同遵守和奉行的价值观念和行为准则。

上面对企业文化的定义方法与从行为规范性角度对文化进行定义的方法相同，强调企业文化的行为规范意义。而企业文化真的仅仅是在企业里产生的文化这么简单吗？企业文化和一般意义上的文化有什么区别和联系呢？

1. 从内容上看，企业文化是反映企业行为的价值理念

企业文化是与企业生产经营活动有关的价值理念，而不是别的方面的价值理念。这一点决定了企业文化绝不同于一般的文化或者其他类型组织的文化，因为企业是以营利为目的的社会实体，这就决定了企业的一切行为都必然围绕这一根本目的展开，也就将企业与其他非营利的公益机构、政府机构区分开来。

企业的价值理念体现在制度安排等企业全部活动的各个方面，比如，如果一个企业认为是绩效而不是人的资历决定薪酬水平，那么这个企业就更倾向于绩效导向而不是等级观念。

2. 从性质上看，企业文化是属于付诸于实践的价值理念

有很多企业制定了精美的企业文化纲领、手册，但这些写在纸张上的理念、使命和宗旨是不是企业文化呢？要回答这一问题，就要从根本上看这些理念是否付诸实践、体现为员工的行为，否则，充其量只是企业的宣传口号。只有那些付诸实践、体现在员工行为中的文化才是企业文化。在中国，现实情况更多的是企业文化与管理实践"两张皮"。

3. 从作用上看，企业文化是属于规范企业行为的价值理念

企业文化发挥作用的方式是规范企业的行为。所谓价值观问题，就是做什么不做什么，这样做还是那样做的问题。企业文化正是在这些方面起到规范员工行为的作用，起到企业制度和管理者无法起到的作用。

因此，企业文化追根究底是为全体成员共同遵守和奉行的价值观念和行为准则。

二、企业文化的特征

（一）企业文化的意识形态特征

企业文化是企业为达到经营成功的目标而产生的、并在企业经营过程中共同遵循的、反映企业意志的价值理念。

（二）企业文化的独特性

企业文化是企业在其长期经营管理实践中不断积累、总结而形成的，有很强的企业个性。从一个组织建立开始，企业文化的积累就已经开始了，企业文化正是与企业发展同步形成和发展的，这种累积决定了企业文化的独特性。如同没有完全相同的两片树叶一样，也没有完全相同的企业文化，虽然有些时候企业所宣称的表述方式是相同的，但在深入考察之后会发现两者往往大相径庭。

（三）企业文化的难模仿性

企业文化之所以难模仿主要有两个原因：一是企业文化的时间依赖性和路径依赖性。企业文化是在企业长期的经营实践中形成的，是一种时间沉淀物；而且，企业文化又是企业在特定的社会历史条件下，沿着企业特有的发展轨迹而逐步形成的，因而表现为很强的路径依赖。二是企业文化本身的抽象性和作用过程的难以解释性。

（四）企业文化的综合性和指导性

企业文化以企业价值观为核心，包含了企业精神层面、行为层面、制度层面的多种文化元素，是企业内所有文化现象的整合体。同时，企业文化又有很强的指导性，它高屋建瓴，统一指导着企业的一切经营活动，并将其原则和实质渗透到企业的其他各种体系中，通过这些体系发挥作用。

三、企业文化的作用

（一）凝聚作用

企业文化像一根纽带，把职工和企业的追求紧紧联系在一起，使每个职工产生归属感和荣誉感。

（二）激励作用

企业文化注重研究人的因素，强调尊重每一个人，相信每一个人，凡事都以职工的共同价值观念为尺度，能最大限度地激发职工的积极性和创造性。

（三）协调作用

企业文化的形成使企业职工有了共同的价值观念，对很多问题的认识趋于一致，增强了他们相互之间的信任、交流和沟通，使企业的各项活动更加协调。

（四）约束作用

企业文化对职工行为具有无形的约束力，潜移默化地形成一种群体道德规范和行为准则，实现外部约束和自我约束的统一。

（五）形象塑造作用

优秀的企业文化向社会大众展示着企业成功的管理风格、良好的经营状况和高尚的精神风貌，从而为企业塑造良好的整体形象，树立信誉，是企业巨大的无形资产。企业文化是影响企业行事规则的最重要的无形财富，是现代企业最具战略性的管理思想与管理方法，是直接影响企业核心竞争力、决定企业兴衰的关键因素。

上面更多地从表象层面对企业文化的作用进行了描述，也有人从制度经济学角度出发来理解企业文化的作用，认为企业文化是一种建立在心理契约基础之上的交易工具（曾庆学，2005）。因为从本质上讲，企业和员工之间的关系是一种基于利益的交易关系：企业通过薪酬福利吸引和保留员工，以满足其由生产经营所派生的劳动力需求；而员工则以自己的劳动换取在企业工作的机会及其由此而衍生的薪酬福利、培训发展等。基于这一点，企业文化的作用在于能大大降低企业和员工之间的交易费用。

从制度经济学上分析，企业是市场的替代物。为什么有企业的存在，就是因为企业比市场组织交易更加有效，是将一部分市场交易内在化。要交易，就要有交易工具，就会产生交易费用。企业内部的交易也同样产生交易费用，常见的交易工具包括以金钱为代表的物质利益、以合同为代表的正式契约、以企业文化为代表的心理契约等。企业交易费用的范畴极广，不仅包括薪酬，而且包括谈判成本、签约成本、监督执行等。

由于企业和员工之间的交易不是一次性完成的，特别是在知识经济时代里，我们很难准确衡量和界定知识型员工的绩效和能力，这就决定了企业和他们之间的交易关系根本就不可能像“货到付款”和“预付订货”一样一次性完成。在这种情况下，如果没有基于心理契约的文化而相互斤斤计较，就可能出现两种情况，一是双方根本不可能实现交易，二是企业和员工之间无休止的谈判使得交易成本高得不可估量。

同时，企业是一个由很多人组成的组织，这些人以团队的方式向社会提供产品或服务。团队生产有两大特点，一是团队总产出并非个人产出的简单总和，二是很难准确衡量团队成员对团队作出的具体贡献。而从本质上讲，人是追求个人利益最大化的，这种利益既可以表现在收入上，也可以表现在休闲上；既可以表现在物质上，也可以表现在精神上。总之，付出越少，收益越多，其利益就越大。团队生产的这两个特点加上人的本性，就必然会产生一个很大的问题：如何保证团队成员不偷懒，或者说，怎样激励员工在团队中努力工作。方法有很多种，最容易想到的方法就是加强监督，一旦发现有人偷懒就予以惩罚。但监督是需要成本的，而且即使是最强的监督，也不可能完全解决偷懒的问题。所以应当考虑其他的办法，在这之中，文化无疑是非常好的。好的企业文化能做到不言之教、不令而行、不禁而止，使“上下同欲”，并且“可以与之生，可以与之死，而不畏危”。

所以，从本质上讲，企业文化是企业团队共同达成的一种心理契约。正是这种心理契约，为企业节约了非常大的管理成本。

这一观点有助于我们从更深层次理解企业文化的作用。

四、企业文化的结构

企业文化的构成分为三个层面，其关系如图 5—1 所示。

（一）精神文化层

企业精神文化层的构成包括企业精神、企业最高目标、企业经营哲学、企业

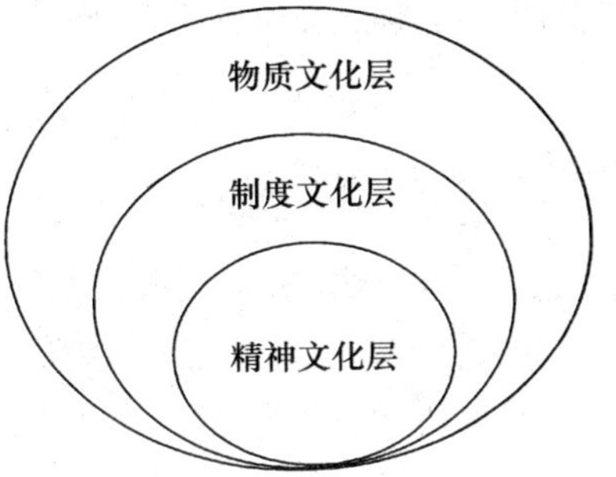

图5—1　企业文化的构成

风气、企业道德、企业宗旨等。

（二）制度文化层

制度文化包括企业的各种规章制度以及这些规章制度所遵循的理念，如人力资源理念、营销理念、生产理念、民主评议制度等，还包括企业风俗，如年度运动会、集体婚礼、赛歌会等。

（三）物质文化层

企业物质文化层的构成包括企业标识，如标准字、标准色，厂容、厂貌，产品的特色（如式样、品质、包装），以及企业的文化媒介（如广播、报纸等文化传播网络）等。

企业的精神文化层为企业的物质文化层和制度文化层提供思想基础，是企业文化教育的核心；制度文化层约束和规范精神文化层和物质文化层的建设；而企业的物质文化层则为制度文化层和精神文化层提供物质基础，是企业文化的外在表现和载体。三者互相作用，共同形成企业文化的全部内容。

第二节　不同国家企业文化的特点

企业文化是无法与国家民族文化传统隔离的，因为民族文化是企业文化产生和发展的最主要环境和土壤，同时也为企业文化提供着基本元素。而从企业文化产生与发展的现实情况来看，各国企业文化无不与其民族文化紧密结合起来，具有明显的国家和民族特征。在企业文化研究的早期，最早提出企业文化概念的威廉·大内就认识到，日本的企业文化是与日本的企业管理实际相符的，虽然企业文化对日本经济发展作出了贡献，但日本的管理经验却不能简单地照搬到美国去，因为两国文化传统存在着悬殊差异。因此，我们有必要对不同国家企业文化的特点进行分析，从而更清晰地了解我国企业所根植的民族文化土壤对我国企业文化的影响。

一、美国企业文化的模式与管理特点

美国是一个多民族的移民国家，这决定了美国民族文化的个人主义特点。

美国的企业文化以个人主义为核心，但这种个人主义不是一般概念上的自私，而是强调个人的独立性、能动性、个性和个人成就。在这种个人主义思想的支配下，美国的企业管理以个人的能动主义为基础，鼓励职工个人奋斗，实行个人负责、个人决策。因此，在美国企业中个人英雄主义比较突出，许多企业常常把企业的创业者或对企业作出巨大贡献的个人推崇为英雄。企业对职工的评价也是基于能力主义原则，加薪和提职也只看能力和工作业绩，不考虑年龄、资历和学历等因素。

以个人主义为特点的企业文化缺乏共同的价值观念，企业的价值目标和个人的价值目标是不一致的，企业以严密的组织结构、严格的规章制度来管理员工，追求企业目标的实现。职工仅把企业看成是实现个人目标和自我价值的场所和手段。

二、欧洲国家的企业文化模式与管理特点

欧洲文化是受基督教影响的，基督教为欧洲提供了理想价格的道德楷模。基督教信仰上帝，认为上帝是仁慈的，上帝要求人与人之间互爱。受这一观念影响，欧洲文化崇尚个人的价值观，强调个人高层次的需求。此外，欧洲人还注重理性和科学，强调逻辑推理和理性分析。

虽然欧洲企业文化的精神基础是相同的，但由于各个国家民族文化不同，因而欧洲各个国家的企业文化也存在着差别。

英国人由于文化背景的原因，世袭观念强，一直把地主贵族视为社会的上层，企业经营者处于较低的社会等级。因此，英国企业家的价值观念比较讲究社会地位和等级差异，不是用优异的管理业绩来证明自己的社会价值，而是千方百计地使自己加入上层社会，因此在企业经营中墨守成规，冒险精神差。

法国最突出的特点是民族主义，傲慢、势利和优越感，因此法国人的企业管理表现出封闭守旧的观念。

意大利崇尚自由，以自我为中心，所以在企业管理上显得组织纪律差，企业组织的结构化程度低。但由于意大利绝大多数的企业属于中小企业，所以组织松

散对企业生机影响并不突出。

德国人的官僚意识比较浓，组织纪律性强，而且勤奋刻苦。因此，德国的企业管理中，决策机构庞大，决策集体化，保证工人参加管理，往往要花较多的时间论证，但决策质量高。企业执行层划分严格，各部门只有一个主管，不设副职。职工广泛参与企业管理，许多法律都保障职工参与企业管理的权利。职工参与企业管理主要通过参加企业监事会和董事会来实现。按照《职工参与管理法》规定，两万人以上的企业，监董事会成员 20 名，劳资代表各占一半，劳方的 10 名代表中，企业内推举 7 人，企业外推举 3 人；1 万～2 万人的企业中，监事会成员 16 人，劳方代表 8 人，其中企业内推举 6 人，企业外推举 2 人；1 万人以下的企业，监事会成员中的劳资代表各占一半。

三、日本的企业文化模式与管理特点

日本是一个单一民族国家，思想观念具有很强的共同性。同时，日本民族受中国儒家伦理思想的影响，侧重“和”“信”“诚”等伦理观念，因而日本高度重视人际关系的处理。这些决定了日本企业文化以和亲一致的团队精神为特点。“和”被日本企业作为运用到管理中的哲学观念，是企业行动的指南。

以团队精神为特点的日本企业文化，使企业上下一致地维护和谐，互相谦让，强调合作，反对个人主义和内部竞争。企业是一个利益共同体，共同的价值观念使企业目标和个人目标具有一致性。企业像一个家庭一样，成员和睦相处，上级关心下级，权利和责任划分并不那么明确，集体决策，取得一致意见后才作出决定，一旦出了问题不归咎个人责任，而是各自多作自我批评。企业对职工终身雇用，实行年功序列工资制。

日本虽然是一个单一民族的岛国，但并不封闭守旧，革新精神强，大量吸收西方文化，重视科学技术和理性管理，并与传统文化结合起来，形成巨大的生产力。

四、我国企业文化现状

新中国成立以前，受外国资本和封建官僚买办控制的企业中，劳动者处于被残酷剥削和压迫之下，他们没有自由，没有平等，有的只是愤怒和反抗。在旧中国，具有一定代表性的中国企业文化只有在民族资本主义企业中才存在，它是由老一代的民族企业家倡导的。民生轮船公司创始人卢作孚先生于 1925 年所倡导的“民生精神”就是一例。

新中国成立以后，国有企业成为我国经济的主体，企业文化也如同整个国家的经济建设一样，经历了一番曲折的摸索。在传统计划经济体制下，高度集权的管理模式对企业文化建设的影响既有积极的一面，也存在着严重的消极作用。所谓积极的一面是指有利于体现企业的社会主义共性，形成注重国家利益的大集体观念和艰苦奋斗精神，如20世纪50—60年代出现的“两参一改三结合”的“鞍钢宪法”和“三老四严”的“大庆精神”，就是这种观念和精神的代表。而所谓消极的一面，则是指这种集权管理模式强化了“官本位”观念，管理活动行政化，职工群众的积极性未能充分发挥出来，民主管理的监督约束机制显得无力。特别是在极“左”思潮的干预下，“以阶级斗争为纲”，把政治挂帅绝对化，严重阻碍了企业民主制度的建立和监督制度的形成。实行经济体制改革以后，传统计划经济体制逐步转换为社会主义市场经济体制，我国企业文化建设的环境开始转变，特别是现代企业制度的建立为建立有中国民族特色的企业文化创造了有利的政治法律环境，企业文化建设也取得了明显成效。

我国是一个历史悠久的文明国家，传统文化内涵丰富，其中既有积极的一面，也有消极的一面。当然，如何利用传统文化中的积极因素建立有中国特色的企业文化，是一个长期课题。但是，从目前来看，企业文化存在传统文化化或国学化的风险，我国传统文化研究者介入企业文化领域的研究是值得肯定的，但直接将传统文化嫁接到企业文化上无疑有机械性的问题。比如，有些学者强调要从儒、道、法、墨诸子学术中汲取营养，这无可厚非，但如果不加改造甚至“生吞活剥”地将农业社会条件下产生的文明成果移植到后工业时代的商业社会中，“水土不服”就是必然的。

第三节　企业文化建设的基本步骤

一、企业文化诊断

（一）企业文化诊断框架

企业文化诊断包括成因分析和现状分析两个方面，前者侧重从组织内外部多个角度对影响企业文化形成和发展的各个因素进行分析，后者侧重从制度、物质和精神三个层面对企业文化现状进行分析。图5—2所示的是一个企业文化诊断的基本框架[①]，由于篇幅所限，对此不作展开分析。

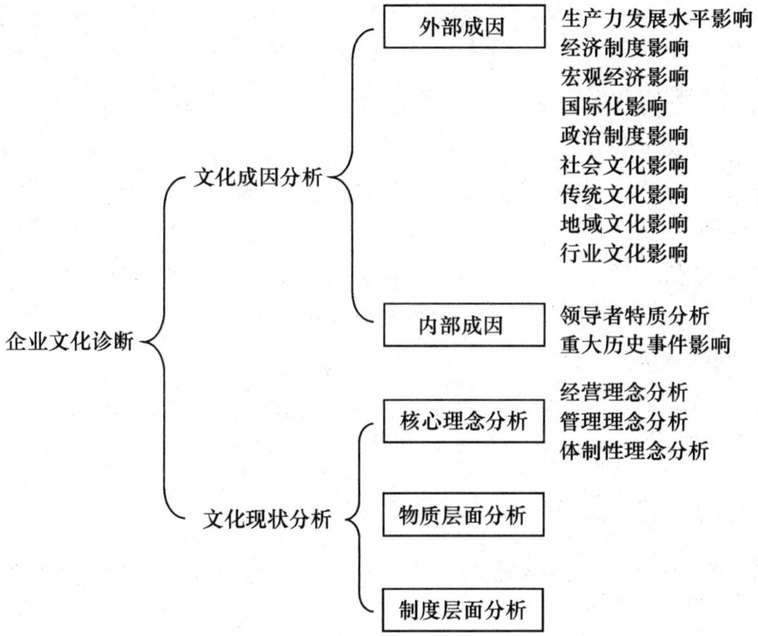

图5—2　企业文化诊断基本框架

企业文化归根结底是一种经济活动，其作用最终主要体现到促进企业战略实现与提升核心竞争力上来，因此，不存在一个超越企业、行业的普遍标准，企业文化重在与企业实际、企业战略相互契合。企业文化诊断也必须从企业战略和核心竞争力的高度对影响企业文化的各方面因素和企业文化的三个层面进行分析。

（二）企业文化信息收集

企业文化诊断依赖于有效的信息收集。信息收集的主要内容如下：

1. 政治、经济、技术等方面相关信息。

2. 国内外同行业以及其他相关行业信息，包括行业概况、市场规模、顾客类别、潜在的政府政策趋势影响、行业发展趋势、行业的关键成功要素与竞争对手在这些关键成功因素上的优势和劣势。

3. 国内外主要竞争对手的基本情况，包括竞争对手的规模、利润率、战略目标、竞争策略、财务状况等。

① 王璞. 企业文化咨询实务. 北京：中信出版社，2003

4. 企业战略与战略实施方面的信息。

5. 企业组织管理信息，包括部门设置、部门职能、管理层次、管理幅度、横向沟通方式及管理规范等。

6. 企业中高级管理人员人力资源状况、人力资源结构及人才储备状况的信息。

7. 企业市场营销管理状况方面的信息，包括营销管理制度、销售政策、客户开发与管理等。

8. 企业生产运作方面的信息，包括成本管理和质量管理等。

9. 企业研发方面的信息，包括研发方向和研发水平等。

（三）问卷调查与访谈

除收集与分析二手资料外，企业还可以通过组织访谈和座谈会、问卷调查等方式获取企业文化相关信息。对此这里不作过多论述。

二、企业文化设计

按照企业文化的组成结构，企业文化可以分成精神层、制度层和物质层三个层次。

在这三个层次中，精神层是最根本的。精神文化直接影响制度文化，并通过制度层影响物质文化。制度文化是精神文化和物质文化的中介，约束、规范着物质文化和精神文化的建设。物质文化是精神文化和制度文化的外在载体。企业文化的三个层次有机地结合在一起，共同发生作用。

因此，在进行企业文化设计过程中，应将重点放在企业核心理念的提炼上，并在企业核心理念的指导下，进行企业文化制度层和物质层设计。

（一）提炼企业理念系统

1. 企业理念提炼的来源

（1）民族文化精华：各国文化对企业文化的影响是无比深远的，日本企业和美国企业的企业文化必然大相径庭。我国是一个文化古国、文化大国，悠久的历史积淀的大量优秀文化遗产是我国企业文化的来源。

（2）当代社会文化精髓：社会文化中的积极因素应该是企业文化的来源之一。当然，对于社会文化的选取应该着重注意那些具有持久性的文化因素，而不能盲目追风。

（3）国外先进企业的理念：国外先进企业在国际竞争中积累的文化精髓可以作为我国企业文化的参考，对于我们的提炼有启发作用，但是不可照搬。

（4）我国企业的优良传统：我国企业在长期发展中也形成了很多优良传统，这些都是我国独特企业文化的优良基因。

（5）企业家的思维：企业文化在某种程度上就是企业家文化，因此，在理念的提炼过程中应充分尊重和挖掘企业家的思维，这对于提炼企业哲学、企业精神等理念都颇有裨益。

（6）企业优秀人物和群体的事迹：这些优秀人物的世界观、人生观和价值观对员工具有很大的影响力和感召力。他们身上体现出了企业宣扬什么、贬斥什么、鼓励什么、否定什么。对于这些人物和群体事迹的了解有助于理念的提炼。

2. 企业理念提炼的原则

（1）实践性原则：企业理念来源于企业实践，是企业实践经验的凝练和升华。

（2）个性化原则：企业自身的特殊性决定了企业在员工的群体价值观、经营管理方针、思考和处理问题的方式、方法及团体风气等方面的特殊性，总结和提炼这些特殊性的结果必然形成企业理念的个性特色。

（3）持久性原则：对于企业理念的提炼要站在历史的高度、时代的高度，充分吸收当代社会最先进的文化思想观念，而且要能够把握社会前进的脉搏，预见企业未来的发展趋势。

（4）系统性原则：企业理念是一个系统，要强调各个理念之间不要冲突。

（5）艺术性原则：企业理念在一定程度上起着激励员工的作用，也是对外宣传的载体，因此，其艺术性不能忽视。

（6）其他一些原则：如辩证性原则、民族性原则等也是不可忽视的。

3. 企业理念提炼的方法

（1）分类：首先，我们要将需要调查的价值观的内容进行分类。有些理念是可以通过员工问卷调查形成的，还有一些则是通过访谈形成的。

（2）与核心人物探讨：我们需要与企业的核心层的人物坐在一起，探讨企业价值观的每个理念。对于框架我们在前面已经提出，这是一件很花时间的事情。

（3）调查问卷设计：即设计对员工的调查问卷，了解员工对这些理念的认识程度。

（4）排序：组成一个由企业主要领导者、员工代表以及咨询顾问等组成的班子，共同将前面两次讨论的结果拿出来，让大家各自对两次的结果进行排序。

（5）整理：排序以后，可以经过几天的时间，让大家对排序的内容重新审核一下。

（6）定稿：几天以后，大家重新坐在一起，将上面两份结果综合在一起，最后得出企业的价值观和核心价值观。

4. 企业理念的主要内容

企业理念渗透并体现在企业管理的方方面面，其内容主要包括以下几个方面：

（1）经营理念系统：经营方向、经营模式、服务策略、持续发展战略等。

（2）组织理念：组织设计的方针、职务设计的原则、管理者的主要职责、企业目标的指标系统、组织结构支持系统、决策管理等。

（3）人力资源管理理念：人力资源管理的目的、人力资源管理的基本准则、员工的权利和义务、考核方法、价值分配形式与原则、人员选聘原则、薪酬制度的价值取向、员工晋升与降格的主要依据等。

（4）内部控制理念：管理控制的方针、目标与原则、预算控制、风险控制、成本控制、审计管理等。

（5）市场营销理念：销售人员的管理与任用原则、营销理念等。

（6）经营者的培养与激励：经营者的选拔、考核、激励与监控原则。

（二）企业制度设计

企业制度设计是企业文化咨询工作的关键环节，也是非常难操作、容易被咨询公司和企业领导忽视的环节。如果忽略了这个环节，企业精神层理念就会成为一纸空谈，企业文化咨询也就无法落到实处，这也是目前很多企业在企业文化建设中的主要问题。

企业文化咨询项目中的制度设计不是对企业管理制度的全盘否定和重新设计，而是主要针对制度与理念的冲突，集中处理主要矛盾，并对企业制度进行全面梳理。企业制度设计的基本步骤如下：

1. 问题定位

通过问卷调查和访谈，寻找制度与理念相互冲突的关键点。也可以利用企业文化诊断阶段获得的相关数据，进行分析整理工作。

2. 问题分析

首先应该分析这些问题都表明了制度哪些方面与理念相违背，进而找到理念在制度上的问题表现。问题分析要吸收企业相关职能部门员工参与，要让企业深刻理解问题的根源，而不仅仅被告知分析的结果；否则，由于文化的惯性，在执行中还是会退化到先前的老路上去。

3. 制度修改

根据以上分析结果，对相关制度进行修改。

（三）企业物质文化设计

企业物质文化是企业文化理念的载体。由于企业物质文化设计更多地涉及广告、美术等专业知识，并非管理咨询公司所长，因此，管理咨询公司只要提出基本原则和要求就可以了，其余工作由专门的设计公司进行。具体而言，企业物质文化设计的内容主要包括以下几个方面：

1. 视觉识别基本要素设计

包括企业名称设计、企业标志设计、企业标准字设计、企业标准色设计、VI辅助要素设计等。

2. 企业物质环境设计

包括企业自然环境与建筑布局设计、厂房设计、办公室设计、商店设计等。

3. 企业产品造型包装设计

包括产品造型设计、产品包装设计等。

4. 企业文化传播网络设计

包括企业报刊设计、企业宣传栏广告牌设计、企业BBS与局域网络设计、企业内部广播电视宣传网络设计、企业文化书籍设计、企业文化展览设计、企业画册设计、企业内部简报设计等。

（四）企业文化设计成果

1. 企业文化纲要

企业文化纲要主要是对价值观体系进行阐述，指导公司进行各项活动、制度制定、员工行为的指导性文件。企业文化纲要往往冠以各种名称，如某企业基本法、某企业之道、某企业宪章、某企业法典等。虽然名称各异，但大致都包括以下内容：

（1）公司的宗旨：主要介绍公司的核心价值观、公司的发展目标和其他核心理念等。

（2）基本经营政策：包括公司的经营中心、研究与开发的目标与模式、市场的目标与模式、生产的模式与目标等。

（3）基本组织政策：组织的基本原则、基本组织结构、高层结构以及相应制度等。

（4）基本人力资源政策：包括人力资源管理的基本准则、考核、招聘、培训等方面的指导性理念等。

（5）基本控制政策：管理控制的目标、原则和改进的方向等，质量体系的目标和保障等，全面预算控制的目标和任务等，成本控制、危机管理等方面的保障和目标。

(6) 接班人：对公司接班人的要求和选拔方式。

(7) 修改的原则等相关规定。

2. 企业员工手册

员工手册是企业文化的重要载体和贯彻方式。员工手册一般包括以下内容。

(1) 企业高层致辞。

(2) 企业核心价值观介绍。

(3) 企业简介。

(4) 员工入职程序。

(5) 劳动合同与档案管理。

(6) 员工权利与义务。

(7) 培训制度。

(8) 考勤制度。

(9) 绩效考核制度。

(10) 薪酬管理制度。

(11) 员工职业发展。

(12) 奖惩制度。

(13) 休假制度。

(14) 日常行政管理制度。

(15) 员工行为规范。

(16) 员工职业准则。

3. 主要企业制度汇编

企业制度汇编是制度设计的直接成果，其目的在于对企业管理制度的全面梳理。

三、企业文化建设的误区

在工商管理教育中企业的经理人员越来越关注企业文化建设，这反映了当前国内企业管理创新的一个新的趋势。西方的企业管理从经验管理、制度管理逐步向文化管理转变，企业管理的发展经历了一个不断认识人性、解放人性、弘扬人性的光辉过程，同时也是一个不断协调企业利益相关者利益关系的过程。在这一过程中，现代企业管理超越了以物为中心，转向以人为中心，从以资为本转向以人为本，从完全的刚性制度管理转向尊重人性与个性的柔性管理，由此企业的制度管理开始转向一个新的阶段，即文化管理阶段。与此相似，在我国的一些优秀企业，管理也向这一方向迈进。在文化建设与制度创新的过程中，目前已有一批运作成功的优秀企业，如海尔、联想、华为、TCL等。但不容忽视的是，还有相当多的企业领导者由于对先进的管理思想学习不足，没有弄清现代企业文化的真正内涵和发展趋势，在变革和建设企业文化工作中出现了一些误区，阻碍了管理的健康发展。下面将对这些误区进行梳理和分析，以引起大家的重视，在实践中予以修正。

（一）企业文化手段化

国内很多企业界人士把建设企业文化仅仅看成是企业实现自身经济目标的手段，而不是企业应该达到的目的，企业文化本身没有上升到企业目的的层面。有人就曾提出“赢利才是企业追求的唯一目标，暴利才是企业迅速发展的最佳手段”，所以，关心职工、让顾客满意只是为实现企业经济目标而采取的一种手段。这种倾向最常见的表现是企业管理层不关心或不是从根本上关心员工、顾客甚至出资者的利益，把管理层或企业自身的短期利益看得高于一切，对员工的工作生活质量、顾客的满意度或资本的保值增值重视不够或根本不重视。这种倾向最终会损害员工、顾客甚至股东和社会的利益，削弱企业的核心竞争力，破坏企业的可持续发展。

这种思想无疑和现代优秀企业文化的理念相抵触。例如，摩托罗拉的企业文化要求：本公司的目的是光荣地为社会服务，以公平的价格提供高质量的产品与服务；不断自我更新；开发“我们潜在的创造力”；尊重每位雇员的个性。TCL的经营宗旨是：为顾客创造价值，为员工创造机会，为社会创造效益。联想对员工的价值承诺是：联想，成就人，成就于人。研究国内外优秀公司的企业文化，不难发现，企业文化就其内容与本质来讲，应该是企业要达到的目的与实现目标的手段的统一体，把二者隔绝开来，只能损害企业文化的生命力。

（二）企业文化就是领导者或老板倡导的文化

有些企业领导者以为企业文化就是领导者或老板所倡导的文化。这是一种严重的误解。文化具有四种层次，即民族文化、组织文化、群体文化和个人文化。明确这四种层次文化的相对独立性和相互依存性对管理者正确理解企业文化的内涵非常有必要。企业文化属于组织文化的范畴，它不等同于某些领导者为企业所设计或所倡导的“企业内的文化”，也不等同于某些贴在墙上或挂在嘴边的标语或口号。

什么是企业文化？著名学者施沃茨（H. Schwartz）和戴维斯（S. M. Davis）认为，企业文化是一个公司全体成员所共有的信念和期望的模式。笔者认为，“期望的模式”应该包括心智模式和行为模式。领导者所倡导的文化在没有得到组织成员认同和接受之前，就是一种个人文化或群体文化，而不是组织文化或企业文化。企业领导者所倡导的观念、信念、价值观、行为风格等文化因素要真正成为企业文化，需要得到企业绝大多数甚至全体员工的认同和履行。因为文化是一套隐含的或内隐的假设体系，是一套标准化的操作程序，是一种潜移默化的行为方式，所以，企业的领导者必须清醒地认识到，自己所倡导的文化只能代表个人文化或群体文化，在它真正转变为企业文化之前还有一段漫长的路要走，建设企业文化绝不是通过几次演讲、会议或贴几张标语、口号就能完成的。企业领导者确实可以选择或破坏某些企业文化要素，但并不能独自决定企业文化。因为，人的意识具有主观能动性，员工对文化具有自主选择性。

（三）企业文化建设的目的是塑造员工

国内许多企业管理者认为企业文化建设的目的是“造人”，即塑造员工，包括按照领导者和组织的意图改变员工的观念、习惯和行为方式等。与此相对应，这些企业所倡导的“企业文化”在内容上基本局限于人的道德品质或人品的范畴，如“爱国、爱家、爱他人”“善、诚、智、勤”等。我们认为，培育和塑造员工确实是管理的一项重要任务，尤其是在缺乏市场经济文化传统的我国，进行社会主义市场经济建设，培育人就显得更加重要。但我们也不能忘记，我国家长制和官本位非常严重，强调服从和控制还是我国企业管理的突出特点，在这种情况下，企业领导者如果把企业文化建设等同于“造人”，可能会出现一种不良的倾向：领导者把自己放在造物主的地位上，按照自己的意志而不是先进的社会文化发展要求去塑造员工。从西方企业文化内涵来看，培育和塑造员工确实是企业文化建设中的一项重要工作，但企业文化的根本方向不是塑造员工，而是塑造企业自身。例如，确立企业精神、企业的核心价值观及其实现目标优先采用的方式，包括企业如何对待不同的利益相关者（包含员工）等。企业文化建设首先考虑的是企业的目标与宗旨，营造企业的未来。在现代企业中，促进员工发展已经成为企业目标的重要组成部分。现代优秀的企业家把企业看成是一种社会化的个性系统，努力通过企业文化建设培育企业形成健康的个性与灵魂，使企业成为为公众和社会创造价值的机构，能够与社会共生共荣，共同发展。例如，惠普的核心价值观是：追求卓越的贡献和成就；相信和尊重个人；在商业活动中坚持诚实和正直；靠团队精神达到共同目标；鼓励灵活性和创造性。世界闻名的惠普之道就是关怀和尊重每个人，承认他们每个人的成就，珍重个人的尊严和价值。海尔的市场观念是：卖信誉不是卖产品，否定自我，创造市场。海尔的售后服务理念是：用户永远是对的，海尔真诚到永远。

我们认为，在企业文化建设中，“造企”和“造人”都很重要，二者是相互作用、相互促进的。“造人”也不是局限于员工的道德品质培养，企业可以通过有效的员工甄选过程，选择那些认同本组织文化的人，而筛选掉那些可能对组织的核心价值观构成威胁的人。在企业文化建设中，如果一味地强调“造人”，强调员工的接受与服从，而看不到企业文化对企业组织行为的引导和员工对企业文化的创造作用，那最终必然会阻碍企业的健康发展。

（四）把企业文化建设与企业的经营活动隔离或对立起来

国内很多人认为，企业首先应是一个经济组织，其次才是一个社会组织，追求利润最大化是其存在的宗旨。他们认为，企业先要保证赢利，赢利是企业文化建设的前提。传统的企业概念是创造利润的机器或机构，与之相配套的管理手段更多的是制度而不是文化。20世纪90年代以来，优秀企业的发展已经修改了这一道德契约，而将企业看成是价值的创造机构，即一家企业只有不断地为社会创造价值，为公众创造价值，它才能够不断地生存和发展下去，才有自身存在的意义与价值。企业组织如果把它的经济性放在社会性之上，那么它迟早会犯错误。国内早期的秦池、近期的南京冠生园就是典型的例子。在社会监督日益严密的今天，在以信誉和信任为基础的市场经济中，企业组织必然是经济组织和社会组织的有机统一，而不能把二者割裂开来。优秀的企业文化也必须能够促进经济组织和社会组织的统一。海尔的企业精神是“敬业报国，追求卓越”；华为的追求是“在电子信息领域实现顾客的梦想，并依靠点点滴滴、锲而不舍的艰苦追求，使我们成为世界级领先企业”；索尼公司的文化核心是“享受有益于公众的技术进步、技术应用和技术革新带来的真正乐趣”；摩托罗拉公司的目的是“光荣地为社会服务，以公平的价格提供高质量的产品与服务”。这些国内外优秀公司的企业文化都很好地说明了这一点。

在我们加入WTO之后，那些不能及时转变单纯追求利润最大化的价值观的企业，不把眼光放在为公众和社会创造价值，为顾客创造有价值的产品与服务，从而实现创造市场、创造顾客上，必将走向失败。把企业文化建设与企业的经营活动隔离或对立起来，最终都会削弱企业文化的积极影响，降低管理者和员工对企业文化建设的吸引力和信心。

（五）企业文化建设中员工只是被动的接受者，而不是主动的参与者和创造者

在一些公司的企业文化建设中，采取的行动都是自上而下的，缺乏自下而上的沟通，管理层没有倾听员工的意见，所制定的制度和采取的措施也没有反映员工的愿望与需求，最后没有达到预想的效果应是情理之中的事情。其实，员工应成为企业文化建设的主动参与者和积极创造者，企业文化作为员工共享的信念和期望的模式，它的培育过程要让全体员工积极、主动地参与，并将代表多数人观点的人作为典范和执行者，加强交流和沟通，积极鼓励员工参与并反馈情况。

（六）把企业文化建设与企业的制度化隔绝开来

一些国内企业的领导者在接受了文化管理的思想之后，觉得应该将目前的管理模式直接转变为文化管理，似乎实施文化管理才表明自己的企业管理水平有了提高，上了台阶，赶上了潮流。这是一个误区，一个陷阱。目前国内企业的管理水平主要停留在经验性的制度管理水平，距离现代管理科学所要求的制度管理还有较大的差距，距离文化管理更是旅途遥远。在这样一种情况下，建立健全科学的规章制度是提高管理水平的一项重要的基础工作。从西方企业文化的发展来讲，制度化是企业文化的前奏。从企业文化的内涵来讲，制度与行为规范是企业文化的重要表现形式。因此，制度创新应该是当前国内企业管理创新的最主要方面。我们认为，只有在长期科学、有效、引起员工认同的制度化管理的基础上，企业文化赖以形成的条件才会完全具备，管理才可能由他律走向自律，从而过渡到文化管理的阶段。实践证明，在企业文化建设中，需要制订一个计划来加强或更改那些对文化形成影响比较大的规范。如果只重视文化建设而忽视相应的制度建设，或加强制度建设的同时忽视现代优秀企业文化对制度的指导，最终都会产生不利的影响。

（七）企业文化建设中领导者的短期行为普遍

企业文化建设中的短期行为有多种表现形式：

第一，文化建设物质化。一些企业领导把企业文化建设简单地做成 VI 系统设计（视觉形象识别），似乎建设企业文化就是创造优美的企业物理环境，注重企业外观色彩的统一、协调，员工服饰的整洁大方，商标与包装的图案优美等。

第二，文化建设言语化。有些企业领导者学了一些时髦的名词，自己设计或请人设计一些标语口号，贴在走廊、办公室和各车间的墙上，内容形形色色，措词铿锵有力，如“以人为本”“人本管理”“团结”“求实”“创新”“拼搏”“奉献”等。这本无可非议，但它是否能真实地反映本企业的价值取向、经营哲学、行为方式、管理风格，是否能引起员工们的认同和产生共鸣，是否符合行业特色与企业特色，是否能促进企业的未来发展，是否有相应的管理措施与之相配套等，有时候恐怕连企业的决策者自己都难以说清楚。

第三，文化建设静态化。一些企业在初步形成组织文化之后，不重视随着企业经营环境和管理水平的变化不断地总结提炼，推陈出新，引导企业文化不断发展。

第四，文化建设广告化和运动化。一些企业不顾实际效果，只是从领导者的意愿出发，采用形式主义的手段，在一段时间内大力宣传领导者所设计或倡导的文化观念，用广告和思想运动的方式搞企业文化建设。这些急功近利的短期行为都难以有效地培育企业文化。

（八）企业文化重建设轻变革

中国人从具有几千年的封建文化传统和几十年的计划经济传统中来，企业的内部文化（包括企业文化、群体文化和个人文化）与现代市场经济发展的要求往往不相适应或相互抵触。例如，落后的企业管理造成了严重的人员管理问题，突出表现在以下几个方面：不尊重人的现象十分普遍；用人制度老化；考核与分配制度不合理；管理方式落后；民主管理的实际效果不佳；家长制与官僚主义严重。与此相应，大多数员工长期以来形成的信念和行为方式与优秀的企业文化也显得格格不入。现有的管理方式往往并不能发掘员工的最佳状态。因此，加入WTO之后，国内企业基本都面临着组织文化的变革这一紧迫任务。而与此形成鲜明对照的是，很多企业的领导者由于自身个性的局限和（或）文化变革的困难，在企业文化建设中只重视建设新文化，不重视变革旧文化，结果是新文化缺乏生存和发展的土壤，“水土不服”，难以存活。在国内企业的组织文化建设中，必须合理处理好“破”和“立”的关系，没有对旧文化的有效变革，就不会有新文化的成长与发展。

今天，我国的经济已经融入世界经济体系，增强企业竞争力已成为当前管理的最重要的任务。在一个创新、快速反应、灵活和学习成为竞争优势重要来源的环境中，培育员工、以人取胜、以人为本成为企业增强竞争力的核心。这就需要变革传统的企业文化，培育新的符合人性和时代要求的企业文化，使企业管理逐步向文化管理转变。但是，我们认为，必须从实际出发，科学地把握这一转变过程，首先将目前的经验性制度管理转变为现代优秀企业文化指导下的科学制度管理。在这一转变过程中，关键是要完整理解和正确处理企业管理中的人性、制度、文化三者之间的关系，走出各种误区，坚持以人性为依托、以文化为导向、以领导为动力、以制度为保证，重视通过文化变革和管理创新来塑造管理行为和员工行为。

第四节　在绩效管理中运用企业文化

虽然每个人都已经认识到企业文化对于管理的重要性，但并非每个人都能清楚地了解企业文化与人力资源管理的作用关系、企业文化如何影响绩效管理、绩效管理如何反作用于企业文化，这种模糊认识对于绩效管理体系设计与运行中自觉适应、运用企业文化是不利的。同时，绩效管理频频失效能够在我国文化中找到哪些根源，搞绩效的企业文化又具备哪些特征，这些问题都将在本节中作具体介绍。

一、企业文化与人力资源管理

企业文化为人力资源管理提供了思想依据，对人力资源管理起到了导向和规范的作用；同时，企业人力资源管理活动也为企业文化建设提供了有形的载体，对企业文化的形成、建设和变革有着不可或缺的作用。

（一）企业文化指导人力资源管理哲学及活动

企业文化是员工共享的价值体系，此价值体系的内涵也包括企业成员对人或员工价值的认知与人性的假定，这些价值体系将指导、影响人力资源管理哲学及各项活动。

以往许多企业的文化价值体系是将员工视为成本，或将薪资视为费用，在这种价值认知的指导下，人力资源管理哲学则以降低成本为重心，人力资源管理活动仅停留在人事管理的作业层级，各项活动只是企业内的支持性作用，管理者不认为人力资源管理活动对组织绩效会有贡献。具体表现在人力资源管理的各项活动中：在招募甄选时仅为满足短期的需求，不重视扩大可选择的来源；企业提供给员工的仅是有限的训练；工作保障极低；绩效考核以管理为目的；提供给员工相对较低的薪资水平；升迁主要以年资为考量重点。另外，员工参与决策程度低，自主权少，而且企业透过各项规则与制度对员工实施控制。

现在许多企业的文化价值体系将员工视为公司的资产，这样的价值体系指导下的人力资源管理哲学重视企业人力资本的提升以及员工对企业承诺最大化。具体的表现则是重视企业内长期人才需求与尽可能扩大可供选择的人才来源，有完整的计划，提供员工一般性及专业性的训练，工作保障性高，绩效考核以发展员工为目的，提供给员工较高的薪资水平，升迁的标准则着重以绩效与能力为基础，同时注视员工的决策参与程度，给予员工适当的自主权，赋予员工使命感与责任感作为企业控制员工的手段。若企业的文化价值体系极为重视对外在环境的监控与反应，则该企业的人力资源管理活动可能是策略性的，确认引进的人才能符合未来的需求、提供员工多样的技能与知识的培训，以适应未来的企业需求与员工升迁，绩效考核重点则侧重长期的绩效效标，并且规划如何给予员工未来适当的薪酬。

同样地，我们也可以推论企业文化中对人性的假定如何影响与指导企业人力资源管理哲学与活动。若是企业相信人性本恶，即企业成员共享的信仰是X理论，则企业人力资源管理活动必定也受此信仰的影响，着重于对人施与严密的控制，员工与企业主的关系仅是经济契约的交换关系，员工参与程度低、自主权少，注重处罚与鞭策的制度。反之，相信人性本善的企业，即信仰Y理论，给予员工较大的自由度，利用奖赏制度激励员工努力工作，给予员工较多的参与机会，员工与企业主的关系超越经济性交换而上升至社会性交换。

（二）人力资源管理活动塑造、强化企业文化

企业文化指导人力资源管理各项活动，人力资源管理各项活动也会反过来对企业文化产生塑造、传播与强化、深化的作用，这也是高绩效企业文化能持续对企业的成员与整体表现产生影响的重要原因。

为什么这么说呢？我们在探讨企业文化的时候，经常会提到所谓的强势文化与弱势文化。所谓强势文化是指企业内的价值观被所有员工深刻而广泛地接受，也就是能对员工产生较大的影响力；反之，弱势文化则无法对员工产生较大的影响力，取而代之主导员工行为的可能是自己的价值观、非正式团体的价值观或部门的价值观（或称次文化），弱势文化的组织通常无法产生较强的向心力，无法齐心向企业目标迈进。

那么，企业通过什么去推动强势文化的形成呢？在各种手段之中，人力资源管理活动无疑是最佳塑造、强化企业文化的最重要的载体：在招聘中，不仅重视知识、能力、技能等符合岗位任职资格要求，更强调候选人价值观与企业文化的契合；在培训中，将企业文化作为重要的内容渗透到各种培训内容中去；在绩效管理中，更强调通过绩效管理强化企业称许的行为和价值观，调整员工不符合企业取向的方面；薪酬制度用更直接的方式体现出企业最重视的价值观；在人员继任计划中，通过让那些认同企业文化的人员跨上管理岗位进一步强化企业文化。总之，所有的人力资源管理活动中都包含着丰富的、明确的企业文化信息，对于企业文化的塑造、强化具有不可替代的作用。正因为如此，在很多企业，人力资源部也是总揽企业文化建设的部门。

综上所述，企业文化指导人力资源管理活动，人力资源管理活动塑造、强化企业文化，这种关系如图 5—3 所示。

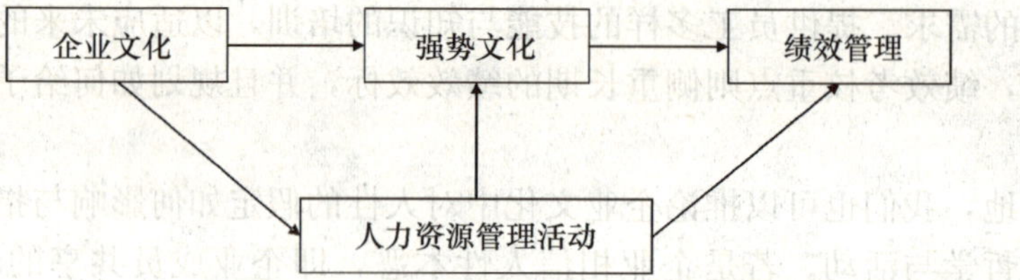

图 5—3　企业文化与人力资源管理活动的关系

二、企业文化与绩效管理的关系

实际上，企业文化与绩效管理的关系类似于企业文化与人力资源管理的关系，下面我们重点对企业文化与绩效管理相互影响的重要方面进行分析。

（一）文化因素决定绩效管理方式

企业文化的发展是与企业管理的发展过程相辅相成的，而在不同的企业发展阶段，绩效管理也表现出不同的特点。这说明，绩效管理与企业文化之间存在一定的相互适应性。

从规章制度和企业文化强弱变化的角度，可以将企业管理的发展过程分为经验管理、科学管理和文化管理三个阶段。企业在不同的管理发展阶段，管理方式是不同的，这些管理反映了不同的企业文化。

1. 经验管理阶段主要的管理特征是：人治，管理跟着领导人的感觉走，缺乏合理的规章制度，缺乏科学的决策，随意性比较大，没有明确的企业文化。

2. 科学管理阶段主要的管理特征是：法治，规范化，制度化，模式化，管理有明确的目标，有明确的、一致的企业文化导向。

3. 文化管理阶段主要的管理特征是：文治，由管人的行为变为管人的思想，经济人变为自我价值实现的人，并且形成了统一员工思想、确认绩效评价标准等作用的企业价值体系——企业文化体系。这个时候的管理已经不需要太多的规章制度，企业文化营造了一种非常和谐的工作氛围和共同奋斗的愿望，有着强大的凝聚力，使员工忠于企业和企业所从事的事业。

各阶段相对应的绩效管理特点是：

在企业的经验管理阶段，绩效表现主要是领导说了算，赏罚不分明，评价是无方向的、随意的，并且换了领导就换制度。

在科学管理阶段，有了工作分析和岗位描述的基础，企业建立起了一套明晰的、一致的、确定的绩效评价标准和科学的薪酬体系，在这个阶段，绩效表现一般用直线考核、业绩导向、目标管理法，关注的是结果导向，评估内容主要集中在工作的实际产出。它营造的是一种比较理性的、任务导向的文化氛围。

在文化管理阶段，不靠人来监督、管制，员工们能履行自己的职责，自觉地去完成工作，这个过程一般用横向考核、模糊控制打分法，关注的是过程导向，注重员工的工作态度和能力，评估内容主要集中在员工工作过程中的行为、努力程度和工作态度上。它营造的是一种比较感性、和谐的文化氛围。

从经验管理，到科学管理，再到文化管理，这是企业管理变革的必然进程，不可逾越；从没有明确的企业文化，到形成理性的、任务导向的企业文化，再到形成感性的、和谐的企业文化，是企业文化逐步发展的历程，不可或缺；同样，从随意的绩效管理，到关注结果的绩效管理，再到关注过程的绩效管理，是绩效管理不断进步的过程，也是不可替代的。

（二）企业文化对选择绩效管理方法的影响

绩效管理发展出一系列绩效管理的工具和方法，很有意思的一个现象是，企业文化在绩效管理工具的选择上发挥着非常重要的作用。从下面的资料中，美式文化的“五菱”和日式管理下的“江淮”的比较[①]能够使我们更容易理解其中的差异。

美式文化的“五菱”VS日式管理下的“江淮”

1. 美式文化的“五菱”

上汽通用五菱汽车股份有限公司是由上汽集团、美国通用汽车公司和柳州五菱汽车有限责任公司三方合作投资的大型中外合资企业，现在采用“五菱化”的通用管理模式，其绩效考核运用关键成功因素（SCF）和关键绩效指标（KPI）结合的平衡计分卡式的（SPQRC）系统，即战略实施工具——业务计划实施（BPD）。

BPD是一个标准的流程，融入通用的全球制造系统（GMS），并将企业的战略目标和绩效考核有效地结合在一起。BPD紧密围绕公司战略，将战略层层分

① 秦远建，王金武．论中外企业文化的绩效考核差异．汽车工业研究．2005（9）

解落到实处，使上汽通用五菱复杂的组织统一行动，在5个关键范畴内实现整个企业目标，主要体现在安全、人员、质量、响应和成本方面。

BPD是动态的，将企业的战略和企业的绩效考核有机地结合在一起。其融入PDCA循环模式，每一工作层面、每一项指标都采用PDCA循环，以月为单位，以便随着环境的变化调整目标。

BPD的最终目标是不断改进。通过BPD将企业战略分解，结合PDCA循环使每一目标更具实用性、操作性和情景化，从而不断改进和提升企业的竞争力。

BPD的最大特色之一是员工参与，360度开放式的沟通方式。在企业内部实行开放式沟通方式，要求企业领导开门办公，经常倾听员工意见，进行现场管理，为员工提供支持、指导和树立榜样。鼓励员工参与绩效考核制度的制定工作，采用员工合理的建议，以保证绩效考核的合理规范和可操作性。在绩效考核中，员工对考核的标准和结果有权知道WHAT－HOW－WHY，意见可直接向上级反映，对合理的意见，要继续反馈并予以解决，同时给予表扬和鼓励。

2. 日式管理下的“江淮”

安徽江淮汽车股份有限公司引进日本丰田的管理机制，采用关键绩效指标法（KPI）JAC绩效评估体系，该绩效考核体系是一种融合了关键绩效指标法和360度绩效评估的方法。JAC绩效评估体系分两大板块，即经理层绩效考核体系和基本员工绩效考核体系。

JAC基于对发展战略的考核，根据企业一个时期发展战略的偏重来强调某些指标的权重，以引起员工的足够重视，但不能全面执行战略。对于考核等级实行比率分配：优秀25%，合格70%，不合格5%。在考核中表现不佳（在末位淘汰范围之内）的员工和管理人员将依照规定职位逐级下降。

JAC融合了关键绩效指标法和360度绩效评估，强调评估的公平性，但其融入了中国的人际特色，考核结果不理想。引入丰田管理方式后，强调员工建设，鉴于员工的素质较低，加强了对员工基本生活习惯的考核，树立了企业崭新的精神风貌。在绩效考核的制定和执行中，政策硬性化，强调员工的服从，尤其体现在考核标准的制定上。在考核的意见反馈上，月度考核结果下达后，被考核人对考核结果如有异议，可越一级向上申诉；如再有异议，可到人力资源部申诉。

在某些情况下，企业文化还可能对绩效管理方法产生扭曲。360度绩效反馈法的特点在于，能防止因特定人的偏见产生偏差而影响评量的结果，更重要的是能从多个方面查找绩效低下的原因、收集绩效改进的建议，从而促进绩效提升。但在我国的一些企业，360度评价竟演变为直接上级分散管理压力甚至玩弄公司政治的手段。在此以笔者对一家大型国有化工企业提供的绩效管理咨询服务为例，在访谈中，该公司老总表示一定要采用360度绩效考核方法，问其原因时，他的回答出人意料：让员工不知道是谁给他打了低分。他的意图非常明显，在传统的国有企业里，在考核中为别人打低分是涉及同事关系和面子的大问题，如果只由直接上级打分，直接上级可能碍于种种原因不愿或不敢作出真实的评价；而当采用360度绩效考核方法，由多个相关方匿名打分时，虽然直接上级权重较大，仍然起着主导作用，但有利于分散直接上级的管理压力，从而作出相对客观的评价。这个例子反映了管理者在传统国有企业文化的重压下寻找有效的绩效管理方法的努力，但他努力的方向无疑存在问题。

（三）绩效考核引导员工行为

企业可以借由设计员工的绩效考核指标，使员工能表现符合企业价值观的态度及行为，或者是调整不符合企业期望的表现。

在绩效考核中，工作态度是非常重要的考核内容。例如，对一家企业而言，讲究纪律、原则与一丝不苟是其高绩效文化的重要成分，对此，该企业可以考核员工上班及开会是否准时，或工作中犯错的次数能否高于某一数量等。相反，如果企业崇尚创新精神，考核准时与否及犯错次数是无助于强化企业文化的，考核的重点应该是建议事项被采纳的次数或建议事项产生的效益等。

（四）绩效管理过程中的冲突对于企业文化的意义

绩效管理中人力资源经理、直线经理、员工之间的冲突最直接体现了企业文化的现状和结果，这些冲突的解决同样也会成为贯彻企业文化的契机，同时也是企业文化创新的动力。

综上所述，企业文化是绩效管理体系设计和运作的前提，为绩效管理提供一种道德约束和行为准则；而绩效管理对企业文化也产生很大的影响，可以产生维持和优化企业文化的效果。

三、我国企业文化制约绩效管理的原因

绩效管理是从西方引进的管理体系，其产生、发展和发挥作用是与西方“个人主义”“平等”“竞争”“激进开放”的社会文化体系相适应的。在引入我国后，绩效管理中的很多问题实际上都能从文化差异上找到原因。我们必须深刻理解这些差异，因为只有如此才能发展出适合中国文化的绩效管理模式，企业管理者才

能因势利导，使绩效管理在我国发挥出真正的价值。

（一）我国文化具有高权力特征

所谓高权力特征，是指人们对权力在社会或组织中不平等分配的接受程度较高，权力在管理活动中具有重要的影响力。

因此，一方面员工对上级的态度多为敬畏，另一方面上级更习惯居高临下的行为风格。在这种情况下，上下级之间根本不可能在平等的地位上沟通，在绩效管理的很多行为上也容易产生扭曲。

例如，在绩效计划阶段，上级更倾向于下达任务，而如果下级提出更好的建议，上级就会认为这是在挑战他的权威，更不用说提疑义或支持要求了；在绩效反馈中，上级的姿态更主要的是指出下级的不足，而不是与下级协商和寻找绩效改进的途径，下级一般也不敢提出自己的真实想法。

可以说，这种高权力特征是绩效管理在我国企业中遇到的最大障碍。因为没有有效的沟通，就没有绩效管理。

（二）中庸之道的思维习惯

儒家主张安定平和，认为动、乱是由不均造成的，因此，“不患寡而患不均”。为了实现安、定、静，造成一种貌似公平而实则不公的局面，这种现象在企业中比比皆是。

很多企业不敢公开员工绩效结果，员工不敢接受重奖，怕“出头的椽子先烂”，从而引起不必要的麻烦，结果是奖金平均摊，调级人人有，大锅饭吃起来很香，因而我们常常听到“功劳是大家的”这句话，相信大多数人都是言不由衷。

末位淘汰、强制分布、360度考核等绩效管理工具在我国企业的推进都会遇到阻碍，大多数都会不了了之。在一个企业里，在绩效结果强制分布的第一个月的考核结果里，好几个部门负责人将自己放到了绩效末等中，他们的理由是，把谁放在末位也不合适，也只有把自己放进去了。最常见的情况就是通过轮流坐庄来抵制强制分布，大家轮流作为绩效末等的人选。

（三）没有功劳，也有苦劳

这几乎是我们听到频率最高的一句话，这句话的潜台词是，既然我付出过，我就应该得到回报。人们关注的只是自己对企业的付出，并不关心这样的付出是否真的产生绩效。而企业真正需要的不只是付出，而是付出之后的绩效。一个极端的情况是，如果企业里的所有人只有苦劳而没有功劳，企业只会倒闭。

“没有功劳，也有苦劳”的另外一句潜台词是，虽然我并没有实现目标，但因为苦劳，我也应该得到原谅。这是一种与管理者谈判的筹码和姿态。事实上，无法达到绩效目标，首先要查找原因，寻求改进，而不是用这句话来自我辩解。

我们在这里并非要否定苦劳，也并不是说企业就不需要苦劳，因为苦劳也往往与对企业的忠诚相关，我们要否定的是隐藏在苦劳背后的非绩效导向。

（四）关心态度胜于关心能力

假设一个企业里有小李、小刘两名员工，小李任劳任怨、勤勤恳恳，每天都早来晚走，经常加班加点；小刘则准时上下班，从不加班。两个人的绩效很接近，至少小李的绩效并不比小刘好，甚至不如小刘，那么，当部门只有一个晋升或加薪名额的时候，谁会得到呢？结果一定是小李。

关心态度还是关心能力是一个非常重要的问题。只有能力才会产生绩效，态度本身并不能产生绩效。很多人习惯上就喜欢态度好的人，喜欢听话的人，喜欢加班的人，人们也从经验上得到“态度比能力更重要”的结论。这样就导致了态度好但能力平平的人得到重用的机会比能力很强但是态度一般的人要多得多。

我们并非认为态度无用，而是认为在员工符合企业文化导向要求和基本行为规范的条件下，我们更应该关注能力，因为能力才是创造绩效的根本。

（五）过分重视人际关系

我国文化重视人和，强调集体主义精神，注重人与人之间的和谐关系，极力避免冲突。其实冲突是无所不在的，管理职能中协调的过程也就是解决冲突的过程。但是，我国极力避免冲突的取向和注重人际关系的方式并不利于冲突的解决，很多冲突被隐藏起来，不到酿成巨大问题的时候永远得不到解决。

因此，我国文化中包含着培养“好好先生”的基因，虽然我们明确地知道“好好先生”的种种问题，但大多数人心里都想成为一个“好好先生”。

比如，员工在参与360度反馈评价时，会从关系的角度考虑问题，会尽可能地避免损害相互之间的关系，认为自己既是考评人，又是被考评人，没有必要为难别人，与人方便就是与己方便，从而高抬贵手，导致评价偏差。

任何事物都是硬币的两面，都是双刃剑，文化差异更是如此。我们这里列举的我国文化中蕴涵的一些不适应绩效管理的因素，并非对中国文化的批判，而是要让管理者对这种差异有清晰的认识和把握，从而能在实际管理中正确对待和管理。

四、高绩效文化的特征

（一）结果导向型文化

有90%的企业认为自己采用的是结果导向型的绩效文化，主要以绩效产出来衡量员工的绩效水平，能力与行为表现只是作为参考。绩效管理是保证公司战略目标完成的重要手段。既然战略是完成使命与实现目标的一系列行动，那么，它的实施就必须落实到具体的行动主体，即公司的所有员工。个人的绩效目标是通过将公司的总体目标从高到低层层分解，落实到每位员工身上的。公司绩效目标与个人绩效目标挂钩是通过绩效目标的设定流程来保证的。其实施步骤大致如下：

1. 公司管理层设定公司的总体目标，并据此拟定各部门的绩效目标。

2. 部门内各层次主管人员分别设定其层层分解下来的绩效目标。

3. 每位员工结合所在部门的经营目标、岗位职责，以及以往的工作内容，初步制定个人的目标；各级主管及其下属通过考评、面谈、沟通，在达成共识的基础上最终确定个人关键绩效指标。

4. 在实施中，如果实际情况或环境发生变化导致无法达到预期，则需采用必要的修正措施。公司的总体目标必须通过公司经营运作的各项活动、组织结构与组织机制来完成，而各项活动的产出绩效也要通过整合得以实现。因此，在组织中由上到下、由大到小的目标计划管理应与个人工作绩效相结合。

（二）沟通型文化

持续沟通是绩效管理中最为强调的一项基本原则，也是很多管理者非常容易忽视的方面。员工除了与企业签订法律意义上的劳动合同外，在实际工作中发挥作用的还有所谓的心理契约，即双方了解和信任的程度，这对于工作效果的影响更大，而沟通就是心理契约达成的基本手段。如果没有这种信任关系，上级给下级制定更具挑战性的目标，下级可能认为是故意难为人；上级对下级的指导，下级可能认为是故意挑毛病、找碴。

IBM的文化中特别强调双向沟通，建立了四条通道，我们可以从中得到启发：

第一条通道是与高层管理人员面谈（executive interview）。IBM经常会安排基层员工与公司高层经理直接面谈，这个高层经理的职位通常会比员工的直接经理的职位高，而且这种面谈是保密的。面谈的内容由员工自由选择，包括个人的意见、自己所关心的问题等。交谈过后，高层经理会将员工反映的问题交由相关责任部门处理。

第二条通道是员工意见调查（employee opinion survey）。这条通道定期开通，IBM通过定期对员工的调查，了解员工对公司管理层、企业文化、组织效率、工资、福利待遇等方面的意见和建议，以便协助公司不断改进管理流程，营造一个相对完美的工作和学习环境。

第三条通道是直话直说（speak up）。这是一条“直通车”，可以使任意一名普通员工不经过其直属经理而获得高层领导甚至CEO对其所关心的问题的关注。直话直说的价值在于使员工在不暴露身份的情况下把问题反映给管理层。整个过程由人力资源部员工关系协调员进行协调，只有他们知道直话直说者的姓名。无论员工对公司或工作有任何意见和看法，或者想汇报所发现的违法违纪行为，抑或是提出任何疑问，都可以直接从公司“直话直说箱”旁取表格，填好想法后投入箱中。员工关系协调员会每周检查“直话直说箱”。收到稿件后，会重新打印所有稿件，并隐去作者姓名，交相关部门经理进行调查处理，并于第10个工作日取回调查处理结果，反馈给“直话直说者”。

第四条通道是员工申述（open door），IBM称其为“门户开放”政策。这是一项“历史悠久”的民主文化。“员工申述”为每一位员工敞开了直接向公司高层领导抒发己见、提出申述的大门。员工可就未能解决的、与公司或工作有关的问题向申诉受理人（人力资源部经理或总经理）提出申述，申述的内容既可以是关系公司利益的，也可以是关系员工自身利益的。必要时，受理人会亲自或指定一名资深调查者进行全面调查，并尽可能地在30日内处理完毕。但在此之前，员工必须给自己的直接经理、二线经理解决问题的机会，员工应首先向直接经理反映问题，如果不满意，再向二线经理汇报，管理层会力图解决员工所反映的一切问题。

（三）学习型文化

绝大多数跨国公司认为自身的绩效文化是一种学习型文化。对企业而言，“知识就是力量”具有尤为重要的意义，企业是否能以最快的速度，在最短的时间内从内部或外部的资源中学习新知识，更新知识，获取必要的信息，企业的员工能否通过学习来快速提升自身的能力素质，已成为决定企业成败的关键。企业从未像今天这样重视知识、关注学习，并努力培育一种学习型文化。

学习型文化是学习型组织的精神支柱，再加上与之互动共享的学习系统，成为企业应对变化、创造未来的唯一持久的竞争优势，这也是高绩效文化建设必不可少的组成部分。在华跨国公司通过大力健全学习系统来强化学习型文化，使用较多的手段有员工培训系统、员工自学激励系统、员工招聘与晋升系统、职位轮换系统、知识共享系统和组织学习创新系统等。

（四）适应型文化

由信息革命和经济全球化引发的快速、复杂的时代变革也带给企业深刻的冲击，企业不得不认真思考如何应对变化、如何把握未来，以实现持续性发展。

适应型文化要求企业、团队以及每名员工都要努力适应社会变革，勇于面对变革的挑战。首先，要承认变革，认识到变革的普遍性，单纯地逃避变革是毫无意义的；其次，要研究和分析各种变革，了解其规律，趋利避害；最后，要主动改变自己，适应时代发展，并力求主导变革。

“世界潮流，浩浩荡荡，顺之者昌，逆之者亡”，只有适应时代发展要求的企业才能成为高绩效的企业。

第6章

基于绩效管理的战略人力资源管理

第一节　战略人力资源管理

很多管理理论和实践都是从国外介绍到中国并逐渐被中国化的，这其中当然包括人力资源管理的理论与实践。人力资源管理引入中国是近三十年的事情，而人力资源真正受到企业的重视则是最近十几年才出现的现象，但人力资源管理有其产生和发展的长期过程。如果我们将这个长期的过程略去不问，那么我们的研究充其量只是取一瓢饮，而不识源流之所来，亦不知江河之所往。因此，要准确、全面地把握人力资源管理的产生尤其是发展的方向，就必须将人力资源管理放到其形成和发展的过程中去考察。

同时，正所谓管理阶段不可跨越，西方在人力资源管理发展过程中所遇到的问题，我们也将遇到，只是有些过程可能因为前人的实践而缩短，少走些弯路，因此，我们更有必要对人力资源管理发展的全过程作一个全面的了解。

一、人力资源管理的发展过程

（一）起源：福利人事与科学管理

1. 背景

18世纪末，随着工业革命在全世界范围内的推进和完成，机器化大生产彻底改变了以前家族制和手工行会制的生产方式，取而代之的是实行新工厂制度的企业。竞争与发展要求这些企业进一步扩大规模，但制约规模扩大的主要“瓶颈”却是企业主们以前从未遇到过的劳工问题，其产生的主要原因在于当时的人们不喜欢也不习惯于工厂的劳动方式。

首先，当时的人们不喜欢工厂的劳动方式，对工厂劳动的单调性、一年到头都得按时上班以及时时刻刻都要全神贯注等没有任何好感，这导致企业很难招募到足够的工人，尤其是技术工人。其次，进入工厂的人们对工厂的劳动方式也不习惯，比如严守时间、按时出勤、接受新的监督制度和按机械速度劳动等。

为吸引工人，增进工人对企业的忠诚、抵消工作单调性，一些企业不得不采取各种各样的福利措施，如经常利用传统的节日组织工人进行郊游和野餐等。

2. 福利人事的形成

劳工问题的解决措施导致了福利人事概念的形成与发展。所谓福利人事，就是由企业单方面提供或赞助的、旨在改善企业员工及其家庭成员工作与生活的一系列活动与措施。

总之，福利人事是在“关心工人”和“改善工人境遇”观念的基础上建立起来的，其基本信念是“福利工作是能强化诚信和提高工人士气的‘善举’”，这会改善劳资关系，并有希望提高生产率。然而，福利人事对提高生产率的作用在实践中并没有得到体现。

3. 科学管理的贡献

同样关注劳工问题的泰勒认为，劳动组织方式和报酬体系是生产率问题的根本所在。除工作标准化和动作研究之外，泰勒提出制定并实施一种鼓励性计件工资报酬制度。泰勒的思想引起人们对人事管理职能的关注，并推动了人事管理职能的发展。

此外，泰勒还提出将计划职能与操作职能分开，推行职能制或直线职能制，这为人事管理职能的独立提供了依据和范例，促进了人事职能作为职能部门的单列。由一线经理分散执行的招聘、培养、薪酬、考核、奖励等工作应当由一个部门统筹考虑，人事部门的出现进一步推动了相关研究。1910 年，实行泰勒制的典范——普利茅斯出版社成立了人事部，任命简·威廉斯为首任人事部经理。从此，人事管理作为一项独立的管理职能正式进入企业管理活动范畴。

（二）演进：人事管理

人事管理是为企业对人员的管理提供支持的一种作用体系，它关注的焦点在于建立、维护和发展特定的体系，从而提供一种雇佣体制框架。这种体系作用于员工受雇于企业的整个过程，从受雇（招募与选聘等）到雇佣关系管理（奖励、评估、发展、劳资关系、申诉与违纪等），再到雇佣关系结束（退休、辞职、减员和解雇等）。

这个时期关于人事管理的研究出现了多元化的倾向。

1. 霍桑实验

20 世纪 30 年代的霍桑实验为人事管理的发展开拓了新的方向，引发了管理学界对人的因素的关注，有关工作中的人的假设发生了变化，工业社会学、人际关系学、工业关系学和行为科学等新兴学科应运而生，大量研究成果在人事管理领域得到了广泛运用，并推动人事管理迅速发展。比如现在美国很多大学的人力资源管理专业仍然称为工业关系。这一时期所确定的人事管理内容领域仍是杂乱的。人事管理没有能形成一个科学、严格的定义，而是将以人为中心的管理活动合并在一起统称为人事管理。

2. 法制化程度提高

20 世纪 60—70 年代，西方涉及人事和工作场所的相关立法急剧增加，并且立法的关注点也从工会与管理层间的问题转向了员工关系。随着各项法律的出台，企业也很快意识到，卷入与员工或雇佣有关的司法诉讼的花费巨大。于是，大量律师走进人事部，规范一线经理管理行为的合法性，尽可能为企业避免司法诉讼，以及直接处理有关的司法诉讼等成了人事管理的新职能。

3. 快速变革的影响

20 世纪 80 年代是一个充满了持续而快速的组织变革的时代，敌意接管、杠杆收购、兼并、剥离等事件层出不穷，人事管理也进入了企业更高的层次，从关注员工道德、工作满意转变为关注组织有效性。高级人事主管开始参与讨论有关企业未来发展方向、战略目标等问题，工作生活质量、工作团队组织、组织文化等成为人事管理的重要内容。

总之，人事管理的发展过程是一个以从各处随意取材的方式对变化的问题和挑战不断进行适应的过程。在这一过程中，人事管理的职能丰富了，人事管理的地位提升了，人事经理也开始跻身于企业高级管理人员之列，但人事管理依然没能形成完整而严密的理论体系，仍是一系列对人的管理活动的集合。

（三）蜕变：从人事管理到人力资源管理

首部产生巨大影响的人力资源管理著作是哈佛商学院教授迈克尔·比尔（Michael Bill）等人于 1984 年出版的《管理人力资本》。比尔等人指出，传统的人事管理定义狭窄，人事管理活动是针对各自特定的问题和需要，而不是针对一个统一、明确的目标作出的反应，造成了人事管理职能之间以及人事管理职能与其他管理职能之间相互割裂，互不相关。竞争压力的变化已要求企业在人力资源问题上有一个定义更广泛、更全面和更具有战略性的观点，要求从组织角度对人更多地关注，在对人员的管理上采取更长远一些的观点，把人当做一项潜在的资本，而并不仅仅是一种可变的成本。

因此，比尔等人的人力资源管理包括影响企业与员工之间关系的所有管理决策和行为，然而，比尔等人并没有明确指出人力资源管理究竟与人事管理有什么不同，这一问题直到1992年才由斯托里给出答案。斯托里通过对人力资源管理内在特征的分析，找出了人力资源管理与人事管理的不同点。总结起来，人事管理致力于建立一种对员工进行规范和监管的机制，以保证企业经营活动低成本有效运行，而人力资源管理则将员工视为能创造价值的最重要的企业资源，致力于建立一种能把人的问题与企业经营问题综合考虑的机制。因此，如果说人事管理是企业管理的一种职能，那么，人力资源管理则无疑是一种新的企业管理模式。

（四）趋向：战略人力资源管理

近年来，战略管理的一个显著变化就是从关注企业绩效的环境决定因素转为强调企业的内部资源、战略与企业绩效的关系，出现了基于资源的战略理论。从这一理论出发，传统的竞争优势来源（如技术、财务资源的获得）已不再能以稀缺的、不可模仿的和不可替代的方式为企业创造价值。由于人力资源的价值创造过程具有路径依赖和因果关系模糊的特征，其细微之处竞争对手难以模仿，所以，企业的人力资源将是持久竞争优势的重要来源，有效地管理人力资源而不是物质资源，将是企业绩效的最终决定因素。这一研究显著提高了人力资源在形成竞争优势方面的地位，促进了从提高企业竞争力角度对人力资源管理的研究，并直接导致战略人力资源管理的兴起。

战略人力资源管理把人力资源管理视为一项战略职能，以“整合”与“适应”为特征，探索人力资源管理与企业组织层次行为结果的关系。其着重关注：（1）人力资源管理应完全整合进企业的战略；（2）人力资源管理政策在不同政策领域与管理层次间应具有一致性；（3）人力资源管理实践应作为日常工作的一部分被直线经理与员工所接受、调整和运用。

尽管大量的战略人力资源管理研究都冠以“战略”的标牌，但学者们对“战略”却有着多种不同的认识。如亨德里和佩蒂格鲁的战略人力资源管理主要关注环境因素与人力资源管理政策间的关系，把人力资源管理政策视为因变量，由如何更好地适应外部环境来决定。舒勒和杰克逊的战略人力资源管理则是针对波特的三种一般竞争战略，提出与之相联系的人力资源管理战略，强调每一种不同的竞争战略需要不同的人力资源管理政策组合。

战略概念的不同导致战略人力资源管理领域存在着多种不同的观点，同时也预示着研究者需要对新兴的战略人力资源管理给予更多的关注。

二、战略人力资源管理的含义和特征

（一）战略人力资源管理的含义

到目前为止，对战略人力资源管理还没有一个统一、明确的界定。但Wright对战略人力资源管理的界定具有一定的代表性，一般为大家所接受。Wright将战略人力资源管理定义为“为使企业达成目标所进行的一系列有计划的、具有战略性意义的人力资源部署和管理行为”。进一步，我们认为，所谓战略性人力资源管理就是系统地把企业人力资源管理同企业战略目标联系起来，其核心在于通过有计划的人力资源开发与管理活动，促进企业战略目标的实现。

这个定义的内涵具体包括以下几个方面：

1. 将人力资源视为获取竞争优势的首要资源。

2. 强调通过人力资源的规划、政策及管理实践达到获取竞争优势的人力资源配置。

3. 强调人力资源与组织战略的匹配与契合。

4. 强调人力资源管理活动的目的是实现组织目标，提高组织绩效。

（二）战略人力资源管理的特征

战略人力资源管理与传统人力资源管理相比是一种新模式、新理念，不仅具有新的内容，而且具有新的特征。多位学者对战略人力资源管理的特征进行了系统阐述，其中包括：Wright认为战略人力资源管理具有重要性、系统性、战略性和目标性四个特征；我国学者颜士梅从与过去人力资源管理的对比分析中，就战略人力资源管理中人力资源的重要性、战略人力资源管理的职能、战略人力资源管理与战略的关系、战略人力资源实践和战略人力资源绩效关注焦点五个方面总结了战略人力资源管理的实践特征。

综合起来，我们认为战略人力资源管理具有以下显著特征：

1. 战略性

人力资源管理战略和企业战略紧密结合是战略人力资源管理的核心特征，其战略性也是战略人力资源管理的本质所在。那么，如何理解战略人力资源管理的战略性呢？

从根本上说，人力资源管理实践与组织绩效之间的关系是战略性的最终体现，也就是说，战略人力资源管理系统要对企业战略实现构成有力的支撑。进一步讲，人力资源管理系统作为企业战略体系（战略—竞争战略—职能战略）的子系统，与企业战略之间的契合和协同性是人力资源管理的战略性表现。

2. 匹配性

战略匹配是战略性人力资源管理的关键，企业要通过战略整合来保持企业战略和人力资源战略的一致性。战略人力资源管理是与组织经营战略互动的管理系统。

战略人力资源管理在组织中的运作强调其实践过程的匹配性，具体而言，包括人力资源管理同企业发展战略的匹配以及整个人力资源管理系统各部分之间的匹配。

人力资源管理与企业发展战略的匹配可以称为纵向匹配，其中包括：

（1）人力资源整体规划与战略的匹配：目前很多企业的人力资源管理系统是在问题导向下随机发展起来的，立足于解决企业人力资源管理中的问题，缺乏对人力资源管理系统的整体性规划，也就谈不上与企业战略的匹配。

（2）组织结构及组织文化等与战略的匹配：组织结构及组织文化与战略的匹配是企业战略管理的必然要求。

（3）人力资源具体实践活动与人力资源规划的匹配：这是强调人力资源规划、招聘、培训、绩效管理、薪酬管理等具体的人力资源实践活动必须与人力资源整体规划相匹配。

整个人力资源管理系统各组成部分或要素之间的匹配可以称为横向匹配。正是由于缺乏纵向匹配，人力资源管理系统很容易出现各模块之间的相互抵触。比如，在一家实行成本领先的企业中，在招聘中强调寻找那些在行业内具有领先地位的人才，但却只给付略高于市场水平的薪酬，结果很明显，人才来了又走了，这就是招聘与薪酬两个职能产生了抵触。

3. 协同性

协同性是指企业内部人力资源管理各项实践活动协同发挥作用，共同服务于某一特定目标的组合模式。人力资源管理实践的捆绑性特征基于匹配性特征。正是由于各项人力资源管理实践间的匹配能够使人力资源管理获取协同效应，所以才能促使运作中人力资源管理实践间的捆绑。

4. 目标性

战略人力资源管理的另一个特征就是其目标性。战略人力资源管理的目的是：通过确保组织获取具有良好技能和良好激励的员工，使组织获得持续的竞争优势，从而形成组织的战略能力，依靠广大员工实现战略目标，依靠核心人力资源去建立竞争优势。

5. 灵活性

战略人力资源管理的灵活性是指企业人力资源管理帮助企业有效、及时地适应外部和内部环境的能力。当今企业面临着复杂动态的环境，需要企业具有这种灵活性以适应不断变化的需求。在对人力资源管理与战略匹配的研究中，西方学者越来越重视战略人力资源管理的灵活性。

三、人力资源管理与战略人力资源管理的区别

传统的人力资源管理和战略人力资源管理所扮演的角色差别很大。根据J. B. Shaw、V. Stewart和J. Storey等人各自所做的有关研究成果，传统人力资源管理和战略人力资源管理之间存在着明显的观念与行为上的区别，对人力资源管理者的技能要求也有很大的不同。表6—1中总结介绍了传统人力资源管理与战略人力资源管理的主要差别。

表6—1　　传统人力资源管理与战略人力资源管理的区别①

	项目	传统人力资源管理	战略人力资源管理
战略角色	重要关系	上下阶层关系	内部与外部顾客的关系
	人力资源的主动性	被动的，离散的	主动的，一体的
	战略计划的重要性	处于HR活动的边缘	处于HR活动的中心
	决策的速度	慢	快
	计划的周期	短期	短、中、长期，根据需要而定
信息沟通角色	沟通过程	间接的	直接的
	沟通的水平	有局限的	高水平的
	沟通的范围	主要在组织阶层内部	根据需要，宽范围的沟通
	行政管理角色	传统人力资源管理	战略人力资源管理
	规则的重要性	必要的，明确	重要的是完成工作
	管理工作的指导	政策和规程	成功所需要的
具体HR事务职能	人员选用	和经营战略脱离，处于边缘地位	和经营战略是一体的，是一项关键的任务
	薪金	以岗位为基础，固定的以贡献为基础	灵活的
	工作条件	单独谈判的一项内容	与组织的战略和文化相协调的
	劳资关系	互相讨价还价，敌对的平等约定	本质上是合作的
	工作细分	多	少
	岗位设计	严格根据劳动部门划分	广泛的，注重团队
	培训与发展	专项的，严格掌握控制	综合的，促进学习型组织的发展

① 许小东．战略导向型的人力资源管理：职能、特点与模式转型．科学管理研究．2002（8）

续表

	项目	传统人力资源管理	战略人力资源管理
动态管理职能	人力资源管理部门的角色	程序化的，变革的追随者	变化的，变革的倡导者
	冲突的处理	临时的，促使冲突最小化	对组织文化和氛围的宽泛调控
	对员工关系的调解	注重程序的，宽范围的	注重文化的
人力资源管理技能		专门的	综合的
		政策和程序的好办事员	好的沟通者
		注重眼前的情况	眼前和长远的综合考虑
		只懂专业知识	对经营的知识都懂一些
		注重组织内部事务	对组织内、外部都关注
		事实情况的通报者	优秀的说服者
		民族主义的	国际主义的

第二节　人力资源管理与企业战略的契合

人力资源管理是企业战略的支撑系统，也就是说，不同的企业战略必然要求不同的人力资源战略，人力资源管理要根据企业战略而随需应变。人力资源管理与企业战略相适应时，才能有效发挥支撑作用，推动组织绩效的提高。

一、人力资源管理与战略的关系

（一）依靠什么竞争是战略管理问题的关键

企业的战略选择与形成过程实际上就是对一系列与竞争有关的问题进行决策的过程，这些决策包含着两个最重要的问题，即“到哪里去竞争”和“如何竞争”。“到哪里去竞争”回答了企业的战略目标、主要市场、竞争对手、竞争区域等一系列重要问题，而“如何竞争”则回答了采用何种策略、依靠何种优势实现目标的问题。在战略选择中，企业往往重视市场研究、竞争对手分析以及竞争策略设计，但是忽视对人力资源在企业竞争战略中的作用，忽视“我们依靠什么竞争”的问题。

例如，近年来，波音公司的客户部在同空中客车公司的价格战中改变了其传统的客户服务战略，由强调高品质转向强调低成本。虽然这种战略在销售上取得了一定的成绩——它使得波音从许多航空公司拿到了大额的订单，但是，波音却不得不因为既没有足够的员工来完成这些订单，又不具备提高生产率以增加产量的技术而支付高额的违约金。

其实，依靠人力资源优势参与市场竞争是为绝大多数企业所共识的，但问题的关键在于如何依靠。我们认为，这一点在很大程度上首先取决于企业在战略制定过程中的良好分析。由此可见，企业在进行战略决策的初期，合理、科学地分析自己的人力资源状况，弄清自己能够用怎样的人力资源去赢得竞争优势是问题的关键。

（二）人力资源在战略决策过程中的作用

“依靠什么竞争”这一问题的存在为人力资源影响战略决策以至于整个战略管理提供了一条理想的路径。在这个问题之下，人力资源在战略决策中的作用通过两条途径得以体现。

1. 人力资源作为一种限制条件，通过对战略选择的限制来实现。也就是说，把人力资源作为一种重要的战略选择条件，从根本上影响甚至决定着企业的战略选择。实际上，这种限定作用是非常明显的，当一个以低成本战略制胜的组织试图改变其战略路径，进入利润更高的高端产品领域时，我们发现他们面临着巨大的挑战，因为这些高端产品领域更加强调技术、设计和客户服务，而这些恰恰是低成本战略的“软肋”。这也是我国很多企业面临的重大现实问题。

2. 人力资源对战略选择的限制必然迫使企业高层管理者去思考企业应当怎样去获得或开发完成某种战略所必需的人力资源这一问题。正如很多跨国企业实施某些兼并行动的目的可能并非直接的市场和成熟的产品，而是那些被兼并的中小企业的技术以及具有高创新性的研发团队。在这一过程中，我们可以清晰地看到企业高层将注意力放到了能够帮助企业获得未来成功的人力资源上。

从这一观点出发，人力资源管理部门应当参与到战略制定的每一个步骤之中。就我国目前的情况来看，这种参与的程度与认识还有待提高。

二、人力资源管理与企业竞争战略

（一）人力资源管理支撑竞争战略的实现途径

关于人力资源如何支撑企业竞争战略的问题，劳伦斯·S·科勒曼构建了一个较为清晰的模型，如图6—1所示。在这个模型中，一端是企业人力资源管理不同阶段的活动，另一端是企业竞争优势类型，其中通过以雇员为中心的结果和以组织为中心的结果连接起来，形成如下的传导机制：人力资源管理实践——以雇员为中心的结果——以组织为中心的结果——竞争优势。

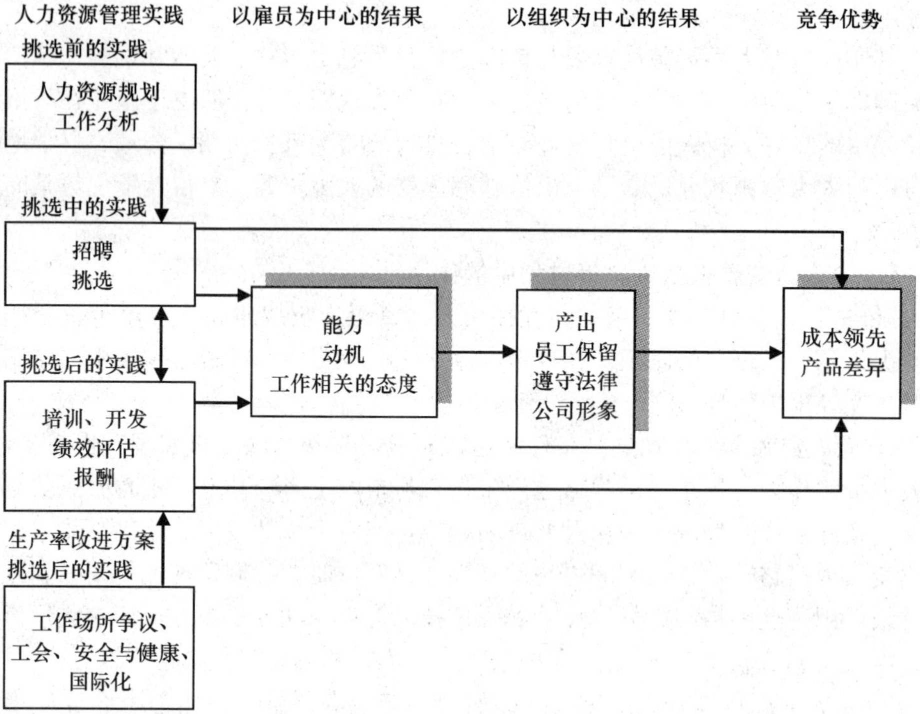

图 6—1　劳伦斯·S·科勒曼——通过人力资源管理实践获取竞争优势的途径[①]

如果将这个模型的方向反过来，从竞争优势到人力资源管理实践，我们也可以推导出要获得企业竞争优势需要怎样的人力资源管理实践活动。

（二）竞争优势对人力资源管理时间活动的直接要求

1. 成本领先战略

当企业采用成本领先战略时，主要通过低成本来获取竞争优势，强调加强预算管理、严格控制成本。为了配合低成本的企业战略，此时的人力资源战略强调的是在尽量降低成本的前提下有效生产。因此，企业将对与人力资源管理有关的成本进行严格控制，主要包括企业招聘、甄选、培训和报酬等在内的企业人工成本。特别是在劳动密集型产业中，人工成本的差异直接决定了企业之间的成本差异。因此，企业可以通过采取成本削减为导向的人力资源管理实践，提高企业人

① 彭剑锋. 人力资源管理概论. 上海：复旦大学出版社，2003

力资源的成本产出率，降低企业的人工成本，直接产生企业的成本领先优势。

2. 差异化战略

差异化战略思想的核心在于通过创造产品或者服务的独特性来获得竞争优势。因此，这种战略的一般特点是有较强的营销能力，强调产品的设计和研究开发，企业以产品质量著称。此时的人力资源战略强调创新性和弹性，形成创造性氛围，采用以团队为基础的培训和评价，以及差异化薪酬策略等，在绩效评价时一般采用行为导向的评价方法，并且把绩效评价作为员工发展的手段。

对服务型企业而言，其产品直接表现为员工为客户提供的服务；对生产型企业而言，客户服务也是产品差异化的重要组成部分。因此，与竞争对手直接相区别的人力资源管理实践，可以直接改变员工对客户提供服务的方式、态度和水平，从而直接影响企业的竞争优势。

3. 集中化战略

集中化战略综合了低成本战略和差异化战略的特点，相应的人力资源战略的特点是上述两种人力资源战略的结合。

表 6—2 是对人力资源管理与企业经营战略匹配的特点的一个总结。

表 6—2　　　　经营战略与人力资源管理的匹配①

竞争战略	组织的一般特点	人力资源管理	绩效管理的策略
成本领先战略	持续的资本投资 严密地监督员工 严格的成本控制，要求经常、详细的控制报告 低成本的配置系统 结构化的组织和责任 产品设计以制造便利为原则	有效率的生产 明确的工作说明书 详细的工作规则 强调具有技术上的资格证明与技能 强调与工作有关的特色培训 强调以工作为基础的薪酬	结果导向评价方法 上司评价 绩效评价用于控制
差异化战略	营销能力强 产品的策划与设计 基础研究能力强 公司以质量或科技领先著称 公司的环境可吸引高技能的员工、高素质的科研人员或具有创造力的人	强调创新和弹性 工作类别广 松散的工作规划 外部招聘 团队基础的培训 强调以个人为基础的薪酬	行为导向评价方法 评价主体多元化 绩效评价结果用于员工开发
集中化战略	结合了成本领先战略和差异化战略组织的特点	结合了上述人力资源战略的特点	结合了上述绩效管理策略的特点

① 方振邦. 战略与战略性绩效管理. 北京：经济科学出版社，2005

企业人力资源管理与竞争战略的关系是人力资源管理研究的热点，至今并没有形成一种公认的权威模式。但是，有一点是十分明确的，那就是，企业必须根据自己的竞争战略在人力资源管理的各个环节作出精细的选择。

三、人力资源管理与企业发展阶段

企业发展处于不同阶段时，人力资源管理与开发的重点是不同的。但是，它们两者之间究竟是什么样的关系、存在什么样的规律，还有许多问题有待探索和研究。下面从企业发展理论出发，讨论不同企业发展阶段人力资源管理与开发的特点。

企业发展理论描述了企业由小到大、由年轻到成熟的演化过程，将其划分为5个阶段，每一阶段都是在前一阶段基础上通过革命或危机跃进而来的；企业在不同成长阶段具有不同的管理风格，在每一危机阶段也都面临着不同的问题。以下阐述企业发展不同阶段的特点及其对人力资源的要求。

（一）初创阶段

该阶段企业刚刚创建，虽然富有灵活性，但各方面均不成熟，企业发展战略的目标是求得生存与发展，尽快度过创业期。

1. 企业人力资源管理的主要特点

（1）在这一阶段，由于企业缺乏知名度和实力，企业的发展与绩效主要依靠关键人才，特别是企业创业者的个人能力和创业激情。所以，企业人员需求数量少，但质量要求很高，最好能独当一面，支撑一个部门。

（2）企业人力资源管理工作处于起步阶段，缺乏实际经验，工作量不大，但工作难度很大，因为其关键人才的选拔直接关系着企业的成败。

（3）企业尚未建立起规范的人力资源管理体系，企业主要创业者直接参与企业人力资源管理的主要工作。

2. 企业人力资源战略的核心

在创业期，企业还没有明晰的企业发展战略和人力资源战略，但企业创办者在进行决策时，应当具有战略性思维。为使企业稳步度过创业期，企业人力资源战略的核心应该是：

（1）吸引和获取企业所需的关键人才，满足企业发展需要。

（2）制定鼓励关键人才创业的激励措施和办法，充分发挥关键人才的作用，加速企业发展。

（3）发现和培养核心人才，为企业的未来发展奠定人才基础。

3. 企业人力资源管理的主要策略

为顺利实现该阶段的企业人力资源战略，企业人力资源管理的主要策略是：

（1）为企业招聘和获取所需要的各种关键人才

要获得关键人才，一般有两种途径，一种是内部挖掘培养，另一种是外部获取，即把社会上的优秀人才或同行业其他企业的优秀人才吸引过来。初创期企业，人员稀缺，内部挖潜显然不可能，所以，从外部获取关键人才是唯一途径。要获取关键人才，一方面要广泛建立同高级人才市场特别是专业人才介绍机构的联系，掌握人才供应信息；另一方面，在招聘关键人才时，选拔对象的素质是第一位的，即应把丰富的工作经验和工作业绩作为选择的首要指标。由于需求量少，企业可以把工作申请资格定得高一些，这样符合标准的申请人就会少一些，企业可以花较多时间与费用仔细挑选最合适的人才。由于初创期企业的资金往往不很充盈，实力较弱，这就不能完全依靠高薪等优厚的物质报酬来吸引人才，因此，良好的职业前景、工作的挑战性成为吸引人才的主要手段。初创期企业招聘要打出“为有才之士提供施展抱负的场所”的旗号，这样才能吸引更多的人才。当然，报酬条件也要符合基本行情，并且应有较大的增长空间，宜选择高弹性薪酬模式，减少刚性，拉大内部差距。也可以给予股票期权，将员工的长远利益与公司的长远利益有机结合在一起，这有利于公司的稳定和长期发展。

（2）采取一切办法鼓励创业

鼓励创业，必须建立鼓励创业的激励机制。首先，要给员工一个自主的工作环境，让其自主决策，只有这样才能充分发挥其主观能动性和潜能；其次，要把个人收益、个人晋升同员工个人的工作绩效紧密结合起来，并及时兑现奖励，即把创造绩效作为评价个人的主要指标；最后，允许员工在创业中犯错误，把对错误的分析总结置于对错误结果的处理之上。总之，通过创业机制的建立和实施，营造出一种鼓励创业的工作氛围，刺激全体员工的创业意识。

（3）制订核心人才培养计划

企业要注意发现和培养核心人才，为企业未来的发展奠定人才基础。一个企业将来发展得怎么样，核心人才的培养起着关键性作用，国内外著名企业对此都极为重视。德国西门子公司每年要从进入公司的数千名名牌大学的毕业生中选拔30名左右有潜质的人才进行特别培养；加拿大北电网络公司也有同样的精英人才培养计划。培养核心人才，首先，企业创业者对此要极为重视；其次，要制订核心人才培养计划，如为核心人才制订与企业共成长的职业生涯规划等；再次，要营造有利于核心人才成长的环境，使其在企业经营实践中能够充分施展自己的才华并得到锤炼；最后，要把核心人才个人的利益与企业的长远利益有机结合起来，以便使其能够长期为企业服务。

（二）成长阶段

经历了创业期的艰难，企业进入成长期。成长期的企业发展迅速，企业规模不断扩大，其企业发展战略的核心是如何使企业获得持续、快速、稳定的发展。

1. 企业人力资源管理的主要特点

（1）企业对人力资源数量的需求不断增长，不但要得多，而且要得急。

（2）企业对员工素质有更高的要求，不但要求拿来就能用，而且要求上手快。

（3）创业初期主要靠企业关键人员的个人能力维持企业运行的粗放型管理已经不再适应企业发展，需要有更为高效的规范化管理来促进企业发展。

2. 企业人力资源战略的重点

（1）确保人力资源的数量能够满足企业快速发展和质量的需要。

（2）完善培训、考评和薪酬机制，充分调动全体员工的工作激情，加速企业发展。

（3）建立规范的人力资源管理体系，使企业人力资源管理工作逐步走上法制化的轨道。

3. 企业人力资源管理的主要策略

（1）进行人力资源需求预测，制订人力资源规划。成长阶段，企业迫切需要大量的人力资源而且要求拿来即用，为应对这种情况，企业人力资源管理要具有一定的前瞻性，通过人力资源需求预测、制订人力资源规划可以较好地解决这一问题。

（2）开展工作分析，建立岗位规范标准，为企业人力资源的规范化管理奠定基础。

（3）与人力资源市场建立广泛而灵活的联系，通过多种渠道及时获取企业所需要的人力资源。

（4）通过不断的、多样化的培训提高员工的岗位技能水平和素质，满足企业发展需要。

（5）完善企业人力资源管理制度，特别是培训制度、绩效考评和薪酬激励制度，充分调动广大员工的工作积极性，保证企业快速发展。

应当指出的是，在这个阶段，特别是初期，企业人力资源管理工作会面临很大的压力，主要表现为工作量和工作难度迅速增加。企业人力资源管理部门的工作质量成了影响企业快速发展的关键因素之一。因此，要完成好这一阶段的工作，人力资源管理部门自身的建设也必须同步进行，甚至要优先考虑。

（三）成熟阶段

成熟阶段，企业灵活性和控制性达到平衡，是企业发展的巅峰时期。在这个阶段，企业绩效最高，资金充盈，能力很强，能很好地满足顾客要求，制度和结构也很完善，决策能得到有效实施，是企业发展真正的黄金阶段。

企业进入成熟期，既是企业在既有环境和现有要素、结构下的一种状态，也是外界与企业自身的一种心态使然。企业进入成熟期后，其发展方向有三：一是经过短暂的繁荣后进入老化阶段，这是企业最不愿意看到的；二是企业领导始终保持清醒的头脑，不断对企业内部进行微调，尽可能延长企业的成熟期；三是企业上下始终保持清醒的头脑，积极而稳妥地推进企业内部变革，不但没有使企业进入老化期，而且使企业以此作为新的发展平台，从而进入新一轮增长期。因此，在这个阶段，如何使繁荣期延长并力争使企业进入一个新的增长期成为制定企业发展战略的关键。

1. 企业人力资源管理的主要特点

（1）企业的发展主要依靠企业的整体实力和规范化的机制，个人在企业中的作用开始下降。

（2）随着时间的推移，企业内部的创新意识可能开始下降，员工惰性增加，企业活力开始衰退。

（3）由于企业实力和形象达到最佳，企业对一般人员的吸引力很强，外界人员争相进入企业，若处理不好，很可能造成人浮于事的局面。

（4）各个工作岗位满员，空缺岗位很少，人员晋升困难，对有能力的人吸引力开始下降。

2. 企业人力资源战略的核心

（1）激发创新意识，推动组织变革，保持企业活力。

（2）吸引和留住创新人才，保持企业创新人才基础。

3. 企业人力资源管理的主要策略

（1）严格控制人员进入。新进入的人员不是为了维持企业的现状，而是要有利于企业的创新。要调整进人标准，突出创新要求，严格控制一般人员进入，积极引进具有创新才能的高级人才。

（2）完善绩效考评，增加考评指标体系中创新指标的权重。

（3）调整人力资源管理政策，分配、晋升、奖励向创新岗位和创新人员倾斜。

(4) 建立鼓励创新的职业生涯管理模式，使善于创新的人才有畅通的晋升通道。

(5) 大力提倡创新文化和危机教育，塑造创新型企业文化。

(6) 加强创新意识和创新技能培训与开发，培养创新人才队伍。

应当指出，在成熟期进行创新并取得成功，关键是要处理好企业稳定获利与创新之间的平衡，坚决避免出现内部震荡。在该阶段推动创新与变革，以打破企业发展史上的“黄棕翌”定律，必然会触动许多企业员工特别是企业关键人员的利益，因此，其难度和风险是非常巨大的。Lewin (1951) 提出的变革与创新阻力的“场论”模型认为：阻力是变革力量的一种直接的反向平衡力，在现有的驱动力能够增加到足以影响预期变化的水平之前，应该首先调查研究阻力并使之最小化。任何过早的或专制的增加驱动力的努力，都会单方面地遇到在相反方面的等量增加。因此，要推动组织的创新与变革，除了企业领导要有坚定不移的创新与变革的决心之外，变革时机的把握是至关重要的。另外，如何克服变革中的阻力，科特和施莱辛格 (1979) 在《选择变革的策略》一文中提出的观点最具代表性。他们提出了6种变革策略，即交流—参与—简化—协商—控制—强制，这些策略可以经过组合形成一种新的策略。越往右，策略的特性和效力越强，其策略具有越有力的干预作用。如果阻力较小，可以采用左端的策略，如利用交流和参与来完成变革；如果阻力很大，而且变革的发起人拥有必要的权力和权威，就可以采用更多的强有力的策略，如协商、控制甚至强制。因此，企业在实施变革时，应当根据实施变革时的阻力大小、层次和权力准备情况进行合理的策略选择。

(四) 老化阶段

这是企业生命周期的最后阶段，企业市场占有率下降，产品竞争力减弱，赢利能力全面下降，危机开始出现，企业战略管理的核心是寻求企业重整和再造，使企业获得新生。

1. 企业人力资源管理的主要特点

(1) 企业人心不稳，核心人才流失严重，一般人员严重过剩。

(2) 人力成本突显，企业人力资源经费锐减。

(3) 企业已经失去活力，内部缺乏创造性，官僚风气浓厚，制度繁多，缺乏有效执行，互相推脱责任的情况经常发生。

(4) 企业向心力减弱，离心力增强。

2. 企业人力资源战略的重点

(1) 妥善裁减多余人员，严格控制人工成本，提高组织运行效率。

(2) 调整企业人事政策，吸引并留住关键人才，为企业重整、延长企业寿命、寻求企业重生创造条件。

3. 企业人力资源管理的主要策略

(1) 制订企业裁员计划并妥善实施

裁员管理是企业人力资源管理工作中最艰难的工作之一。企业既要面对经费严重不足、感情难以割舍的困境，又要面对国家法律、政策的种种限制，因而既要慎之又慎，又要大胆为之。做好企业的裁员管理，关键在于裁员策略的选择与实施。一般来讲，企业裁员策略分为预见型和反应型两大类型。前者事先有充分的计划，能够考虑多种组织因素和个体因素，关注对后果的预测；后者则更多地考虑短期目标，不太关注长期的影响因素及后果。

处于老化阶段企业应采用预见型策略：

首先，企业必须在充分了解目前企业实际情况、效益和产量的基础上，按照先定岗后定员的原则，分析企业的人力需求情况。

其次，要向员工说明企业现状及企业策略，以求得到员工的理解，便于裁员工作的开展。

第三，企业必须明确裁员标准，标准必须公平、公正、公开。

第四，为保证裁员策略的顺利实施，要完善考评系统，依据考评成绩和综合评分竞争上岗，以免裁员不公，导致“裁能留庸”，反而不利于提高企业效益。

第五，根据考评和竞争上岗情况，选出企业最需要的员工，予以保留，将对企业无关紧要甚至对企业失去意义的员工列入裁员名单。

第六，企业实施裁员的具体手段要丰富化，可以包括临时解聘、冻结招聘、提前退休、工作分担、转岗分流等。研究表明，与临时解聘相比，提前退休、工作分担等替代性的裁员方式对员工的负面影响较小。

第七，企业应尽可能对被裁员工予以扶持，帮助他们实现再就业，这样既有利于企业妥善裁员又能激发现有员工的积极性，提高他们对企业的忠诚度，从而促进企业重整和再造的顺利实现。

(2) 控制人力资源成本

企业裁员是为了使企业“甩掉包袱”、轻装上阵，以提高企业效率，进而提高效益，甚至获得新生。而提高效益的另一条途径是加强成本控制，在产出不变的前提下降低成本。从这方面来说，裁员也是一种降低成本的方式，不过裁员的主要目的在于提高企业运行效率，避免人浮于事，使企业处于良性运行中，而不仅是降低成本。

加强人力资源成本控制，首先必须明确人力资源成本的含义，它是指为取得、开发和利用人力资源而产生的费用，包括人力资源取得成本、使用成本、开发成本和离职成本等。其次要调整企业薪酬政策，实行高弹性薪酬模式并拉大内部差距。第三，要严格绩效考核，把个人收入与个人贡献和能力紧密结合起来，多劳多得。第四，要科学控制人力开支，处处精打细算，提高成本效益。

（3）调整企业人事政策，搞活用工制度，吸引并留住优秀人才

为此，企业要实行竞聘上岗，能者上，庸者下，以贡献论英雄。可对关键人才实行股票期权，以鼓励其为企业长期服务并有效降低眼前成本。

第三节　战略人力资源管理体系

目前国内提出了很多战略人力资源管理模型，从模型体系的完整性、解释性和实用性来看，彭剑锋在《人力资源管理概论》一书中提出的模型是非常具有代表性的，如图 6—2 所示。本节对战略人力资源管理体系的介绍主要基于该模型展开。

一、模型构成

战略人力资源管理系统模型通常包括三大部分：人力资源管理系统的基础和依据、人力资源管理职能模块设计及人力资源管理机制。

（一）人力资源管理系统的基础和依据

人力资源管理系统的基础和依据是构建战略性人力资源管理系统的根本性问题和逻辑起点。

1. 从战略出发对组织体系的研究，落脚点在于职位分析，即要说明“企业需要什么样的人来完成什么样的工作”。

关于战略管理和组织设计以及二者之间的关系，本书前面几个章节已经作了专门介绍，这里不再赘述；而职位分析和职位评价属于人力资源管理的一般性内容，从各种人力资源管理书籍中很容易查到，这里也不占用篇幅作过多论述。

2. 从人本价值理论、人性假设出发的素质模型，重点在于说明企业如何认识人，主要包括两方面内容：

（1）人性假设决定的人的需求。人性假设在前面也作了基本介绍，人性假设

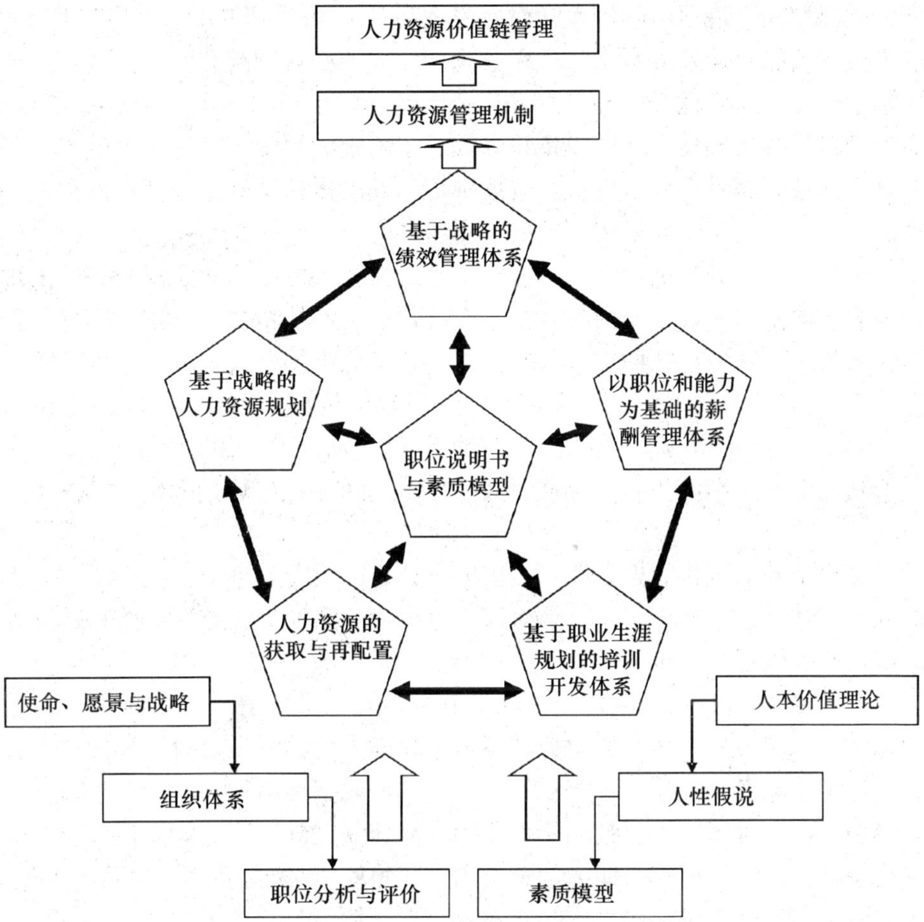

图 6—2　战略人力资源管理的系统模型①

在人力资源管理上的具体意义在于说明如何满足人的需求，只有弄清人的需求是什么才知道如何去激励人。基于经济人假设，人是懒惰的、尽可能逃避责任的，那么就需要使用管制手段和金钱激励；基于社会人假设，人愿意承担责任、能够自我实现，这时则需要更多的授权和精神激励。对于人的不同认识，构成不同的人力资源管理哲学的基础。

（2）对人的能力结构的认识。在这个方面的进展主要体现在素质模型理论

① 彭剑锋．人力资源管理概论．上海：复旦大学出版社，2003

上。素质模型理论最早由哈佛大学教授麦克利兰（McClelland）在1973年提出。他在为美国政府甄选外交官的过程中发现，传统的心理测验和知识测验并不能预测候选人是否能成为优秀的外交官。这一问题导致了他对人的能力的重新认识，提出了著名的冰山模型。冰山模型认为，真正决定绩效的不是知识、技能、行为这些显性因素，而是个性、动机、价值观等隐性因素，就好像漂浮在海面上的只是冰山一角，冰山的主体是海面下的9/10一样。

经过三十多年的发展，素质模型理论不断完善，已经形成了相对完善的理论体系和方法体系。所谓素质模型，是指在特定的工作情境之中，驱动个体取得卓越工作绩效的一系列特征的组合，它反映了员工以不同方式表现出来的知识、技能、个性与内驱力等。素质模型构建的主要工具是行为事件访谈法（Behavior Event Interview，BEI），通过收集大量的不同绩效表现员工的绩效行为，在进行分析的基础上研究影响工作绩效的因素，并对这些因素制定行为化的描述和定义。

素质模型理论直接导致企业对员工能力认识的改变，进而广泛应用到人力资源规划、招聘甄选、培训开发、绩效管理等方面，从而为人力资源管理建立人与事之间的有效联系提供重要的平台。

3. 引入素质模型的职位分析。职位分析是人力资源管理的基础性工作，但其中仍然存在诸多的难点。职位分析主要包括两大内容：一是对工作内容本身的分析，如工作职责、工作关系等；二是对岗位任职资格条件的分析。在以往的任职资格条件中，对于知识、技能等可以很容易地通过学历、专业知识以及技能资格认证等进行规范，但对于能力的分析却是“短板”，因为没有经过系统的分析，根本无法确定各个职位或职位族到底需要怎样的能力。

然而，引入素质模型就可以解决这一问题。企业一旦建立了素质模型，各个岗位对于能力的要求是系统的、清晰的，而且每个能力项目都具有行为化的描述，可以直接与素质模型进行对应。另外，素质模型的引入也为任职资格的使用提供了方便，比如，在招聘中，可以根据能力项目的行为化描述设计行为化的面试题库，使面试摆脱原有的主要依靠主观判断、信度和效度都较差的缺陷。

（二）人力资源管理职能模块设计

人力资源管理职能模块主要包括五项内容：基于战略的人力资源规划、人力资源的获取与再配置、基于职业生涯规划的培训开发体系、基于战略的绩效管理体系、以职位和能力为基础的薪酬管理体系。

这五个模块都是以职位分析和素质模型为基础的，而且五个模块之间存在着内在接口和运行机理。下文中将对五个模块分别进行介绍。

（三）人力资源管理机制

所谓人力资源管理机制，在本质上就是要揭示人力资源管理系统各要素通过什么样的激励来整合企业人力资源，以及整合人力资源之后所达到的状态和效果。彭剑锋教授提出了人力资源管理的四大机制，即牵引机制、激励机制、约束机制和竞争淘汰机制。如图6—3所示，四大机制从不同的方向激活人力资源，并协同发挥整合作用，能够有效提升人力资源管理的有效性。

图6—3　四大人力资源管理机制①

二、基于战略的人力资源规划

（一）人力资源战略规划的定义

人力资源战略规划就是根据企业战略、目标和环境的变化，预测未来为实现组织战略所需要的人力资源，并制订相应的策略和系统计划的过程。

可见，人力资源战略规划包括以下要点：

1. 人力资源战略规划必须以组织战略为基础

人力资源战略规划的起点和动力是企业发展战略。没有战略，人力资源规划也就失去了方向。战略发生了变化，人力资源规划也必须进行相应的调整。

2. 人力资源战略规划的着眼点在于企业长期目标

人力资源规划一定是着眼于未来、针对企业未来若干年需要制订的，是企业

① 彭剑锋．人力资源管理概论．上海：复旦大学出版社，2003

对外界不断变化的环境作出的预测和主动性反应。

3. 人力资源战略规划的落脚点在于应对策略和行动计划

人力资源战略规划的结果主要有两个方面：一是基本的应对策略，即未来人力资源管理工作的指导方针；二是具体的行动计划。二者相辅相成，互相支撑。

（二）人力资源规划的基本模式

任何人力资源规划都无法脱离以下基本模式，这是最基本的分析方法：首先根据战略和环境变化对人力资源的未来需求作出预测；然后对人力资源现状与未来需求的差距进行分析；最后制订应对策略和行动计划来弥补未来与现实之间的差距。其他任何人力资源规划都是在这一逻辑基础上丰富和发展起来的。

（三）人力资源规划的程序与方法

人力资源规划的流程如图 6—4 所示。

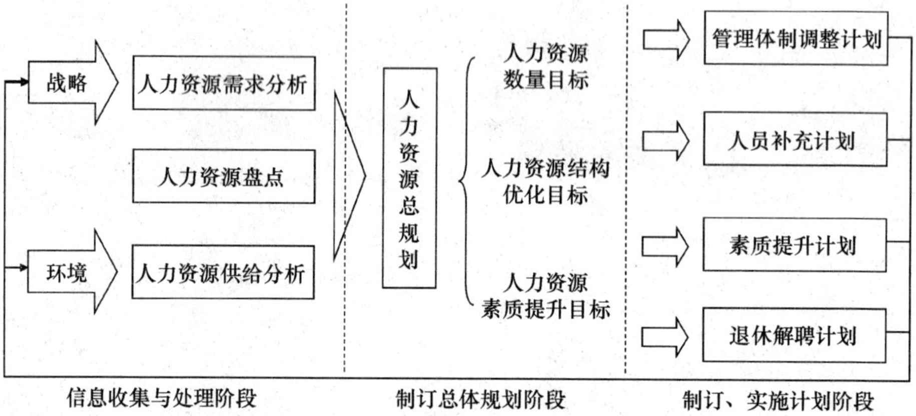

图 6—4　人力资源规划流程图①

1. 企业战略与环境分析

企业战略与环境分析主要是对企业战略和外部环境进行确认，建立全局性认识，这是人力资源规划的起点。尤其是对于很多人力资源管理人员来说，很可能缺乏对企业发展战略的深刻认识，因而这一步必不可少。

2. 人力资源盘点

人力资源盘点就是通过多种定量和定性的方法，对企业目前拥有的人力资源的数量、质量、结构、人员流动情况、培训开发情况进行摸底。弄清企业的人力

① 彭剑锋. 人力资源管理概论. 上海：复旦大学出版社，2003

资源“家底”是制订规划的基础工作。如果企业进行了比较扎实的人力资源基础工作，建立了人力资源基础信息系统，人力资源盘点就比较容易。

3. 人力资源需求分析

人力资源需求分析就是根据企业战略和内外部环境，选择适宜的预测方法，对未来的人力资源数量、质量和结构进行预测。

（1）人力资源需求预测的内容

人力资源需求预测的内容不仅包括数量，更重要的是质量和结构。数量只说明了人力资源的总体规模，但无法说明其内在特征。比如，只知道两个企业都有 1 500 人，这是无法判断两个企业人力资源状况优劣的，可以说质量和结构指标的重要性甚至超过了数量指标。

在需求预测中，数量能够用定量方法进行预测，而质量和结构则只能用定性方法预测，我们不能因为质量和结构的定性特征而否定其重要性和科学性。

数量、质量和结构也是后面供给预测和总体规划的重要内容。

（2）人力资源需求预测的方法

人力资源需求预测的方法可以分为定性预测和定量预测两类。常用的定性预测方法主要包括经验预测法和德尔斐法：经验预测法就是直接根据企业管理人员的经验对未来人力资源需求进行预测，这种方法完全依靠人员的主观经验和能力，其准确性不能保证；德尔斐法则强调通过合理程序，利用专家经验，并经过反复反馈达成一致意见，是一种较为常用的定性预测方法。

定量的预测方法包括回归分析法、定员法和标杆法等。回归分析法就是根据企业人力资源需求量与影响因素之间的数量关系来推导企业未来人力资源需求，这种方法要根据企业行业特点建立回归模型，然后进行分析；定员法则是依据企业内合理的定员数量，参照企业人力资源影响因素，进行人力资源预测，一般先确定一线生产人员的数量，然后按比例关系确定管理人员数量；标杆法是指参照同行业同类型企业的人力资源数量，对本企业未来的人力资源需求进行预测，但一个现实难题是很难获得竞争对手的资料。

我们在看定性和定量方法的时候，不要认为定量方法一定比定性方法更好，现实情况是，由于各个行业特点不同、影响因素千差万别，寻找回归关系的难度一般很大，相反，如果合理运用经验，妥当组织人员，定性预测也能收到很好的效果。

（3）主要影响因素

影响企业人力资源需求的因素主要包括新市场的开拓、生产规模、人员流动率、技术革新、工作时间和财务预算等。

4. 人力资源供给预测

人力资源供给预测分为内部和外部两个方面。

(1) 内部预测

内部预测是指从企业现实的人力资源状况和未来变动情况对人力资源供给作出预测。在人力资源盘点的同时可以完成供给预测，现实的人力资源状况是供给预测的基础。内部供给预测的关键是对企业内的战略性人力资源状况进行预测，因而有所谓的替换单法，即针对这些岗位在企业内可能的继任人选分析哪些可以随时接任、哪些还需要培养等，从而确定人员接替顺序，保障人力资源供给。

(2) 外部预测

外部预测主要是对人力资源市场宏观环境的预测。这一点也日益重要，比如，目前我国东南沿海制造企业面临技工荒，如果企业能够合理预见，就可以避免尴尬的停产或成本增加的局面出现。目前已经有很多劳动密集型企业由于这一原因迁往越南、老挝等东南亚国家。影响外部预测的因素主要包括人口数量、同行业人力资源需求状况、科教水平、地区薪酬竞争力状况和国家劳动法规政策等。

5. 制订人力资源规划

人力资源规划也主要从数量、结构和质量三个角度来编制。在经过以上人力资源盘点、人力资源需求预测和人力资源供给预测之后，我们就能够相对清楚地知道目前企业人力资源状况与未来需求之间的差距。

6. 制订人力资源行动计划

根据人力资源总体规划编制具体的人力资源行动计划，主要包括四部分内容：

(1) 管理体制调整计划

管理体制是造成人力资源现状的制度性原因，如果某些机制不进行调整，制度的刚性和惯性仍然会使人力资源规划得不到有效实施。这些管理体制包括招聘、培训、薪酬制度等。比如，为了吸引高素质的人才，改善年龄结构，提高能力水平，就需要多管齐下，适当提高薪酬，加大培训力度等。再如，针对内部的人力资源断层，必须强化内部人才的培养和晋升机制。

(2) 人员补充计划

要根据内部人力资源供给和人力资源需求，制订分阶段的人员补充计划。人员补充计划也是调整人力资源结构、提高内部人力资源质量的好机会，要制定出一定的导向性政策，对新进人员质量进行规范，以达到逐步改善内部结构、提高内部人力资源质量的目的。

人员补充计划的一个重点是企业内关键岗位的人员补充计划，上文提到的替换单法是一种很好的方法。

（3）素质提升计划

素质提升计划就是有目的、分阶段地保证组织未来的人力资源需求得到高质量的满足。一般来说，要结合企业规模的扩张、技术的个性等有计划地培养。比如，一家有明确的扩展计划的企业完全可以根据扩张步骤培养职业经理人。

（4）退休解聘计划

这是企业的人才退出机制，退休是人力资源自然退出供给，而解聘则是企业主动裁汰冗余人员，以调整企业人力资源的数量和质量。尤其是当企业遭遇经营困境，或者主动调整战略布局时，就可能针对某些部门或事业部的人员采取解聘行动。比如，国内一度沸沸扬扬的联想裁员，固然从员工角度看影响员工忠诚度，但从企业整体看无疑是解聘计划的成功实施。

7. 人力资源规划实施反馈

人力资源规划的最后一个步骤是根据人力资源规划的实施情况进行反馈和调整。外部环境是不断变化的，人力资源规划也必须根据相应的参数进行调整。

三、基于战略的人力资源的获取与再配置

（一）人力资源获取与再配置的含义

人力资源获取与再配置从本质上看都是通过各种甄选活动以达到获取合适的人力资源的过程，因此二者具有统一性。但是，人力资源获取与再配置的重点不同：人力资源获取强调在战略和人力资源规划的指导下，通过各种渠道和工具从企业外部选拔企业需要的人力资源，也就是企业的招聘过程；而人力资源再配置则是在现有人力资源存量的基础上，在人力资源使用中对人岗匹配的合理性、适应性作出评价，并作出合理调整的动态过程。从这个意义上说，人力资源获取可以被看做是一次配置，而人力资源再配置则可以被看做是再次配置。

（二）人力资源获取与再配置的内容

人力资源获取主要是企业外部招聘。人力资源再配置主要包括工作轮换、竞争上岗、职位升降以及末位淘汰等。也有将内部招聘看做人力资源获取的，而这

在一定程度上与人力资源再配置重复，具体内容如图 6—5 所示。

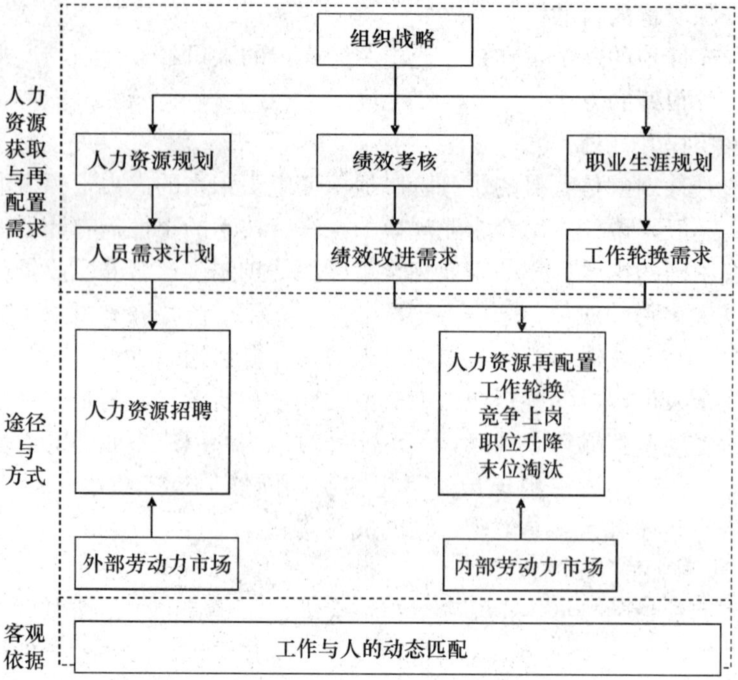

图 6—5　人力资源获取与再配置的系统模型[①]

（三）招聘

招聘的基本流程是确定招聘需求、发布招聘信息、甄选与确定候选人、办理入职程序，如图 6—6 所示。对于具体的招聘流程和招聘方法在此不作具体介绍。

（四）人力资源再配置

1. 工作轮换

工作轮换是企业内部有组织、有计划、定期进行的人员职位调整。组织轮换的影响因素包括主动因素和被动因素两个方面，见表 6—3。

表 6—3　工作轮换的影响因素

主动因素	被动因素
员工素质、能力多样化的需求 职业生涯发展	提高适岗率 防止腐败和“山头主义”

① 彭剑锋. 人力资源管理概论. 上海：复旦大学出版社，2003

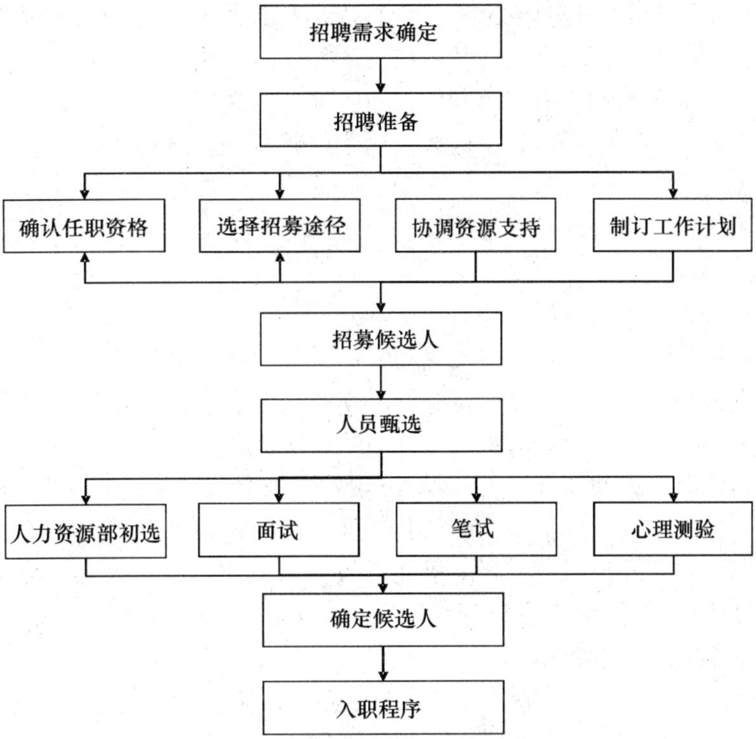

图6—6　人员招聘流程图

(1) 主动因素

现代组织越来越突破原来以高度分工为基础的直线职能制的限制，新兴的柔性组织、团队工作方式、组织决策下移等都对员工能力提出了复合型的要求，多样化的能力结构成为组织关注的焦点。与此相结合，企业内高级管理人员的晋升也必然具有更高的复合型能力要求，这种人才更主要地依靠企业内部培养。在这种背景下，企业开展了有组织、有计划的工作轮换。

另外，企业内跨部门任务的增多导致协调难度日益加大，工作轮换有利于员工了解不同职能工作的特点，有利于按照流程形成良性的协调机制，降低管理成本。

(2) 被动因素

组织内部人员的长期固定容易产生与组织相背离的非正式组织，形成局部利益集团和“山头主义”，这种定期的人员轮换有助于缓解这一问题。

2. 竞争上岗

目前很多国有单位将竞争上岗作为打破僵化的用人机制的一种手段和策略，但这种竞争上岗一般只是不定期举行或若干年举行一次。

实际上，很多企业的内部招聘就是竞争上岗的规范化和经常化，一旦内部出现岗位空缺，优先从内部人员中遴选，这个时候竞争上岗程序就启动了。

竞争上岗的程序一般为：首先在企业内部公布岗位空缺信息和岗位任职资格要求；然后接受员工自荐和部门推荐；接下来采用各种人事测量手段进行甄选；最后进行岗位调整。

3. 职位升降

员工职位升降是人力资源再配置的常用手段。在职位升降问题上，最主要的依据是绩效水平，如果员工具有持续的高绩效，那么，我们就认为该员工具有提升到更高级别职位的潜能。而单纯根据绩效水平提升员工职位可能产生的反向结果是所谓的“彼得原理”，即员工因为高绩效而被提升到他所不能胜任的更高的职位上去，因此，提升员工职位前要利用素质模型和其他测评手段对员工进行潜能评价。在此必须弄清高绩效和高潜能的关系，高绩效应当得到绩效工资奖励，而高潜能才应得到提升。

4. 末位淘汰

企业保持一定水平的淘汰率是十分必要的，比较著名的有通用电气公司的活力曲线，认为企业淘汰率低于5%是非常危险的。当然，也有很多声音反对末位淘汰，但不可否认的是，建立适度的压力机制对于激活企业内的人力资源存量是十分重要的。关于末位淘汰的案例以及讨论，可参见彭剑锋所著《人力资源管理概论》相关章节。

四、基于战略的绩效管理体系

对于基于战略的绩效管理体系，在本书第2章中已作介绍，这里不再重复。

五、以职位和能力为基础的薪酬管理体系

（一）薪酬概念辨识

从目前对工资和薪酬两个概念的使用来看，工资与薪酬并没有本质的区别。[①] 但按照文跃然教授的观点，各个时期所使用词汇体现了学术界和实践领域在表述上的变化过程，并指出不同概念之间存在重叠之处，所以区别是相对的，

① 康士勇，林玳玳. 工资理论与管理实务. 北京：中国劳动出版社，1998

见表6—4。

表6—4　　工资、薪水、薪酬的概念比较①

	时期	对象
Wage（工资）	1920年以前	蓝领
Salary（薪水）	1920—1980年	白领、蓝领
Compensationg（薪酬）	1980年以后	白领、蓝领

笔者赞同这一观点，因为从现实使用状况来看，工资和薪酬基本上是通用的，两个概念之间的混用并不存在问题。但从目前人力资源管理领域发展方向来看，一般认为这两个概念存在广义和狭义的区别，工资属于狭义范畴，而薪酬则属于广义范畴。

我国《劳动法》中对工资的定义属于狭义范畴：工资是指基于劳动关系，用人单位依据国家有关规定或劳动合同的约定，以货币形式直接支付给本单位劳动者的劳动报酬，一般包括计时计件工资、奖金、津贴和补贴、延长工作时间的工资报酬以及特殊情况下支付的工资等②。

广义的薪酬概念的出现实际上体现了激励理论与实践的发展，激励手段从单一的货币形式向多种形式扩大和丰富，广义的薪酬概念应运而生。广义的薪酬概念认为，薪酬是指雇员因完成工作而得到的内在和外在的奖励③。从这个意义上看，工资是薪酬中以货币形式表现的那一部分，是狭义的薪酬。而薪酬这一概念正是适应管理发展中激励手段的不断丰富，以及对员工综合运用各种激励手段的实际情况而产生的。

（二）薪酬分类

从总体上说，薪酬分成内在薪酬和外在薪酬。具体情况如图6—7所示。

1．内在薪酬

内在薪酬是雇员由于完成工作而形成的心理思维方式④。具体来说，内在薪酬主要是指工作的心理和社会性因素，是工作本身带给劳动者的心理感受。内在薪酬主要包括工作成就感、发展机会、在组织内的影响力、组织文化、工作环境、工作授权等。内在薪酬不是纯粹意义上的薪酬，而是员工个人价值的实现，

① 文跃然．薪酬管理原理．上海：复旦大学出版社，2004

② 劳动部《关于贯彻执行劳动法若干问题的意见》（劳部发［1995］309号）第53条。

③④ ［美］约瑟夫·J·马里托奇奥．战略薪酬．北京：社会科学文献出版社，2002

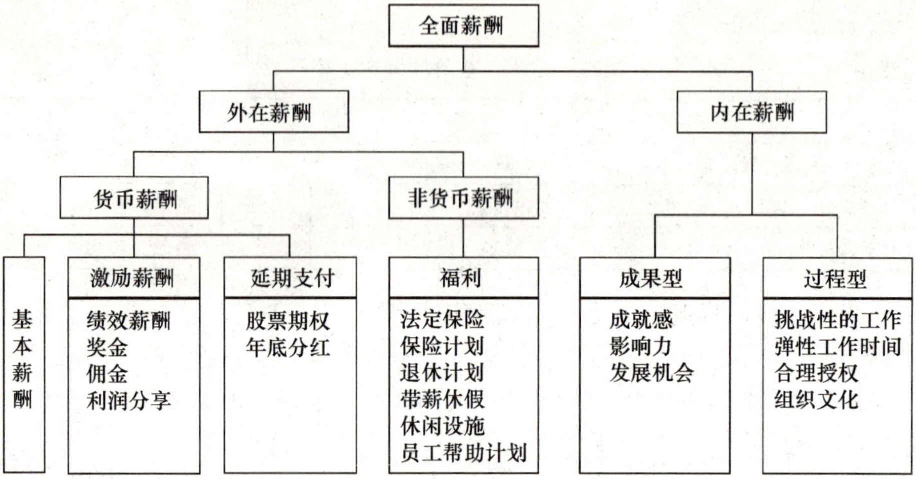

图 6—7　薪酬分类

是企业对员工价值的认同。正是从这个意义上，美国学者于 20 世纪 80 年代提出了包括内在薪酬和外在薪酬的“全面薪酬”概念。按照内在薪酬的特点，可以将其分为成果型和过程型两类。

内在薪酬虽然是看不见、摸不着的，但是它所起的作用也许比金钱还要重要，赫茨伯格（Fredrick Herzberg）在 1966 年提出的双因素理论（见表 6—5）证明了这一点。赫茨伯格认为，包括工资、公司政策、人际关系等在内的保健因子只能消除员工的“不满意”，并不能达到激励效果，而只有与工作本身相联系的激励因子才能激励员工。激励因子主要包括成就感、工作认同、晋升机会等。可见，激励因素主要属于内在薪酬范畴。

表 6—5　　赫茨伯格的双因素理论①

保健因子	激励因子
公司的政策和行政	成就感
监督、技术	认同感
工资	工作本身
人际关系	责任
工作环境	发展空间

① 根据弗雷德·鲁森斯著，王垒译校的《组织行为学》相关资料整理，略有修改。

过去我们在分配上采取平均主义、“大锅饭”，强调精神的作用，而在市场经济条件下，却又往往忽视了精神方面的激励，一切都想用钱来解决问题。实际上，前后两种做法都违背了内在薪酬发挥作用的基本规律。

2. 外在薪酬

外在薪酬包括货币薪酬和非货币薪酬两类。

（1）货币薪酬

货币薪酬主要指基本薪酬、激励薪酬和延期支付。

基本薪酬：员工完成岗位工作应得的报酬，是薪酬中的固定部分。也就是说，员工只要在岗并完成岗位工作就可以得到基本薪酬。

激励薪酬：是薪酬中与员工绩效挂钩的浮动部分，根据员工对事先制定的工作标准或工作目标的达成程度来确定报酬水平。激励薪酬用来奖励优秀的业绩表现，对员工进行当期激励。

延期支付：是薪酬中的长期激励部分，是将员工与组织长期发展结合起来的方式，一般包括股票期权和年底分红方式。

（2）非货币薪酬

非货币薪酬主要指福利，福利包括法定福利和补充福利两类。法定福利是强制性的，主要包括养老保险、医疗保险、失业保险、工伤保险、生育保险和住房公积金等。单位还可以根据实际情况设立补充福利，主要包括补充保险计划、带薪休假、各种休闲设施以及员工帮助计划（Employee Assistant Program，EAP）等。

全面薪酬的精髓就在于根据组织实际情况综合运用多种激励手段以达到最佳的激励效果。从总体来看，无论薪酬各部分构成如何，以及各部分的名称是什么，对于组织而言，薪酬各个部分构成了总的人工成本，对于员工而言，则构成总的收入。问题的关键在于，如何合理安排运用薪酬的各个组成部分，以最小的总人工成本来最大限度地调动员工的积极性，而不必拘泥于薪酬各个部分的严格划分。

（三）薪酬战略选择

薪酬战略作为组织战略和人力资源战略的子系统，其价值在于最大限度地激励员工，配合、支持人力资源整体战略，将员工的努力统一集中到组织战略方向上，从而促进组织战略实现。这就要求薪酬战略必须在企业战略和人力资源战略的指导之下进行设计。

1. 组织战略与薪酬战略的关系

首要的问题是，薪酬战略与组织战略的关系如何，薪酬战略通过怎样的机制来支撑组织战略的实现。图 6—8 所示的模型给出了一个基本框架。

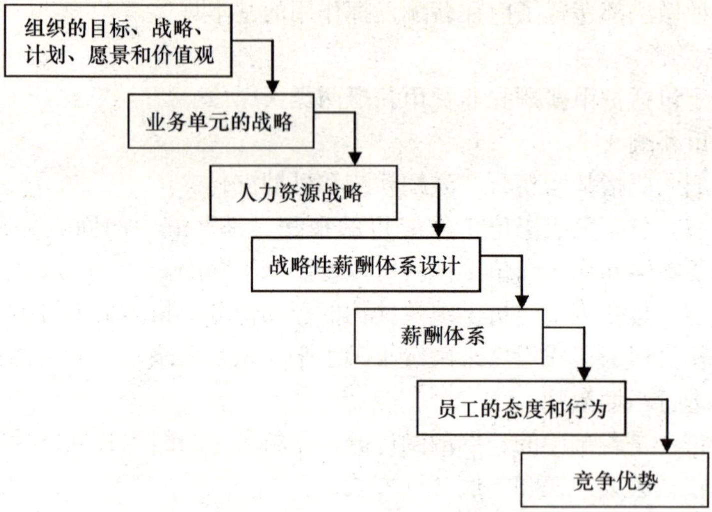

图 6—8　组织战略与薪酬战略的关系模型①

（1）组织的战略分为两种：一种是组织层面的整体战略；另一种是建立在组织战略基础上的业务单元战略，这是针对组织各项业务的竞争战略，如组织在研发方面的战略，在市场方面的战略，当然也包括组织在人力资源方面战略。

（2）人力资源战略的前提和依据是组织战略，其目的是支撑组织整体战略的实现；同样，薪酬战略是建立在人力资源战略基础上的一个子战略，薪酬战略的目的是支撑组织人力资源战略的实现。

（3）薪酬战略的有效落实还必须依赖薪酬体系，即将薪酬战略转化为薪酬制度、薪酬结构和薪酬管理流程，通过具体的制度设计贯彻薪酬战略。科学的薪酬体系设计可以有效地引导和改变员工的态度和行为方式，使之统一到与组织战略相一致的方向上来，而组织的竞争优势蕴涵在员工的工作行为方式之中，在这个意义上说，薪酬战略促进了组织竞争优势的形成和发展。

（4）组织战略实现的根本在于组织竞争优势的培育，薪酬战略正是从这个意义上支撑了企业战略的实现。

---

① 乔治・T・米尔科维奇，杰里・M・纽曼．薪酬管理．董克用等译．北京：中国人民大学出版社，2002

这就是完整的薪酬战略与组织战略之间的互动关系。

2. 薪酬战略要素

在制定薪酬战略时，应主要考虑如下基本问题：

（1）薪酬战略与组织文化

组织文化是薪酬战略中需要重点考虑的问题。薪酬战略与组织文化的关系体现在两者相互作用之中，一方面是组织文化对薪酬战略的影响与制约，另一方面是薪酬战略对组织文化的改变与塑造。

在我国计划经济体制下形成的分配上的平均主义倾向以及严重的论资排辈问题，都是我们必须面对的薪酬文化。很多组织虽然也进行了薪酬改革，但最后仍然打不破“大锅饭”，痼疾缠身，无法自拔。这就是组织文化对薪酬战略的制约作用的鲜活体现。

而薪酬战略也并非完全被动，它对组织文化具有反作用力。薪酬改革被坚持下来，单位人员接受了合理的薪酬差距，并且有一部分人员从改革中受益，原来的平均主义的分配文化就已经被动摇了，新的强调能力、绩效和竞争的分配文化正在形成。这也就是将分配制度作为机关事业单位改革的关键点和切入点的原因所在。

在薪酬战略与组织文化的关系问题上，偏废任何一方都是有害的，关键在于明确组织战略需要怎样的薪酬战略与之相配合。如果组织战略要求薪酬战略必须对现有的组织文化进行改变，就要坚持既定的薪酬战略，因为组织文化也必须支撑组织战略实现，但即使薪酬战略需要对组织文化进行改造，也应该考虑到现有组织文化和单位人员对薪酬战略的接受能力，需要在战略方向和薪酬改革力度之间适当权衡，因为薪酬战略的有效性依赖于其接受和执行的程度。

（2）薪酬价值倾向

薪酬价值倾向集中体现了薪酬激励的重点。薪酬激励的效果来自于差距，有差距就要有重点。具体体现到薪酬设计中就是要提高部分关键职能、关键岗位上的核心人员的薪酬水平，这些职能、岗位和人员也就构成了组织薪酬激励的重点。

①薪酬激励重点的确定

确定薪酬激励重点取决于两个因素：一是岗位和人员对于组织战略的重要性；二是该岗位人员在劳动力市场上的稀缺程度。根据这两个维度可以得到一个二维分析矩阵，如图6—9所示。

Ⅰ区域：重要性低、稀缺性低。这个区域代表了组织中的辅助性岗位和人

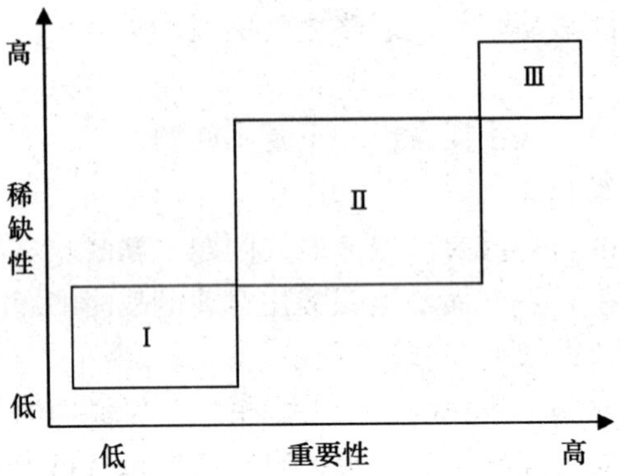

图 6—9　组织中岗位和人员分类图

员，如打字员、收发员等一般行政人员。

Ⅱ区域：重要性居中，稀缺性居中。这个区域代表了组织中绝大多数岗位和人员，是组织构成的主体，是组织正常运转的基础保障，如组织中的一般技术人员和一般管理人员。

Ⅲ区域：重要性程度高，稀缺性程度也高。这个区域代表着组织中少数高端岗位和人才，如掌握关键技术的研发人员和各类高级管理人员。

在这个分析框架下，哪些岗位和人员构成组织薪酬激励的重点已经很明显了。当然，这种分类并非完全绝对，需要各单位依据实际情况作具体分析。

②内部公平问题

由激励重点问题引出第二个问题，即组织薪酬分配中的内部公平问题。内部公平体现为组织内不同岗位、不同层级之间的薪酬水平的对比关系，也就是在上文中提到的三类不同岗位、人员之间，以及每一类内部包含的不同岗位和人员之间的薪酬高低关系。要拉开关键岗位、核心人员和一般岗位、人员的薪酬差距，这个差距应该多大，这是薪酬体系设计中薪酬结构设计的问题。

③薪酬竞争策略的选择

薪酬竞争策略分为三种：一是领先策略，即组织所支付的薪酬高于劳动力市场上同类岗位、人员的平均薪酬水平；二是跟随策略，即组织按照市场平均薪酬水平支付薪酬；三是滞后策略，即组织所支付的薪酬落后于市场平均薪酬水平。

三种薪酬竞争策略与组织战略性质直接相关。组织战略的性质可分为保守型、平稳型和激进型三种。如果采取保守型的战略，其薪酬水平定位也通常会比较保守，一般会采取滞后策略；如果采取平稳型的战略，其薪酬水平通常会定位于与劳动力市场平均薪酬水平持平，采取跟随策略；而如果采取激进型的战略，就必须吸引大量优秀人才，那么，在薪酬竞争策略上通常会倾向于采取领先策略。

同时，采用哪种薪酬竞争策略也与组织的支付能力相关，实力雄厚、支付能力强的组织更倾向于采用领先策略。而且，行业竞争环境对组织采用哪种薪酬策略也会产生影响，比如，对于竞争激烈的高科技行业来说，人才的稀缺性决定了组织只有实行领先策略或跟随策略才可能吸引到优秀的人才。

（3）薪酬战略选择

薪酬战略选择是一个综合性问题，涉及上文中谈到的多个因素，因此，这种选择必然要求组织按照既定的组织战略和对自身特点的深入分析，在各个薪酬战略构成要素上作出选择，将这些要素组合起来也就构成了组织的薪酬战略。

这里必须要指出的是，薪酬战略的存在价值在于对组织战略的支撑、促进组织战略的实现，因此必须从组织战略的高度来思考薪酬战略问题。另外，薪酬战略还必须落实到薪酬制度层面才能发挥作用，因此，薪酬制度设计是薪酬战略落实的保障。

（四）基本薪酬制度选择

无论何种薪酬制度，其逻辑起点是薪酬支付基础，即企业依据什么向劳动者支付薪酬。对薪酬支付基础的不同判断构成了不同薪酬制度的薪酬总量、薪酬构成、基本管理思路和方向。到目前为止，薪酬支付基础主要有岗位、能力和绩效三类。

三类薪酬支付基础在功能上有所不同，岗位和能力是薪酬的决定性因素，绩效是薪酬的调节性因素，即薪酬总量、构成、管理方式等按照岗位或能力确定，绩效在该基础上与薪酬挂钩，从而调节和影响薪酬。我们所见到的各种各样的薪酬制度实际上无外乎基于岗位的薪酬制度、基于能力的薪酬制度和结构薪酬制度三种类型，这里主要介绍前两种。从目前看来，越来越强调在薪酬中体现绩效，使员工绩效与薪酬挂钩，以起到薪酬激励的作用。

因此，我们所见到的形形色色的薪酬制度，判断其基本属性的不是纷繁复杂的构成，而是由其支付基础决定的基本逻辑、设计过程和薪酬管理特点。正是在这个意义上，可以对各种薪酬制度按照其支付基础作性质上的分类。

当然，基本薪酬制度以某一薪酬支付基础为核心，但并非完全排斥其他薪酬支付因素。比如，基于岗位的薪酬制度是以岗位为核心的，但在设计过程中也要通过带宽和薪酬等内分级的形式来体现同一薪酬等级上不同员工的能力和绩效水平差异，严格的“一岗一薪”的岗位工资制已经很少采用。同样，基于能力的薪酬制度将着眼点放在能力上，但在设计过程中不可避免地要结合岗位来考虑，只是更强调跨部门、无边界、扁平化的新的组织条件下基于岗位设计薪酬制度的局限性及基于员工能力设计薪酬制度的重要性和优越性。

1. 基于岗位的薪酬制度

（1）基本逻辑

基于岗位的薪酬制度隐含的逻辑是组织按照岗位在组织中的相对价值支付报酬，而不论在岗位上的员工是什么样的人。有学者对这一逻辑有深入浅出的论述[①]：

是什么人 —①→ 上什么岗 —②→ 干什么活 —③→ 拿什么钱

①是什么人，上什么岗：即通过岗位分析确定岗位任职资格要求，按照岗位任职资格要求选择符合标准的员工。

②上什么岗，干什么活：员工按照要求履行岗位职责，完成工作任务。

③干什么活，拿什么钱：根据员工所在岗位价值和工作完成情况，向员工支付薪酬。

这一过程完全围绕岗位展开：按照岗位工作要求确定任职资格和选择员工，员工按照岗位工作规范完成相应工作，最后根据岗位工作价值和工作完成情况支付薪酬。

（2）基于岗位的薪酬制度的设计框架

如图 6—10 所示，基于岗位的薪酬制度的设计框架与其基本逻辑是一致的，即在工作分析的基础上通过岗位评价确定各岗位在组织中的相对价值比较关系；然后通过薪酬调查获得各岗位在劳动力市场上的薪酬水平，组织根据薪酬战略确定各岗位在劳动力市场的薪酬定位；最后根据岗位评价和薪酬定位结果设计薪酬结构，形成完整的基于岗位的薪酬体系。

（3）对基于岗位的薪酬制度的评价

目前我国大部分组织实行的是基于岗位的薪酬制度，这也是目前我国各类型组织薪酬改革的重要方向。这是由我国各类型组织目前存在的激励问题和改革需求决定的。

在我国各类型组织内，“有人没事干，有事没人干”是普遍现象，其根源就

---

① 根据余顺坤教授相关言论整理。

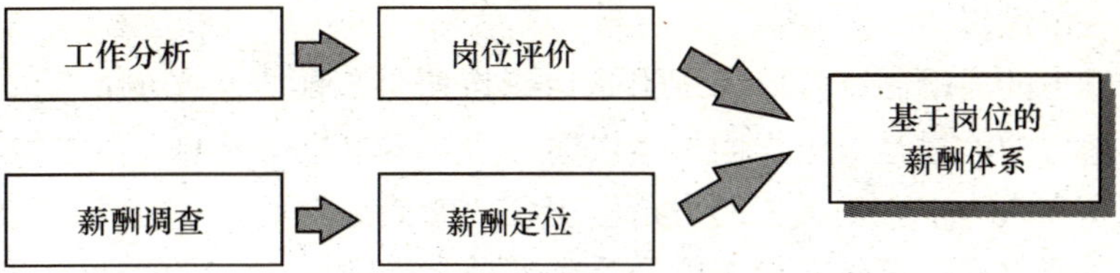

图 6—10　基于岗位的薪酬制度设计框架

在于职责不清，遇事推诿、拖沓，组织效率低下。而这也为考核设置了障碍，既然连工作职责都无法分清，也就无法考核，进一步导致“干多干少一个样，干与不干一个样”。在这种情况下，解决这一困局的切入点就是建立以岗位为核心的规范化的组织结构，明确岗位职责，理清管理结构，在此基础上强化考核，将绩效与薪酬挂钩，从而改革松弛的组织体系和失效的薪酬激励。这也就是我国实行基于岗位的薪酬制度的主要原因之一。①

论资排辈是一种普遍现象，“熬年头”成为员工晋升和薪酬增长的主要手段。以我国各类型企事业单位普遍推行的岗位技能工资制为例，其中技能工资的设计思路是要体现员工能力差异，但在能力评价环节出现问题、职称等级与员工能力水平严重脱节、员工技能工资的增长主要依靠年资，最后形成了工资与能力脱节、与绩效脱节的状况。新人有能力，有冲劲，但资历浅，薪酬无法提升，积极性受到打击，组织内积累的资历深厚但能力、绩效并不高的员工成为组织激励的障碍。

解决的关键同样是岗位：根据岗位任职资格要求实行竞争上岗，让有能力的员工上到合适的岗位上，按照岗位价值支付相应的薪酬。

正是基于以上两点，基于岗位的薪酬制度成为我国各种类型单位解决薪酬激励问题的主要手段，这与我国的管理水平是相关的。在这里还要说明的是，包括薪酬激励在内的各种管理方式和管理方法，只有是否适合的区别，而没有绝对的先进和落后的标准。而随着竞争环境的变化，组织面临的主要问题也会改变，在解决这些问题的过程中管理水平也会不断提高。

2. 基于能力的薪酬制度

以中国人民大学劳动人事学院为代表的学者是国内大力倡导基于能力的薪酬制度的主力军，以下部分观点也主要来自彭剑锋、文跃然等教授。

---

① 文跃然. 薪酬管理原理. 上海：复旦大学出版社，2004

(1) 基本逻辑

基于能力的薪酬制度背后的逻辑是组织按照员工能力水平的高低支付薪酬。这种逻辑隐含的前提是，组织固然是以岗位为基本单位构成的，但组织功能和价值的实现是以人为中心，员工能力是组织绩效的关键因素。因此，基于能力的薪酬制度是对能力进行定价，员工能力达到何种水平则支付相应的薪酬。

(2) 基于能力的薪酬制度设计框架

图 6—11 所示为基于能力的薪酬制度设计的流程。

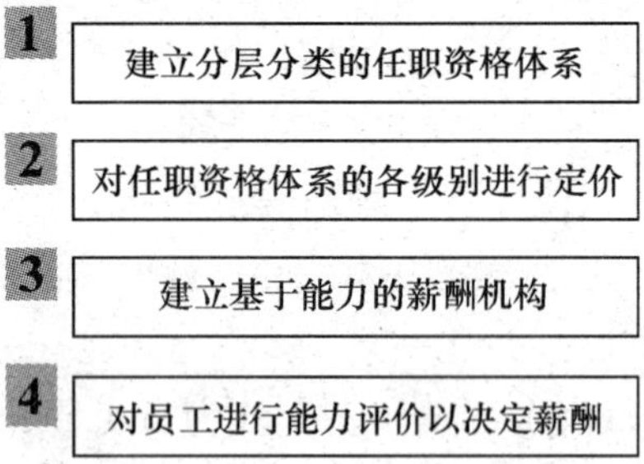

图 6—11　基于能力的薪酬制度设计框架

①建立分层分类的任职资格体系

组织要在战略分析的基础上，确定组织战略实现所需要的关键能力，再进一步将这些关键能力分解到组织的各个岗位序列中，进而制定分层分类的任职资格体系。任职资格体系以岗位分类为横轴，以岗位分级为纵轴，为不同岗位序列确立了任职资格等级标准。如图 6—12 所示，这样就形成了不同岗位序列不同等级

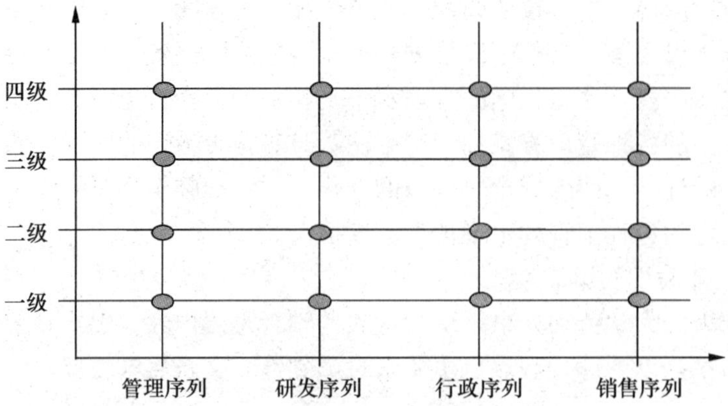

图 6—12　任职资格体系示意图

的任职资格标准体系。

随着理论和实践的发展，又将能力模型理论引入任职资格体系，进一步丰富和充实了任职资格体系，并为能力评价提供客观的标准和方法。

②对任职资格各级进行定价

与基于岗位的薪酬体系中对岗位进行定价不同，基于能力的薪酬体系是对能力等级进行定价。目前对能力进行定价还存在一些问题，每个组织所需要的能力是千差万别的，很难找到统一的标准。因此，只能采用间接的方法，即通过对任职资格体系中最有代表性的等级所对应的标杆岗位进行岗位评价和薪酬调查，然后采用类比的方法，确定其他等级的薪酬。

③建立基于能力的薪酬结构

从方法上说，基于能力的与基于岗位的薪酬结构设计并没有本质区别。

④对员工能力进行评价以决定薪酬

在同一个任职资格等级上的员工，其能力也是存在差别的。在员工个体的薪酬确定上要体现这种差别，就需要对员工能力进行评价，确定其在任职资格体系中的能力等级，进而确定在同一薪等上的具体级别。

（3）对基于能力的薪酬制度的评价

在日益激烈的竞争条件下，外部环境飞速变化，原有的优势在剧烈的变化中会很快丧失，甚至由于组织惯性和惰性反而成为制约因素——在多个行业的技术变革中很多明星企业的“落马”证明了这一点：组织赢得竞争优势比任何时候都更依赖员工，人力资源成为第一资源。基于能力的薪酬制度正是适应这一潮流而产生和发展的。

基于能力的薪酬制度在新的竞争环境和组织条件下具有明显的优势：

①增强组织适应性

新的竞争环境对组织和流程的适应性提出了更高的要求，组织重组和流程持续改进是组织的经常性工作。基于能力的薪酬制度有利于克服基于岗位的薪酬制度下员工对岗位调整的抵制，因为基于能力的薪酬制度的付酬基础是能力，岗位变动并不影响员工薪酬。

②鼓励员工发展自身能力

显然，员工清楚地知道自身能力的提高将带来薪酬的增长，其自然拥有了自觉提升能力的动力。

③使员工承担更广泛的责任

在新的竞争条件下，跨部门、无边界组织的出现会模糊岗位职责的界定，这样一来，基于岗位确定薪酬就遇到了困难，员工不愿去承担岗位职责以外的无报酬的工作任务，而基于能力的薪酬制度则可以解决这个问题。

但是，基于能力的薪酬制度也存在一些问题，其中包括两个关键环节：

一是能力评价。能力评价本身就是一个难题，固然已经提出了一些方法，但与基于岗位的薪酬制度中成熟的岗位评价技术相比，还存在较大距离。同时，外部环境对组织所需能力的要求不断变化，员工能力持续发展，这就又产生了任职资格体系持续改进和员工能力重复评价的问题。

二是能力定酬。如上文所述，对能力进行评价是一个相对复杂的问题，因为在不同组织之间没有统一的能力标准，在市场上很难形成一个普遍认可的薪酬水平，而只能采用间接定价方法。

六、基于职业生涯规划的培训开发体系

（一）培训存在的突出问题：与战略脱节

尽管企业培训还存在投入不足、体系不完备、培训形式单一、培训效果欠佳的问题，但显然所有企业都认识到了培训的重要性，培训投入也在逐年增加，这一点从我国目前活跃的培训市场上就能得到印证。但是，传统的培训体系最为严重的问题在于无法清晰建立培训效果与企业绩效之间的相关关系，或者说，企业对培训支撑企业战略实现的路径没有形成清晰的认识，这是产生种种培训问题的根本原因。如果不能建立两者之间的有效连接，后果有两个：一是企业不愿在培训上投入；二是培训的盲目性。很多企业更重视员工技能培训，而忽略其他能力培训，因为员工技能培训更容易看到培训效果对绩效改善的作用。那么，其他培训就不重要了吗？要么就是“广种薄收”式的培训，既然培训重要，那么有培训总比没有好，事实上浪费了大量的资金。

（二）培训开发如何与战略和职业生涯规划结合

战略是培训的起点和终点，这个过程如图 6—13 所示。

1. 培训需求

培训需求的来源不外乎以下几个方面：素质和任职资格体系对员工能力的要求；从员工绩效考核结果中发现的绩效改善途径；员工现实的能力状况以及个人的职业生涯规划。前两个方面是企业立场上的培训需求，后一个方面是员工立场上的培训需求。而这些方面的根源在于企业战略：素质模型和任职资格体系必然是在企业战略导向下设立的，是核心竞争力的分解和细化；员工绩效改善也必然是在企业战略分解下的绩效指标和计划任务的反映；而员工个人的职业生涯规划

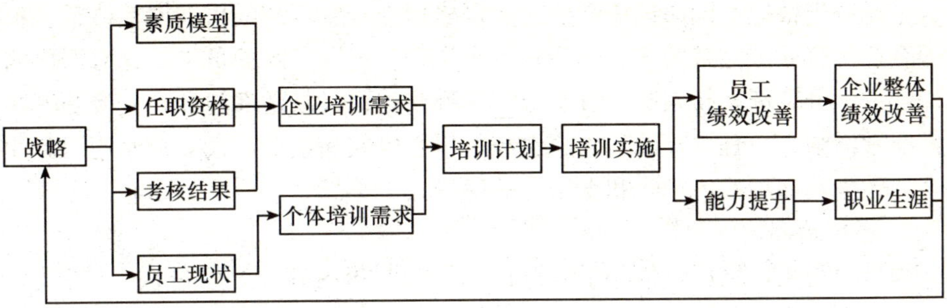

图 6—13　培训与战略和职业生涯规划的连接

也必然是依托企业战略与组织结构产生的，或者是在组织干预下的职业生涯规划。可以这样说，培训需求来源于战略。

2. 员工培训的结果

员工培训结果体现在两个方面：一是员工绩效改善，从而推动企业整体绩效的提升；二是员工个人能力的提升，员工个人能力在组织框架下发展为组织能力，同时推动了个人职业生涯发展。当然，两条线路之间存在交叉作用，但这是基本的作用路径。

3. 企业整体绩效的改善和员工能力提升最终又反过来支撑了企业战略

这里的关键点有两个方面：一是从企业战略出发进行的培训需求分析，这决定后续能力提升和绩效改善能否实现；二是企业培训需求与员工个体培训需求之间的有机结合，这个结合点就是有组织的职业生涯规划。这里的职业生涯规划不是员工从个人角度对自身职业发展的设计，而是从企业战略需要和人力资源规划角度出发的。通过职业生涯规划，企业得到了所需的人才、满足了发展需求，员工获得了职业发展以及相应的薪酬、自我实现，二者在这里得到统一。

（三）培训开发体系的构建

培训开发体系的构建包含培训需求分析与培训计划制订、组织实施培训、培训效果评估与反馈三个基本阶段，各个阶段所包含的基本内容如图 6—14 所示。

在这里突出强调以下几个问题：

1. 培训需求分析与培训计划制订强调个性化

人是千差万别的，员工培训需求也必然是个性化的。所谓因材施教，就是要根据员工特点确定培训内容和培训方式，而不是千篇一律。当然，个性化必然会带来成本的提高，企业应在培训效果和成本之间求得平衡。

2. 建立分层分类的企业培训体系

企业应当根据不同岗位等级的任职资格标准开发不同的培训课程体系。很多跨国企业都建立了完备的培训体系，各个类别、不同等级的员工都具有严格的培训课程或学分定额，新入职的员工应接受哪些培训、新任部门经理应接受哪些培训都非常清晰，而且培训课程内容也经过精心研究和策划。很多企业还因此建立了企业大学，如惠普商学院和麦当劳的汉堡大学等。

3. 强化培训过程控制

到目前为止，培训评估除了对课程（包括课程内容、讲解过程、课程服务）的评估以及受训人员技能知识层面的评估外，还不能完全建立起培训投入与组织绩效之间的相关性，或者说企业在培训上的投入和产出无法精确计算。但培训无疑意义重大，培训是有产出的。在这种两难条件下，唯一的出路就是通过强化培训过程控制来提高培训效果。

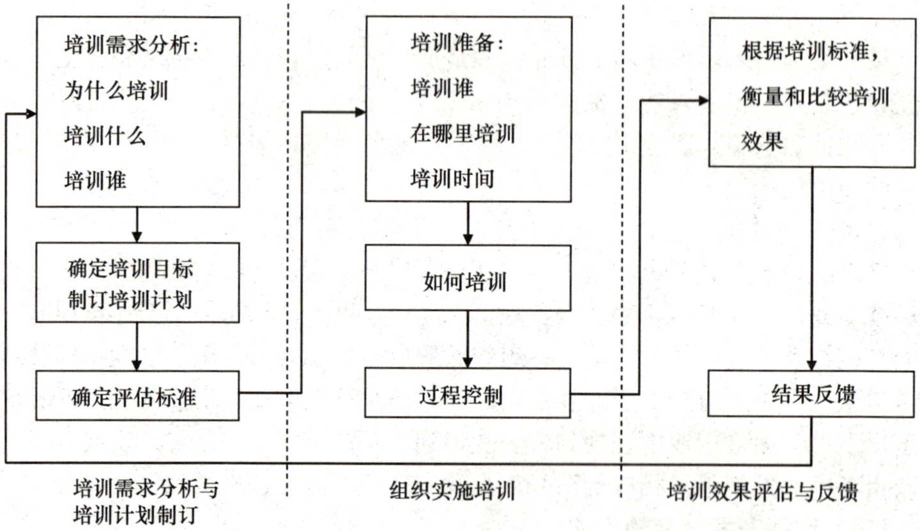

图 6—14　构建培训开发体系

第7章

绩效管理中的相关者

前面几章着重从绩效管理的宏观层面进行分析，并对与绩效管理密切相关的组织结构、战略设计、流程管理和企业文化建设等方面进行了介绍。实际上，与绩效管理实际运作效果关系密切的另外一个重要因素是绩效管理的参与者，主要包括企业高层管理者、人力资源经理、直线经理和作为绩效管理对象的员工。我们了解不同绩效管理参与者在绩效管理中的行为方式及其特点，对于绩效管理的顺利推进、取得预期效果是非常重要的。此外，绩效管理作为组织中最重要的管理行为，也对管理者的能力构成提出了要求，本章重点对管理者的绩效管理能力进行分析。

企业中的全体人员都将参与到绩效管理中，从不同的角度来看，这些参与者可以有不同的分法，比如按照360度评价的思路，可以分为上级、下级、同事和被评价者本人。在此，我们将从企业管理层级的角度对绩效管理的参与者进行分析，这种分类方法更有利于我们理清不同层级的管理者在企业绩效管理体系中的地位和角色。

第一节　绩效管理中的高层管理者

一、高层经理的个人定位

高层经理往往没有把自己置身于绩效管理之中，不认为自己是绩效管理的参与者。他们认为自己基本上置身于绩效管理之外，只有当导入绩效管理方案，或者在绩效管理产生问题的时候，才参与决策。在我们看来，这种“一只脚跨在门外”的高层管理者恰恰是企业绩效管理失效的一个主要原因。

二、高层经理的正确位置

实际上，这些高层经理轻视或者逃避了其在绩效管理中应当承担的责任，而其地位和作用又是其他人无法替代的。那么，高层经理在绩效管理中到底扮演怎样的角色呢？

（一）决策者

在绩效管理体系建立和变革的过程中，高层管理者要扮演好决策者的角色。或许有很多高层经理根本没有将绩效纳入其决策的事项范围内，而是将这项工作完全交给人力资源部。当然，随着高层经理逐渐认识到绩效管理的重要性，他们也部分地参与到绩效管理体系建设中来，但并没有深入其中，只是过问一些工作进度之类的问题。最后，人力资源部将绩效管理体系和制度提交经理办公会讨论通过了事。这种处理方式实际上是高层经理放弃了管理责任。

如前文所述，绩效管理与企业组织、战略、流程、文化等方面密切相关，高层经理必须从这些方面扮演好决策者的角色。要扮演好决策者的角色，高层经理应明确以下三个方面的内容：

1. 对企业战略作出明确的表述，并确定当前阶段企业的目标任务

战略是绩效管理的源头，而很多企业恰恰在进行绩效管理的时候根本没有一个明晰的战略。高层管理者必须在绩效管理体系建立时明确企业战略和现阶段目标任务，为绩效管理指明方向。

2. 明确如何通过绩效管理实现与企业战略的有效连接

当然，理论界对这个问题进行了长时间的讨论，也形成了一系列的方法、工具，但是，对于高层经理来说，必须建立这样一种认识——绩效管理就是将企业与战略目标有效连接起来。在人力资源部或者外部机构提供的专业工具指导下，高层经理带领企业全体人员明确实现企业战略的路径。这正是平衡计分卡中战略地图的意义，也是价值树、关键绩效指标体系的关键所在。

3. 明确不同部门的定位及各部门的绩效管理主题

即明确某个部门是利润中心还是成本中心，它在企业战略中的定位是什么；绩效管理主题就是根据部门定位和特点确定绩效管理的重点，比如，对于利润中心应当以赢利能力为主题，而成本中心则应以成本节约为主题。

（二）发动者

企业导入、实施绩效管理，开始都会遇到习惯势力的抵抗，很多部门经理会以各种“非暴力不合作”的方式“软磨硬泡”，其结果是绩效管理流于形式，而根源就在于高层经理没有为绩效管理注入原动力。

1. 高层经理负有发动绩效管理的责任

高层经理要通过沟通使部门经理和全体员工认识到绩效管理的重要性，更重

要的是让他们感受到高层经理推动绩效管理的决心。很多时候，部门经理认为某项工作是否重要的标准不是工作本身，而是领导的重视程度。

2. 注入压力

绩效管理的动力源头在于战略，而各层管理者是否认识到这一点呢？单纯的讲解和沟通，得到的是间接感受，必须通过绩效管理让所有的管理者感受到来自战略目标的压力，这就需要高层经理分解战略、确定指标、设定目标。

3. 设定激励措施

战前动员的重要内容就是如何奖励战功，因此，在导入绩效管理制度的同时必须导入新的激励制度。激励与压力构成了推动企业全体人员为绩效目标努力的动力。

（三）文化基因输入者

绩效管理过程中蕴涵着大量的企业文化信息，甚至有人提出通过绩效管理来构建企业文化体系，可见，我们不能忽视绩效管理对于企业文化塑造的重要性。正因如此，高层经理应该在绩效管理中扮演好企业文化基因输入者的角色。绩效管理中包含的企业文化是多方面的，以下仅列举较有代表性的几个方面。

1. 企业认为的好员工的标准

从如图7—1所示的员工分类模型中我们可以看出，在德与才不能兼备、员工能力与对企业文化的认同之间发生冲突的时候，处于不同阶段的企业的关注点不同。所谓“治世重德，乱世重才”，在企业发展初期，对员工能力的要求要大于对企业文化的认同；在企业成熟阶段，企业文化已经成熟，企业具有强大的培养和吸引人才的能力，因此也就更重视员工对企业文化的认同。即使企业不主动解雇不能认同企业文化的员工，这些员工也会由于对企业文化的不适应而自然

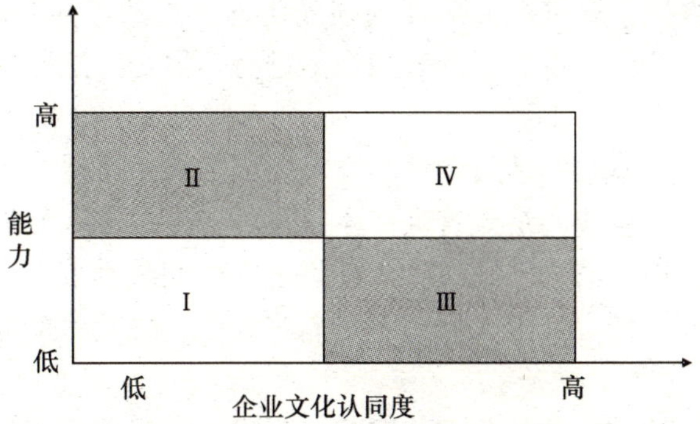

图7—1　员工分类模型

流出。

2. 企业鼓励怎样的行为

企业文化总是通过行为层面表达出来的，而绩效管理中对员工态度的考核一般也是通过对员工外在行为的评价来进行的。因此，绩效管理中具有十分明确的企业提倡怎样的行为、反对怎样的行为的倾向。

3. 鼓励合作还是强调竞争

绩效管理中必然产生大量的冲突，工作中不协调的方面都很容易体现在绩效管理中，比如对某项工作未能完成的解释往往是其他部门合作不力，如何协调这些冲突是高层管理者的重要工作。高层经理处理这些冲突的原则是什么，是更加鼓励合作，还是更强调竞争。

另外一个极端的例子是末位淘汰，在这个问题上更难分清高层经理的价值取向。极少有国有企业敢于导入末位淘汰，即使有，也很少成功。但更多的中小民营企业高层对末位淘汰则表现出特有的浓厚兴趣。当然，末位淘汰的鼻祖——通用电气公司的韦尔奇进行末位淘汰，除了要保持组织活力外，一个重要原因是，让一个员工在一个不适合他的岗位上工作也是对员工极大的不负责任。

在这一系列问题上，都需要高层经理作出最后的权威回答，没有人能代替他们来回答。高层经理认识绩效管理对企业文化形成的塑造作用，自觉地将“老板文化”基因输入到绩效管理体系之中，是非常有利于企业文化的形成和发展的。

（四）模范的绩效管理者

高层经理的另外一个角色是模范的绩效管理者。高层经理除了要在绩效管理体系建立和导入时发挥决策和推动作用外，他还是绩效管理体系运行的实际参与者，要与直接下属共同制订绩效计划，跟踪绩效实施过程，在绩效考核时进行绩效评价，还要与直接下属进行面对面的绩效沟通。当然，与基层经理不同的是，这些活动可能很大部分会在正式的公司会上进行，但是，这些并不能取代一对一的沟通。

如果高层经理能够按照绩效管理的要求，成为一个严谨的、模范的绩效管理者，那将对推进整个企业的绩效管理产生巨大的示范效应。然而，很多企业的实际情况是，高层经理是第一个绩效管理破坏者，他们基本上不按照绩效管理的要求行动，而是一味地指责其他人，或者最后将绩效管理无效的罪责直接推给绩效管理本身。

总之，在建立和实施绩效管理体系的过程中，高层管理者往往从宏观的角度决定了绩效管理的政策，指引着绩效管理的方向，他们在绩效管理中担负着重要的责任：确立并沟通公司的愿景和战略；倡导并沟通公司文化及价值观；让员工知道绩效管理对个人和对组织的意义；在执行绩效管理系统时作出表率；协调各方面在绩效管理过程中的努力。

第二节　绩效管理中的人力资源经理

一、人力资源经理在绩效管理中的几种行为方式

概括起来说，按照行为风格可将人力资源经理分为以下几种类型。

（一）大包大揽型

有一部分人力资源经理在绩效管理中地位非常显赫、突出，从绩效管理体系的设计、导入，到绩效管理运行的过程管理，乃至部门内部绩效管理行为，全部属于他们的管理范围。

一般来说，这种类型的人力资源经理的产生有两个条件：首先是人力资源经理与企业高层管理者之间超越正常组织关系的人际关系；其次是高层管理者对自身责任和权力的放弃。于是，人力资源经理被非正式地赋予了超越其正常职责范围的权力，人力资源部成为超越其他部门的强力部门。

在这种情况下，绩效管理的推进一般有两种效果：一是推进速度较快，由于强力部门的出现，协调因强势变得简单；二是其他部门并不认同人力资源部的特殊地位，人力资源部实际上也不具有战略性、全局性的宏观指导能力，企业各部门之间的沟通成为人力资源部单向下达指示。

从最后的结果来看，这种模式下的绩效管理一般不会取得非常好的实际效果，各种矛盾的积蓄最终爆发，各部门集体反对或者形成默契，使绩效管理流于形式。

（二）唯唯诺诺型

与大包大揽的风格完全相反，这一类人力资源经理类似于一个木偶，高层经理支一下就动一下，让他们做什么才做什么；他们也很少有自己的意见和建议，除非涉及自身的利益；他们频繁地请示和汇报，请高层经理替他们作决策；而当他们安排各种工作的时候，也都是以高层经理指示的名义来表达。总之，他们信奉的原则是，这么重要的事情不是人力资源部门所能承担的，什么事情都要上面说了算。

这种行为方式背后的潜台词是，不求有功，但求无过，“安全第一”。这种人

力资源经理通过降低位置放弃了管理责任，在一定程度上也迎合了一部分很喜欢替下属作决策的高层管理者的成就感需要。

这种情况下的绩效管理很容易陷入困境。绩效管理的推进需要专业知识，需要了解实际情况，而高层经理对二者往往都是不甚了解，其结果也是可想而知的。当绩效管理失败的时候，人力资源经理很容易脱身，和其他部门站在一起，成为和其他部门一样的受害者，最后的结果就是不了了之。

（三）与人为善型

还有一种人力资源经理，他们选择的策略是回避矛盾，或许他们也在推进绩效管理，但是，一旦遇到矛盾，他们往往会无原则地模糊处理，或者听之任之。比如，在绩效管理遭遇其他部门经理的疑问、责难甚至是抵制的时候，他们不是积极地寻找矛盾的根源和解决问题的方法，而是选择搁置争议和矛盾，任由各部门自由行动。他们的原则是不得罪人，与人为善。

这种情况也是很多企业推进绩效管理时经常出现的情况。这个问题也不能完全归咎于人力资源部门，一般来说，这些人力资源经理都缺乏高层管理者充分的理解和强有力的支持。

这种条件下的绩效管理最可能出现的情况是形式主义，所有部门和部门经理都在认认真真地搞形式主义，因为人力资源经理回避矛盾的行为方式也会很快得到其他部门经理的理解和效仿，最后的结果是企业花金钱和精力导入的绩效管理变革付之流水。

二、问题根源分析

形成这种状况的根源是什么？这里要探讨的根源并非企业绩效管理失败的根源，我们更注重从人力资源经理本身探求问题的答案。

（一）人力资源经理的尴尬定位

目前，人力资源管理的地位还比较尴尬，人力资源管理在很多企业里依旧停留在人事管理的层面，人力资源经理整日忙于具体事务的处理，继续充当着高级办事员的角色。正是由于这一定位，使得他们的威信不足，说服力不够。而绩效管理恰恰需要站在战略层面思考问题，要求具有整体协调能力。

从根本上讲，上述人力资源经理看似拈轻怕重或者举措失当的行为，实际上与人力资源经理对自己的定位直接相关，也正是人力资源经理在现有定位约束下作出的理性选择。

在高级办事员的定位上推动绩效管理的落地，要么“挟天子以令诸侯”，这就是大包大揽型；要么服从命令听指挥，把办事员做好，当高层管理者的“传声筒”“传令兵”，这就是唯唯诺诺型；要么回避矛盾，牺牲工作来和其他部门经理搞好关系，这就是与人为善型。

（二）人力资源经理对绩效管理的错误认识

人力资源经理是否已经对绩效管理有了比较深入的研究，是否对本企业推行绩效管理的条件有了比较清晰的分析？恐怕都没有。一方面是对绩效管理的不完全的甚至是错误的认识，另一方面是对企业自身实施条件和问题的模糊不清，绩效管理体系的设计和导入自然都不可能达到预期效果。

人力资源经理普遍存在急功近利的问题。在各种与人力资源经理交流的场合中出现率最高的问题是如何设计量化考核指标，如何设计考核表，如何做末位淘汰等。将注意力集中在如何做上没有错，但不能忽略“为什么”（why）和“是什么”（what）两个问题，如果将全部注意力完全集中在怎么做上，势必丧失对绩效管理问题的全局性、方向性的认识，最后陷于“知其然而不知其所以然”的境地，而当情况一有变化、新问题一出现，连“其然”也不知道了。这种心态看似务实，实际上是一种急功近利。

在这种状态的支配下，设计和导入绩效管理体系的时候，工作方式当然容易简单粗暴，缺乏与其他部门的沟通，形成硬性摊派。绩效管理也就得不到理解，所有人很容易将绩效管理简单地理解成绩效考核，最后流于形式。

（三）不能赢得各级管理者的正确支持

有人非常强调人力资源经理的营销能力，也就是说，人力资源部门并不掌握实际的资源分配、监督和控制权力，所有的工作都必须通过其他人行为方式的改变体现出来，因此，作为人力资源经理，首要任务是将人力资源管理理念推销给企业高层和其他管理者。

在绩效管理问题上，人力资源经理同样需要具有较强的营销能力，使包括企业高层和中层管理者在内的各级管理者完全理解绩效管理，支持人力资源部门推行绩效管理。这里还要强调的一点是，支持是很必要的，但应当是正确的方式，比如前面讲到的有些高层经理将绩效管理的全部工作都甩给人力资源经理，这种支持就存在问题，人力资源经理想做也做不好。支持应当是在理解基础上的支持，否则，基于人际关系或者其他非正常因素的支持，最后的结果还是不利于绩效管理的推进和落实的。

三、人力资源经理的正确角色

人力资源经理应当扮演好战略伙伴、咨询师和宣传者的角色。

（一）战略伙伴

有很多人将人力资源经理称作“企业领导者的高级办事员”。这的确与我们看到的情况非常相似，人力资源经理的主要精力都耗费在庞杂的公司行政事务之中。更可怕的是，很多人力资源经理满足于忙碌的行政事务，乐得其所。

具体到绩效管理中，很多人力资源经理的主要工作是催促各个部门上交考核表格和考核结果，然后计算、发放员工薪酬；每到一个周期结束的时候可能还会催促下一个周期的员工绩效改进计划。而至于其他则不闻不问，除非有的部门的绩效管理出了问题，才会想到如何就具体问题去解决一下。

在绩效考核情况下，人力资源经理的这些活动或许足够了，但是在绩效管理尤其是以战略为导向的绩效管理条件下，人力资源经理必须成为企业 CEO 的战略伙伴。

首先，摆在人力资源经理面前的问题不再是如何通过绩效考核实现薪酬分配来激励员工，而是转换为如何通过绩效管理支撑企业战略的实现。这时，人力资源经理必须从战略的高度来思考绩效管理问题，必须深刻理解企业战略以及战略的实现路径，必须参与到企业战略设计与目标分解中去。

其次，绩效管理构成企业的战略执行监控系统。企业的战略执行情况显示到各个部门的绩效结果之中，正如卡普兰在平衡计分卡中描述的那样，这些参数如同飞行员座舱中的仪表盘。因此，人力资源资源经理有理由成为飞行员座舱中的一员，来和企业高层共同讨论企业战略执行情况。

最后，企业战略的根本支撑点在于核心竞争力，而核心竞争力又是蕴涵在员工之中的。绩效管理的重要任务之一就是促进员工能力提升，这是增强和发展企业核心竞争力的重要路径。从这个意义上说，人力资源经理能够为企业战略实现提供强有力的支撑。

总之，人力资源经理在绩效管理中应当扮演的是战略伙伴的角色，参与战略制定和战略执行状况分析，为企业战略实现培育核心竞争力。我们以往总是感叹人力资源经理不能参与到企业战略层面之中，实际上，人力资源经理应更多地检讨自己是否做了战略层面的工作。

（二）咨询师

企业中每个管理者都对人力资源管理负有直接与间接的责任。但是由于工作特点的差别和精力的局限性，不可能每个管理者都对人力资源管理有太深入的研究，也不可能每个管理者都去追逐最新、最前沿的人力资源管理资讯。所以，人力资源部门作为人力资源管理的职能部门，有责任、有义务为企业管理者（包括最高管理层）提供人力资源管理方面的咨询和指导，帮助管理者在最短的时间里掌握最新、最优秀的人力资源管理理念、方法和技巧，帮助管理者提高理论修养和实际操作能力。从这个意义上讲，人力资源经理应成为企业人力资源管理的专家和咨询师，工作之余为企业其他管理者提供咨询服务。

对于绩效管理尤其应该如此，很多员工和直线管理者在绩效管理中产生了诸多困惑，他们希望能够从人力资源经理那里找到答案。如果人力资源经理不能很好地回答他们的问题，所有人都将对绩效管理产生怀疑。然而很多企业的现实情况是，企业借助外部咨询机构建立了绩效管理体系，导入绩效管理后也得到了员工和管理者的认同，但在咨询机构离开后，绩效管理的实际运行中出现一些问题，而人力资源经理要么无法解决，要么简单地要求各个部门按照制度执行。问题不断积累的结果就是绩效管理流于形式。

充当企业人力资源管理咨询师对人力资源经理来说是一个挑战，需要全身心的投入，真正把自己的职业当做一份事业来做。

1. 人力资源经理需要强化自我修炼，不断学习，充分利用一切可以利用的资源和工具，利用互联网资源和专业性的报纸杂志，广泛接触各行各业的人力资源同行，与之交流经验，分享成果，全面建立属于自己的人力资源知识体系。

2. 人力资源经理需要建立独特的对企业战略的理解。人力资源部门存在的依据是具有独特的价值，与市场部门、财务部门一样，从其职能角度对企业战略形成支撑。人力资源经理必须建立起这一理念，从人力资源角度找到对企业战略的支撑点，这种理解是独特的、不可替代的。

（三）宣传者

人力资源经理应当成为企业绩效管理的宣传者。在导入绩效管理的初期，很多员工甚至是管理者对绩效管理的认识是肤浅的，甚至是错误的。人力资源经理必须通过多种形式宣传绩效管理，建立企业的内部沟通体系，借助企业的内刊、局域网等内部媒体资源，利用工作之余的闲聊时间、专门的内部研讨会、企业培训等机会，积极传播绩效管理理念，讲授绩效管理的方法、技巧，分享成功企业的绩效管理经验，使绩效管理朝着科学化、规范化的方向发展。

第三节 绩效管理中的直线经理

一、常见的误解

在企业绩效管理中，一种最常见的误解是，简单地将绩效管理流于形式、没有达到预期效果归咎于人力资源部门。不可否认，人力资源部门作为绩效管理体系的设计者和绩效管理的整体组织者，难辞其咎，但如果把全部责任都归于人力资源部也有失公允。这也恰恰反映了相当多的人在绩效管理上的错误认识，忽视了直线部门经理在绩效管理中应负的责任。

但是，直线部门经理恐怕并不能认同这样的观点。他们认为自己是按照人力资源部制定的制度、提供的方法和表格进行绩效管理的，最后的责任也必然要由政策的制定者来承担。他们往往会对下属这样说："有什么问题去找人力资源部。"

那么，就让我们反过来看这个问题：如果没有人力资源部，也没有绩效管理，那么直线经理又是通过怎样的方式督促下属完成工作的呢？实际上，绩效管理并没有生造出一套新的工作内容，本质上还是直线经理分配工作、监督检查，但绩效管理提供了一整套科学完备的管理方法和一个规范的工作平台，各级管理者只不过是在统一、规范的方法和平台之上完成固有的工作内容。所以说，组织的各级管理者是绩效考核的直接责任者。从这个意义上，我们也就不难理解摩托罗拉为什么认为"绩效管理是直线经理管理的最主要内容"了。

也正是出于这个原因，有人提出直线经理是企业人力资源管理的主体，并且有培训机构开发出《非人力资源经理的人力资源管理》这样的课程。这一观点也正在得到越来越多的直线经理的认同和实践。

二、直线经理放弃绩效管理的原因

（一）直线经理的角色冲突

直线经理在绩效管理中通常扮演着两种相互冲突的角色：一方面对员工的工作业绩作出评价，扮演着考核者的角色，在这个角色中，上司通常是具有批判性的；另一方面又尝试帮助员工发展以适应企业的发展，即又扮演着帮助者的角色。当直线经理同时扮演两个不同的角色时，他们常常会感到无所适从，顾此失彼。

直线经理的两种角色投射到对员工的影响上也存在着相互冲突的问题。员工在面对直接上级既能决定自己的薪酬、晋升等一系列待遇，又能帮助自己提升能力和绩效时，更倾向于将直接上级看做评价者，因为前一种角色的影响是显而易见的，而且更直接，更具体，而后一种却更虚化和远期。

显然，这两种角色并非完全不可调和，但在大多数组织情境和绩效管理背景下，直线经理显然无法很好地融两种角色为一体。而作为评价者的角色又可能影响到直线经理与员工的人际关系，进而影响到直线经理的个人利益，在那些员工具有评价直接上级机会的组织里，员工绩效评价结果趋中现象十分明显。最后的结果是，直线经理选择了与员工的“和平相处”，绩效管理流于形式。

（二）绩效管理中的公司政治

绩效管理并非仅仅是管理活动那么简单，在直线经理看来，绩效管理中卷入了大量的公司政治因素。

现实中的管理者在对员工进行考核时有许多非常实际的担心和忧虑，迫使管理者不能对员工进行准确的评价。例如，一些企业按照部门绩效得分分配绩效工资，这种情况下的结果往往是直线经理夸大本部门员工的绩效水平，从而达到为本部门员工争夺绩效工资份额的目的，因为这样并不对其构成任何影响，反而有利于其建立员工信任和忠诚。

在实行末位淘汰或者绩效考核结果强制分布的企业里，最常见的情况是绩效优秀和绩效低劣人员轮流“坐庄”，直线经理通过这样一种模糊化处理的方法来最大限度地减少内部冲突。虽然这种工作方式可能挫伤一小部分绩效真正优秀的员工的积极性，但这一结果总比造成部门内部冲突更可接受，而且直线经理可以通过其他方式补偿这一部分员工。

总之，企业设计用来提高绩效的管理机制被管理者个人的游戏规则所代替，“息事宁人”是很多管理者的基本管理哲学，万一不小心因为绩效考核得罪了哪个下属，很可能会给自己带来一定的麻烦。这些公司政治方面的原因导致了管理者在绩效考核中的不诚实和不准确。管理者不得不成为一个政治家，至少是在绩效考核中的政治家。

（三）责任未到位是其根本原因

既然管理者是绩效考核的直接责任者，那么，最明显的前提条件是管理者存在客观评价下属工作绩效的动机。也就是说，要敢于肩负起一个管理者的基本职责。然而，真正具备这样的前提条件的企业依然是凤毛麟角。尤其是在很多传统的国有企业中，当管理者知道绩效考核结果会直接影响员工的收入和任免时，就自然不自然地给予表现欠佳的下属一个不错的考核结果。与此同时，那些表现出色的下属在考核结果上也没有脱颖而出，其根本原因就在于责任并未真正到位。只有当直线经理成为真正的责任承担者时，他们才会不得不依靠那些能够创造优良绩效的员工，而优秀员工在失效的绩效管理中永远是受害者，所以直线经理才有动机去纠正绩效管理失效的问题，至少直线经理有充分的动机在纠正失效和公司政治两者之间求得平衡。也只有这样，直线经理才能承担起教练的角色，帮助员工提升能力、改善绩效，否则那些绩效欠佳而且改善无望的员工将自然成为被淘汰的对象。此时，员工也同时可能产生配合直线经理进行绩效改善的动机，因为只有真正的绩效才能得到相应的奖励。

综上所述，直线经理放弃绩效管理这一管理手段实际上是现有管理条件下的理性选择，而反过来，切实落实绩效管理理念，直线经理也将从理性出发改变自己的行为方式。

三、直线经理的正确角色

（一）员工的合作伙伴

直线经理与员工是绩效合作伙伴关系。直线经理的工作目标通过员工完成，因此，可以说，直线经理的绩效是通过员工的绩效来体现的。绩效管理使直线经理与员工真正坐到了同一条船上，风险共担，利益共享，共同进步，共同发展。这也就意味着，在绩效管理过程中，直线经理有责任、有义务与员工一起制订绩效计划，帮助员工持续改进和提高绩效，促进员工实现绩效目标。

因此，直线经理与下属之间应以“合作伙伴关系”代替过去的“单向控制关系”，在工作中给员工更多的尊重、关心和爱护；同时，实现真正意义上的平等，让员工参与决策，实行民主管理；积极为员工开展工作创造条件、搞好服务；最大限度地激励员工开发内在潜能，使他们更愿意主动工作，即使在面对困难时，也能坚持不懈地完成工作。

值得一提的是，在制订绩效计划时，直线经理最好不要再像过去一样，仅依靠传统的行政命令方式下达工作任务、建立工作目标，而要鼓励员工参与绩效计划的制订，与员工进行平等、真诚的沟通，就如下问题达成一致意见并形成绩效计划：员工在本期绩效期间应达到的工作目标是什么；达成目标的结果是怎样的；这些结果可以从哪些方面去衡量，评判的标准是什么；从何处获得关于员工工作结果的信息；员工各项工作目标的权重如何；为完成这些工作，要得到哪些支持；需要学习哪些知识和技能；自己能为员工提供怎样的支持与帮助；需要为员工扫清哪些障碍。

员工参与绩效计划的制订并对有关问题作出正式的承诺，能够大大提高员工对绩效计划的接受性，有利于以后绩效管理工作的顺利开展。

（二）员工的辅导员

绩效计划制订以后，直线经理要做的工作就是帮助员工实现目标。在员工实现目标的过程中，直线经理扮演的是辅导员的角色。

合理的绩效目标通常都会略高于员工的实际能力，员工需要“跳一跳”才能够得着，所以难免在实现的过程中出现困难，遇到这样或那样的障碍和挫折。同时，由于市场环境千变万化，企业的经营方针、经营策略也会出现相应的调整，员工的绩效目标也将不得不作出调整。所有这些都需要直线经理发挥自己的作用和影响力，努力帮助员工排除障碍。此时，与员工做好沟通、不断辅导员工改进和提高业绩变得必不可少。

在这个过程中，双向持续沟通是关键。沟通包括正面沟通和负面沟通。在员工表现优秀的时候及时给予表扬和鼓励，可以扩大正面行为带来的积极影响，强化员工的积极表现，给员工一个得到认可的机会；在员工表现不佳、没有完成工作的时候，应该及时指出，提醒员工改正和调整。

这里需要注意的是，沟通不仅仅是在工作开始时，也不仅仅是在工作结束后，而应贯穿于绩效管理的全过程，需要持续不断地进行。

（三）绩效信息记录（收集）员

记录是指以直线经理为主体，将员工的绩效行为记录下来；而收集则是指不是由直线经理本人而是由其他人员进行观察或记录，直线经理间接获取这些员工的绩效信息。

绩效管理需要达到的一个很重要的目标就是“没有意外”，即在对员工进行绩效考核时，直线经理与员工对绩效表现或绩效结果的看法应该是一致的，一切都应是顺理成章的。

争吵是令直线经理感到比较头疼的问题，也是许多直线经理回避绩效考核的一个重要原因。为什么会在绩效反馈时出现争吵？主要原因就是缺乏有说服力的真凭实据。试问，平时不记录（收集）员工绩效表现的信息，有哪一个直线经理可以清楚地说出一个员工一年的工作情况，工作存在哪些纰漏，何时发生的，是什么原因造成的呢？恐怕没有。缺乏真凭实据的考核，极易发生争吵。即使员工顾及领导的权威，没有争吵，也会滋生不满。

为了避免这种情况发生，直线经理有必要花点儿时间，花点儿心思，认真当好员工绩效信息的记录（收集）员，主要应侧重于围绕员工工作目标或任务的完成情况、来自客户的积极和消极的反馈情况、工作中存在的有代表性的（包括正面和负面的）行为表现，记录（收集）有关员工绩效表现的信息，形成绩效管理的文档，作为考核的依据。

为做好员工绩效信息记录（收集）工作，直线经理应当坚持的原则有：观察，应以不影响员工的工作为前提；信息来源，不能是道听途说，否则可能会引起争议；采用抽样的方法，记录（收集）信息或验证他人反馈信息的真伪；有目的地记录（收集）信息，以节约人力、物力和时间等资源。

（四）员工绩效考核的公证员

在绩效管理过程中，一个备受员工关注的环节就是绩效考核。考核结果往往与员工发展计划、培训开发、薪酬调整、奖金发放和人事变动等方面紧密联系，关系员工的切身利益。同时，直线经理比其他人更了解下属员工的工作和行为表现，并对下属员工负有直接的管理责任。因此，在考核过程中，直线经理客观的评价显得至关重要。

此时，直线经理应扮演好“绩效考核公证员”的角色，即客观、公平、公正地评价员工的绩效表现，既要指出员工工作表现好的方面，也要指出员工需要改进的地方。

对直线经理来说，如果前期的员工绩效辅导和绩效信息记录（收集）工作做得很到位，那么，做一名好的“公证员”应该是“水到渠成”的事情。不过，直线经理在进行员工绩效考核时，首要的原则是一定要有一种客观、公平、公正的心态，要有意识地预防绩效考核误差（晕轮效应、严格化倾向、从众心理等）的产生。只有这样，才能从真正意义上保证考核的公正性。

（五）员工绩效问题的诊断专家

绩效改进是绩效管理过程中的一个重要环节。传统绩效考核的目的是通过对员工的工作业绩进行考核，将考核结果作为确定员工薪酬、奖惩、晋升或降级的依据。而现代企业绩效管理的目的不仅限于此，员工能力的不断提高以及绩效的持续改进才是其根本目的。所以，绩效管理工作不仅要找出员工绩效不佳的方面，还要找出导致这种绩效不佳的原因所在，并指导和帮助员工采取有针对性的措施加以改进和提高。

直线经理要做好绩效改进工作，应注意以下几个基本问题：

一是与员工对某方面工作是否需要改进达成共识。很多时候，直线经理认为员工在某方面的工作存在问题，但也许员工并不这么认为。此时，直线经理就应该不仅让员工认识到这个问题确实存在，而且要让他认识到这个问题对组织的影响，以及如果不改进和提高绩效，对其个人和组织将要产生的后果。唯此才能大大提高员工解决该绩效问题的自觉性。

二是要深入分析绩效问题产生的原因。只有明确绩效问题的症结所在，才能做到有的放矢，对症下药。一般来说，导致员工绩效出现问题的原因可能有以下三个方面：其一是员工自身的原因，如技能不足、对主管或同事不满、与本职岗位不匹配等；其二是主管人员行为不当或行为不到位，如监管太严、工作要求没说清楚、不授权给员工等；其三是环境方面的原因，如工作条件不够完善，受噪声、光线不佳等影响比较严重。

三是应与员工共同探讨解决绩效问题的途径，并把绩效改进融入部门日常管理工作之中。直线经理应广泛听取员工意见，特别是对由于员工自身原因引起的绩效问题，应与员工一同制订绩效改进计划，明确绩效改进的项目、方式、目标及期限等，并将其作为自己日常管理工作的一个重要组成部分。只有这样，才能确保绩效改进工作收到良好的效果。

四、自我检测

绩效评估作为人力资源管理的核心，具有重要的战略性作用，如何有效地实施绩效管理显得尤为关键，而实施的关键又在于实施的主体——作为评估人的经理。探索有效的绩效管理中评估者的表现及其特征是十分必要的，因为再好的绩效管理框架也需要人去实施。另外需要说明的是，经理完全做到合格也不能保证整个绩效管理非常有效。它需要整个系统的协同作用。但是，没有合格的评估者，绩效管理注定不能成功。

表7—1所示的经理评估量表中列出的指标对于有效的绩效评估非常重要，有助于评估者弄清自己已经具备哪些优点，确认哪些方面还需要提高。分数越高就意味着经理越具备有效评估所需要的特点。

如果得分为180～200分，表明已经具有成功进行绩效讨论的能力；如果得分为140～179分，表明具有一定的有效评估者的特点，但仍然需要提高；如果得分为100～139分，说明虽然具备一些评估者的特点，但是在很多方面还存在问题；如果得分在100分以下，则说明在很多方面都需要努力提高。不管总分多少，都要特别注意提高不超过6分的那些项目的单项得分。

表 7—1　　经理评估量表

序号	描述	1	2	3	4	5	6	7
1	我喜欢对生产效率负责							
2	我喜欢员工，并乐意与他们交谈							
3	我不介意给予他们建设性的评论							
4	我对值得称赞的员工从不吝惜我的赞美							
5	如果员工说出他们的看法，我不会觉得受到威胁							
6	我尊重我的员工							
7	我积极跟进，确保承诺、目标和标准得以实现							
8	我对员工的需求和感受比较敏感							
9	我不担心员工在他们的工作方面懂的比我多							
10	我对自己应该学习什么以获得进步有清楚的认识							
11	我让员工在讨论中担任主要角色							
12	我尽量努力去倾听员工的意见							
13	我准备好了解决问题和发展需求方面的建议，但是我会让员工先发表自己的看法							
14	我对员工绩效的陈述是描述性的，而非判断性的							
15	我对绩效中积极的方面表示肯定，并消除消极的因素							
16	我尽力支持员工的看法，而不是把我的看法强加于员工							
17	我欢迎员工提出其他的解决方法，而不是想当然地认为只有一种解决问题的方法							
18	我使用了开放性、反思性和指引性的问题来激发讨论							
19	当我表现出对员工绩效的关心时，我的陈述很具体，使用的是描述性语言							
20	员工们都知道我希望他们成功							

第四节　绩效管理中的员工

绩效管理中的问题，一方面是管理者理念更新不到位，与企业管理环境不适应；另一方面是员工仍旧被动地参与绩效管理过程。员工认为绩效管理是“换汤不换药的把戏”，管理者爱怎样搞就怎样搞吧。在这种情况下，绩效管理不可能取得满意的效果。因此，员工是绩效管理中非常重要的一个方面。

但是，从绩效管理中员工的表现来看，员工又是充满矛盾的。

员工内心深处是希望得到真实的工作结果反馈的，因为：一方面，员工把工作看成是自我实现的主要方式，工作中倾注了很多的心血和创意，希望知道自己努力产生的结果；另一方面，这种结果在与同事之间的比较中又会产生出社会意义，是个人成就感和自尊的来源。

同时，企业也希望提供给员工准确的评价，通过评价找出企业和员工在工作中的问题，努力解决问题，实现员工和企业绩效的循序提高。但是，在企业人力资源政策的影响下，员工对于自己真实工作业绩的认知已经变得不再真实。由于企业的考核一般都与员工的切身利益挂钩，绩效考核结果在员工看来不再是简单的工作完成情况，而是自己将要拿到的回报和将来在企业的发展前途，因而员工对自己工作业绩的主观评价往往会偏高。

一、消极的员工心态

（一）被动心态

最常见的说法就是，“爱怎样折腾就怎样折腾吧，跟我关系不大，还不是每天上班下班”。这就是员工被动心态的典型例子。

大多数情况下，员工在企业管理中处于完全被动的状态，尤其是在以往的直线职能制组织结构下，基层员工所要做的就是被动接受指令和执行指令，其自主决策、自由发挥的空间小得可怜，这也正是僵化的科层制的问题所在。而在新经济条件下，环境的剧烈变化迫使组织赋予员工更多的自主权和贴近顾客的决策权，从而获得更大的组织弹性。这也是各种新的管理工具发展的重要特点。比如目标管理，即强调在目标设定的前提下让员工拥有更多的实现目标的自主权，并以此来激励员工。绩效管理实际上也包含着这种转变，在绩效管理的所有环节，从绩效计划、绩效沟通、绩效评估到绩效反馈，员工不是被动的信息接受者，而是积极的活动参与者。比如在绩效计划阶段，不仅是上级给下级设定绩效目标，更要求下级从工作实际情况角度自主地提出完成工作的可行性方案，尤其是在绩效反馈阶段，员工不仅要听上级的评价，更要在上级的帮助下找到改善绩效、提高能力的途径和方法。由此可以发现，绩效管理所有环节的信息流动都强调双向流动，而不是单纯的自上而下。

而从国内绩效管理的现实情况来看，绝大多数企业的绩效管理基本上没有员工的积极参与，都是自上而下的指令。有些管理者认为，绩效管理和原来的制订计划、执行、结果检查的工作方式没有什么本质差别，其实际差别就在于员工的积极参与。

员工抱有这种被动的心态是非常自然的，一方面员工尚不习惯参与管理，而另一方面管理者也不具有鼓励员工参与管理的能力。相反，我们看到，在很多团队工作模式中，比如企业为解决某个临时性问题而从各个部门抽调业务骨干组成项目小组，在这个小组内每个成员都更容易表现出较高的参与性，其中的缘由就在于，这类工作离开任何一个成员都可能陷入困境，项目小组的管理者更愿意倾听和鼓励成员参与，而每个成员也在这个过程中感受到了被尊重和成就感。

（二）怀疑心态

怀疑心态是员工在企业绩效管理推进中经常表现出的反应。“这些管理者讲的是真的吗”“他们的话算数吗”“他们能说到做到吗”“他们到底想干什么”，员工很容易发出这样一系列疑问。

正如商鞅变法时要在城门处张贴告示，移木赏金，其目的就在于取信于人。任何改革的初期都会产生各种各样的怀疑心态，我国改革的每个关键时刻都存在大量的怀疑。究其根本，怀疑心态的产生，其一在于员工和管理者各自居于不同立场。导入绩效管理并不是要直接调整企业内的利益分配格局，但所有员工都不免会很自然地将注意力集中到这个方面上。这实际上与企业的目的相去万里。其二在于两者之间沟通不畅、互不了解。员工只是在最后时刻才知道企业要搞绩效管理，之前除了各种语焉不详的小道消息之外，几乎一无所知。

绩效管理很重要的一个目的就是将企业各个层面、所有员工努力的方向都统一到企业的战略目标上去，在种种怀疑心态的干扰下，这种统一是不可能的。要打破怀疑，最重要的是沟通，人力资源部门应该通过各种方式在企业内宣传贯彻绩效管理，比如正式的会议宣贯、宣传栏、内部网站、接受咨询等；不是在绩效管理设计完成后，而是要在一开始就将正确的绩效管理理念传播给全体员工。

（三）自我保护心态

在改革面前，员工想到的第一个问题必然是“我该怎么办”，而答案必然是“先管好自己再说”。这就是自我保护心态，这样的员工在处理任何情况时，首先想到的就是让自己从责任中拔出脚来。

事实上，这种心态是非常正常的，除了少数关键员工外，企业里的大多数人都不具有什么谈判能力，处于绝对弱势的地位，他们认为自己对企业的管理行为没有任何影响力，所能选择的自然是自我保护。我国文化中历来有类似的传统，比如“出头的椽子先烂”“枪打出头鸟”“各人自扫门前雪”等，这些都深刻地影响着员工的行为方式。在这种情况下，绩效管理必然陷入某种僵局，如有些企业发现360度评价中几乎没有反面意见。导入绩效管理后，所有的部门经理都在观望，互相打听对方是否已经行动，然后再决定自己是否行动。正如有些人所说的，搞工作要“左看看、右看看”，否则，首先执行绩效管理的必然受到本部门员工的攻击。

解决自我保护心态问题，关键在于取信于人、利益拉动。要让员工看到实行绩效管理后实实在在的效果，对于绩效优良的员工要按照制度兑现奖励，而对于绩效低下的员工也不能听之任之。大多数人都符合“合理利己”的经济人假设，员工会在利益面前作出理性选择。

（四）守缺心态

守缺心态在绩效管理中表现为较强的封闭性。绩效管理在某种程度上可以概括为PDCA的持续改进过程，其关注点也在于促进员工能力提升、不断改进个人绩效，从而支撑企业战略实现，其关键就是持续改进。而守缺心态恰恰是持续改进的“死敌”。“我这个样子挺好”“我就是这个样子”“你拿我怎样”，在这种心态支配下，上级的指导就变成了“鸡蛋里挑骨头”、中肯的评价就成为偏激的攻击、改善的建议就是无端的指责，进而演化为上下级之间的对抗和冲突。

员工的守缺心态对绩效管理影响很大，比如，很多管理者不敢与员工进行面对面的绩效反馈，有人调侃这种绩效反馈是“在绩效反馈表里填上几句不痛不痒的话，在员工不在的时候丢到员工的办公桌上”。

守缺心态在老员工中十分普遍。对于这种情况，最好的办法是让员工认识到这样下去对于自身职业生涯和收入的影响；其次，管理者要注意工作的方式、方法，要把握员工的心理，比如在绩效面谈时要先从员工的长处和成绩开始，要从建设性意见的角度出发，而不是直接指出员工的不足，等等。

二、员工心态建设

（一）取信于员工

1. 分析员工对绩效管理态度转变的原因

我们发现，在很多企业的绩效管理中普遍存在着“虎头蛇尾”的问题。在绩效管理导入的开始阶段，从企业高层管理者到直线经理和人力资源经理都十分严格地按照绩效管理制度的要求执行绩效管理的运作。但是随着时间的延伸，绩效管理可能会产生出一些问题，也可能有部分人不再严格执行绩效管理制度。在这个时候，企业并没有积极地解决问题，而是任由这些问题搁置下去，于是这些问题就成为少部分人不执行绩效管理制度的正当理由。由此，绩效管理的执行每况愈下，直到最后完全流于形式。

在这个过程中，所有人都经历了从信任和充满希望到怀疑和失望的过程。高层管理者认为绩效管理的导入将改变企业的现状，提升组织绩效而现实情况势必使他对绩效管理真实作用产生怀疑。而直线经理们也不可能将绩效管理的失败看做他们的胜利。对于人力资源经理来说，这则是他们心头永远的痛。员工也因此丧失了对企业的信任。那些绩效优秀的员工以为绩效管理会带来直接的收益，结果是“水中望月”；绩效低下的员工则长舒一口气，因为“山雨欲来”之后仍然不过是“涛声依旧”。

可以肯定，任何制度都可能存在问题，存在不适应、不完善的方面，因为人们的认识能力和实践能力相对于日益复杂、飞速变化的世界总是有限的。因此，这些问题都不是企业绩效管理停滞不前的理由，包括管理者在内的所有员工丧失对绩效管理的信心才是根本所在。

2. 明确让员工相信什么

实施绩效管理，最关键的第一步就是取信于员工，那么，我们要让员工相信什么呢？其内容主要包括以下两个方面：

（1）绩效管理的科学理念

在绩效管理导入时，我们向员工宣扬大量的绩效管理理念。即使对于管理者来说，对这些理念也会有一个较长的理解和接受过程，对于一般员工来说，这个问题尤为突出。在一些极端情况下，绩效管理的一些理念与企业过去长期形成的习惯思维方式和做法是相反的。只有理解了这些基本理念，才有可能自觉地、不折不扣地执行绩效管理。因此，取信于员工的第一步是要让员工相信绩效管理的科学理念。

（2）要让员工看到企业推行绩效管理的坚定决心

在很多企业，绩效管理的效果与领导者的决心成正比，管理者尤其是高层管理者的决心有多大，绩效管理的效果就有多好。这一点体现得最为明显的是两个关键时刻：

一是在绩效管理导入的初期，实际上所有员工都在观察企业领导者的态度，然后决定自己的行为方式。一旦员工发现这件事情是可做可不做的，那么结果一定是糊弄着做。领导者的决心和支持力度就是很多我们看起来很简单的管理方法在一些企业产生良好效果的原因，比如海尔日事日毕、日清日高的管理方法。问题的关键在于，有多少企业能够将简单的事情做好、做到极致，这其中的关键就在于领导者。

二是在绩效管理推进遇到阻力和问题的时候，所有人的第一反应不是寻找解决问题的方法，而是试图论证问题的不可解决性，逃脱管理责任，最后的结果必然是绩效管理的突然死亡。在这个时候，领导者的态度很重要。我们知道，寻找理由总比寻找解决方法容易得多，没有落实责任的结果必然是找出一万个合情合理的理由。绩效管理制度可能存在问题，但首先应是不折不扣地执行，然后是持续地改进。

在这两个关键时刻，领导者必须表现出坚定的决心。

3. 如何取信于员工

取信于员工的方法有很多，总结起来，一是言传，二是身教，三是利益拉动。

（1）言传

言传是一种传统的方法，如通过全体员工大会的方式宣贯绩效管理方案、举办员工座谈会听取员工建议等，都是导入绩效管理的很好的手段。此外，企业还可以运用企业内部网站广泛普及绩效管理理念和知识。

（2）身教

取信于员工最关键的还是从企业高层管理者到各级管理者不折不扣地执行绩效管理，为全体员工作出表率。员工不是看你怎么说，而是看你怎么做，身教重于言传。

（3）利益拉动

将绩效管理真正运用到薪酬、晋升、培训等各个方面，让员工切实感受到企业推行绩效管理的实际影响，这是绩效管理效果的最好证明，也是员工真正关注点所在。利益拉动的效果非常明显，这已经被人力资源管理的一个重要理论——强化理论所证明。

（二）鼓励参与

1. 亦步亦趋的员工

绩效管理非常强调员工参与，但现实的情况并不令人满意，几乎所有企业的绩效管理都存在沟通不足的问题，距离绩效管理强调的全程沟通差距很大。那么，是什么导致员工“退避三舍”呢？

（1）文化的影响

首先，在我国传统文化里存在着大量不利于员工参与的因素，比如“敏于事而讷于言”，一个有修养的人应“多做少说”等。更为严重的是，在大多数企业中存在着壁垒森严的等级观念，管理者更习惯于指令式的工作方式，而不是上下沟通、上下互动。总之，文化对于绩效管理中员工参与的影响很大。

（2）制度规范不严格

虽然管理者和员工都缺乏面对面沟通和主动参与的习惯，但如果企业能够长期一贯地严格执行绩效管理制度，这种习惯和文化的影响就能够得以逐步递减和消除。在绩效管理导入初期，管理者和员工还都能比较规范地按照绩效制度的要求去做，双方沟通制订绩效计划，面对面进行绩效反馈，但随着监察力度的减小，第一个破坏规则的人出现了，也没有受到相应的惩罚，于是所有人都不再执行。这个时候就只能适用法不责众的原理，代价是绩效管理流于形式。

（3）缺乏沟通能力

还有一个重要原因，就是管理者和员工都缺乏沟通和参与的能力。比如，管理者应如何对员工进行绩效反馈。心理学家告诉我们，沟通应当从对员工的表扬开始，要先寻找员工绩效的优秀方面，而在提出绩效改进方面的时候，不要直接地指责和批评，更有益于员工接受的方式是多提建设性意见。我们的管理者既没有让员工参与的心态，也没有鼓励员工参与的能力，因此，员工“退避三舍”也是正常的。

同样，员工也在参与管理方面存在不足，相对于管理者向员工提出建议而言，员工对如何向上司推销自己的意见和建议也存在困难。

这也就是很多管理沟通、管理技能类培训课程大行其道、受到企业追捧的原因所在。

2. 如何鼓励员工参与

（1）营造员工参与的文化

首先要打破组织内严格的等级观念。在那些高耸的科层制组织里，参与文化的建立几乎是不可能的。这因为等级体系排斥参与：一方面等级体系从根本上更强调自上而下的信息流动；另一方面，各级管理者要从权威中获得成就感和地位感。反过来，参与文化的建立又能大大促进科层制的改进，提高组织效率，改善组织柔性。

打破等级观念，要将员工和管理者的认识调整到对各个层级岗位在组织战略中的价值和作用的角度上来，而不是在组织结构图上的高高低低。从这个角度讲，任何岗位，不论是高级管理岗位还是一般岗位，都因具有对于组织战略独特的价值而具有其相应的地位。

此外，很重要的一点是管理者的管理风格。很多管理者很喜欢的一句话是“不要跟我讲过程，我只问结果”，他们认为这是目标管理的精髓所在，其实大谬不然。如果用这句话来强调员工在工作中的责任感，无疑是正确的，但管理者不能因为这句话就将目标不能达成的责任归于下属，因为管理者负有培养下属、提供指导及资源支持的责任，而实际工作中也的确存在大量的变数，需要管理者介入和协调。

因此，要转变管理风格，更多的是管理者的认识问题。目前环境飞速变化，一线员工是这些变化的直接感应者，管理者有必要通过他们获得市场和竞争对手的信息。同时，新经济条件下的员工不再是过去传统意义上的劳动者，他们正在转变为德鲁克所谓的知识工作者，知识工作者的重要特点就是具有能动性，能够提出创造性的观点，管理者也需要从下属中汲取新知。

（2）严格执行绩效管理制度

这是一个不值得花时间去谈的问题，但是，我们的确又跌倒在这个不起眼的“小石头”上。

具体来说，可以在绩效管理各个环节设置监测措施。比如，在绩效计划书和绩效反馈书上，必须由员工和直接上司双方共同签字方可生效；人力资源部可以针对绩效管理的执行情况作专项的员工调查，调查基本事实和员工满意度。但是，最关键的还是高层管理者能否严格执行绩效管理制度，他们能否拿出专门时间和直接下属制订绩效计划、评估绩效达成情况、进行绩效反馈等。不要拿一个“忙”字推托自己的责任。美国通用电气公司的韦尔奇每年都拿出相当长的时间参加所谓的C会议，“有近2 500名行政主管及其之上的管理人员都要在这次会议上接受考核”，“回顾并提出关于高级管理层的绩效、激励能力及发展需求方面的反馈”[①]。在一个企业里，在高层管理者与部门经理沟通完之后，部门经理对我说：“我在这次沟通后才知道老总原来是这样看待某个问题的。”

（3）提高管理技能

很多时候管理者会觉得无从下手，需要一些管理技能的培训，最重要的是管理沟通方面的培训。管理者除了要了解一些沟通方面的理论知识外，更重要的是要掌握各种实用的沟通技能，也就是工作中最实用的、能够解决问题的几个招数。下面是一些简单实用的建议：

①认真聆听员工的看法和意见。好的倾听是第一步，这会让员工认为自己受到了重视，从而易于取得员工信任，说出真实的想法。

②关注下属的长处。不要试图弥补员工的所有短处，因为每个人的长处可能

---

① 罗伯特·施雷特．通用商战实录．刘承钢等译．北京：机械工业出版社，2000

正是他的短处，关注员工的长处而不是短处，发挥他们的特点而不是弥补不足。

③谈话要具体，要使用客观的词句。不要使用定性的词语，比如“你这个人的责任心太差”等，而应当列举员工工作的实际行为表现，这样更容易让员工接受。

④保持平和的态度。如果管理者的情绪很不稳定，最好不要和员工面谈，以免适得其反。

⑤是双方的沟通而非演讲。不要做一个滔滔不绝的演说家，管理者要做的是引导员工说出他真实的想法，帮助他认识改善自己绩效的方法。

⑥不作假设和提前判断。不要在假设中谈问题，管理者和员工面对的是共同的事实，否则沟通将变成一场没有结果的辩论。

（三）企业文化调整

企业文化核心部分的价值观会对包括绩效管理在内的全部管理体系的实施、运行起一种无形的指导和影响作用。反过来，企业文化必然要通过企业的种种管理措施，包括绩效管理体系、分配体系等来发挥功能。绩效管理有助于实现从企业价值观到在全体员工中形成相对统一的基本观念的转变过程，因此，企业文化与绩效管理之间是一种相辅相成的关系。

正是基于绩效管理对企业文化的反向塑造作用，有人提出建立以绩效为导向的文化。

建立和落实以绩效为导向的企业文化应该注意以下几个方面：

1. 高层管理人员应该以身作则并且深度参与

企业的经营业绩不好，高层管理人员应该首当其冲地承担责任，只有这样，绩效文化才能旗帜鲜明地树立下去。我们常常看到，跨国公司经营业绩下降时，高级管理人员主动降薪甚至不拿薪水是家常便饭。

2. 任务分配对于员工发展和公司的业绩表现至关重要

这说明了人岗匹配的重要性。企业管理的重要工作便是识别人才、培养人才并且使人尽其责。

3. 建立有洞察力和观察细微的全面评估体系

这是实现绩效文化的技术保证。建立有效的评估体系不应仅将注意力放在具体的数字结果上，还应该关注员工在过程中表现出的能力和职业行为。此外，在制定具体的业绩目标时，也应该更多地关注竞争环境，而不是将焦点集中在具体数字的大小上。

4. 奖惩结果根据表现拉开差距

通用电气公司依此实施了著名的“三分法”奖惩手段，对不同表现的员工给予区别待遇。

5. 根据优胜劣汰原则作出果断的管理决策

对于绩效表现达不到期望的员工，企业应采取相应的措施进行管理，或是转岗，或是再培训，或是淘汰等其他处理手段。在具体实施时，可以根据员工的实际情况采用个性化的措施，但是应该保持管理决策的一致性和对员工的尊重，只有这样，才能得到员工的理解和认同。

建立优秀的企业文化任重道远。但是，每一个具有雄心壮志、力图创建百年基业的企业都应该高度重视企业文化的塑造，遵循优秀企业文化的基因，打造具备自身特色的企业文化。

第五节　绩效管理中的顾客

随着服务经济的发展，很多公司把顾客纳入员工绩效评价体系之中，这是因为，服务是一种可以买卖但却看不到的东西，而且服务产品的生产和消费常常在同一时点发生。因此，无论是管理者、同事还是下属都没有机会去观察员工的行为。相反，顾客经常是唯一能够在工作现场观察员工绩效的人，在这种情况下，顾客就成了最好的员工绩效的评价者，他们所提供的绩效信息也更可靠、更真实。员工的绩效会影响顾客的利益，而顾客对员工的评价是在工作现场购买服务的同时进行的，因此，顾客也是绩效评价的利益相关者。

目前，有许多公司邀请顾客来对雇员进行绩效评价。例如，部分宾馆或餐厅在顾客消费之后请他们填写客户满意卡，或者向过去的顾客邮寄服务调查表。再如，电信、电话或者银行等大公司成立大客户部，定期访问一些重要客户，了解员工服务的态度及其质量，从而对他们的工作绩效作出评价。当然，让顾客评价员工绩效的做法并不总是有效的，但一般来说，在以下情况下，公司更愿意让顾客来评价员工的绩效：第一，员工所从事的工作需要其直接为顾客提供服务，或者需要为客户联系在公司内部所需要的其他服务；第二，公司希望通过搜集信息来了解顾客希望得到什么样的产品或服务。让顾客来对员工绩效评价的主要目的是把公司的市场营销战略与人力资源政策联系起来。通过顾客的评价，公司不仅能够获得员工绩效的精确信息，而且能够确定是否有必要对人力资源管理（例如培训和薪酬体系等）进行改变，以改善为顾客服务的能力，为组织赢得竞争优势和竞争能力。

总而言之，员工绩效评价是确保工作活动以及工作产出能够与组织目标保持一致的管理过程，是赢得竞争优势的中心环节，也是获得和保持稳定竞争能力的重要途径，它具有系统性、复杂性和动态性的特征。在员工绩效评价体系里，由于追求利益的不同，各参与主体所提供的绩效信息存在差异。因此，最后的绩效信息不仅取决于特定的工作，还取决于各利益相关者对绩效评价及其结果的认识。根据利益相关者理论，管理者、顾客、被评价者本人及其同事和下属都是员工绩效评价的利益相关者。因此，在绩效评价的时候，必须考虑各参与主体所追求的利益以及对待评价的态度，选择那些最有机会观察员工行为及其结果的人，并且分析各利益相关者所提供绩效信息的优势和不足，以保证绩效评价过程的有效性和评价结果的准确性。

后　记

这套丛书的产生有几分偶然的因素。这几年，我为一些企业做过人力资源管理方面的咨询，绩效管理是重要内容之一。在为企业提供解决方案的同时，也获得了很多经验和心得，也曾想写一本书，把这些经验和心得融入其中，与广大读者分享，但由于各方面的原因，一直没有付诸实践，这个念头几乎打消了。

去年下半年，中国劳动社会保障出版社朱学敏主任和汪萧萧编辑和我联系，提及他们有一个出版绩效管理丛书的计划，希望共同合作，这才使这套丛书的创作和出版成为现实。因此，我首先要感谢中国劳动社会保障出版社。

绩效管理丛书将绩效管理方面的内容更细化和深化了，这是一个很好的创意，但在写作上也有一定的难度。

国内读者最早熟悉绩效管理概念是在大专院校的教材上，绩效管理只是作为人力资源管理体系的一部分介绍的。在2000年以后，出现了按人力资源管理的主要内容分类的系列丛书，如清华大学郑晓明主编的《现代人力资源管理丛书》，包括《人力资源管理导论》《工作分析实务手册》《绩效管理实务手册》《薪酬管理实务手册》等，其中我承担了《人员培训实务手册》一书的写作。

对于绩效管理丛书的内容，我们开始有几个设想，如分为理论篇和方法（工具）篇，或者按照公司的大小，分为集团公司的绩效管理和中小企业的绩效管理，但以我们目前的认识和实践积累难以完成，而且也不一定符合市场需要，最后确定了基础篇、实务篇、案例篇的结构。

这套丛书共分三册：《绩效管理基础》《绩效管理制度设计与运作》《绩效管理案例与案例分析》。《绩效管理基础》重点介绍战略、组织结构、业务流程、企业文化与绩效管理的关系和设计要点；《绩效管理制度设计与运作》介绍绩效管理体系如何设计、如何执行；《绩效管理案例与案例分析》分为绩效指标与绩效目标（标准）设计、绩效评估、绩效结果在工资分配中的运用三个部分，与《绩效管理制度设计与运作》的主要内容相呼应，通过案例和案例分析使读者对《绩效管理制度设计与运作》的主要内容有更全面的了解和更深刻的认识。

这三本书形成了完整的三部曲，《绩效管理基础》是前奏、《绩效管理制度设计与运作》是主题、《绩效管理案例与案例分析》是尾声，这在国内出版的相关书籍中尚无先例。特别是从绩效管理设计的角度介绍战略、组织结构、业务流程、企业文化，能够使读者对绩效管理制度设计和执行的了解更加系统、深入。战略、组织结构、流程、企业文化是绩效管理制度的基础和前提，例如，企业在设计关键绩效指标体系之前要明确其战略、组织结构、业务流程、企业文化对绩效管理制度的执行有重要影响。

当前，绩效管理的概念已经广为流行，但在实践中，企业所关注的依然是绩效考核以及考核结果如何运用于工资分配。在本丛书的内容安排上，尤其是《绩效管理制度设计与运作》和《绩效管理案例与案例分析》两本书，对于绩效考核的实际操作作了详尽的介绍并尽可能反映近年来国内企业的成功经验和相关的研究成果；同时，对于绩效管理体系也作了完整的阐述，力图使本丛书对企业绩效管理工作具有更大的借鉴和指导意义，而且指出了企业绩效管理工作未来的发展方向。

希望这套丛书对读者有所启发，对企事业单位绩效管理制度的建设和实施发挥一点积极的作用。

郭京生

2007 年 9 月